KB111038

중소기업, 왜 중요한가
-산업체제의 전환과 중소기업 정책과제-

이경의李敬儀

1938년 전라북도 군산(구 옥구)에서 태어났다. 서울대학교 상과대학 경제학과를 졸업하고 서울대학교 대학원 경제학과에서 석사학위와 박사학위를 취득했다. 중소기업은행 조사과장, 미국 럿거스(Rutgers)대학교 객원교수, 숙명여자대학교 경제학부 교수, 경상대학장 등을 지냈으며 현재 숙명여자대학교 명예교수이다.

주요 저서로는 《한국경제와 중소기업》(까치, 1982), 《경제발전과 중소기업》(창작과비평사, 1986), 《한국 중소기업의 구조》(풀빛, 1991), 《중소기업의 이론과 정책》(지식산업사, 1996), 《현대중소기업경제론》(지식산업사, 2002), 《중소기업정책론》(지식산업사, 2006), 《한국중소기업사》(지식산업사, 2010), 《한국 중소기업의 경제 이론》(지식산업사, 2014), 《한국 중소기업론》(지식산업사, 2014), 《중소기업경제학 개론》(지식산업사, 2015) 등이 있다.

중소기업, 왜 중요한가
-산업체제의 전환과 중소기업 정책과제-

초판 1쇄 인쇄　2017. 12. 1.
초판 1쇄 발행　2017. 12. 8.

지은이 이　경　의
펴낸이 김　경　희
펴낸곳 ㈜지식산업사
　　본사 10881, 경기도 파주시 광인사길 55(문발동)
　　　　전화 (031) 955-4226~7　　팩스 (031) 955-4228
　　서울사무소 03044, 서울시 종로구 자하문로6길 18-7(통의동)
　　　　전화 (02)734-1978, 1958　　팩스 (02)720-7900
한글문패 지식산업사
영문문패 www.jisik.co.kr
전자우편 jsp@jisik.co.kr
등록번호 1-363
등록날짜 1969. 5. 8.

책값은 뒤표지에 있습니다.

ⓒ이경의, 2017
ISBN 978-89-423-9038-0 (93320)

이 책을 읽고 저자에게 문의하고자 하는 이는 지식산업사 전자우편으로 연락 바랍니다.

중소기업, 왜 중요한가
-산업체제의 전환과 중소기업 정책과제-

이 경 의

지식산업사

머리말

우리 경제에서 중소기업이 중요하다는 것은 새로운 주장이 아
니다. 필자가 지난 반 세기 동안 한국 중소기업 경제이론의 체계
화와 그 기초를 마련하는 데 정진하면서 끊임없이 주장한 것이었
고, 또 어느 면에서는 필자의 연구를 뒷받침한 것이기도 하였다.
그럼에도 이 시점에서 "중소기업, 왜 중요한가"라는 화두를 제기
하는 것은 현재 한국경제가 당면한 과제가 그것을 절실히 요구하
고 있기 때문이다.

한국경제는 1960년대 경제개발을 본격적으로 추진한 이후 높
은 성장 성과를 달성하였지만 근년에 와서 큰 구조적 어려움에 직
면하고 있고, 이를 극복하려면 경제개발 정책의 패러다임을 바꾸
어야 한다는 주장이 강하게 제기되고 있다. 이를 반영하여 실제
로 문재인 정부에서는 새로운 방향의 경제정책을 추진하고 있다.

우리경제는 저성장과 저고용에 더하여 소득불평등과 양극화
등 정체와 구조적 불균형의 함정에 빠져 있다. 이것은 그간에 시
행되었던 성장전략이 가져온 결과라는 점에서 그에 대한 비판적
검토를 요구한다. 그동안 경제개발을 뒷받침한 정책방향은 '선성
장 후분배'와 성장지상주의, 대기업중심과 수출주도의 불균형성
장정책이었다. 이 정책 방향은 성장혜택이 고르게 확산되리라는
이른바 낙수효과(落水效果)를 전제로 한 것이었다. 하지만 현실
에서는 그것이 실현되지 않았고 결국 사회적 불균형, 양극화 그

리고 나아가서는 경제의 성장동력을 떨어뜨리게 만들었다. 산업 측면에서는 재벌, 대기업편중정책이 시행되었기 때문에 경제의 성장기반인 중소영세기업은 상대적으로 침체하였고 경제의 성장동력을 약화시켰다. 이런 인식이 대기업편중정책을 벗어나 중소기업 중심으로 산업정책을 전환하여 성장잠재력을 확충하면서 중소기업과 대기업이 균형 있게 발전하는 정책조화를 추구하는 계기를 만들었다. 지금 중소기업의 중요성을 다시 한 번 되돌아보고 그 정책인식을 다듬어 보는 이유가 여기에 있다.

　우리 경제에서 검토할 수 있는 중소기업의 중요성은 매우 많다. 그것은 중소기업이 국민경제에서 차지하는 비중이 높고 그 역할이 크면서도 다양하기 때문이다. 그 가운데 포괄적으로 보아 먼저 생각할 수 있는 것은, 중소기업이 산업의 뿌리라는 점이다. 일찍이 영국의 경제학자 A. 마셜(A. Marshall)은 그의 〈숲의 이론〉에서 중소영세기업이 산업의 뿌리이며 영국 경제는 그것의 발전에 크게 의존한다고 지적하였다. 숲을 산업에, 나무를 기업에 비유한 그는 울창한 숲은 크고 작은 나무가 조화롭게 성장할 때 가능하듯이, 산업의 진보·번영은 대기업과 중소기업이 유기적 관련을 갖고 골고루 발전할 때 가능하다는 점을 알려주었다. 이때 번영하는 산업과 성장하는 대기업 발전의 뿌리는 당연히 중소기업이다. 산업의 뿌리인 중소영세기업의 발전이 없으면 전 산업은 말할 것도 없고 대기업도 제대로 성장할 수 없다는 점은 오늘의 한국경제에 큰 교훈이 되고 있다.

　중소기업은 경제발전의 원동력이기 때문에 경제개발 초기부터 중요한 정책대상이 되어 왔다. 국민경제의 기본과제인 경제자립의 바탕도 중소기업이며, 이것은 개방화시대인 오늘날에도 중요한 정책 과제라고 본다. 공업화과정에서 전근대적인 중소기업을 개발하고 이중구조를 해소하여 대기업과 격차를 줄이는 것은 산업근대화와 함께 경제의 성장잠재력을 크게 하는 길이었다. 이는 성장동력이 약화된 우리 경제에 정책적 시사를 주고 있다. 공업구조가 고도화한 중화공업단계에서 중소기업은 그 발전의 기반이다. 중화학공업은 우회생산의 이익으로 높은 생산효과를 올리는데, 그것은 관련 산업과 기업이 서로 분업적 능률이 이루어질 때 가능하다. 이런 점에서 건전한 하청계열기업인 중소기업의 발전 없이 중화학공업의 발전은 기대할 수 없다.

중화학공업화가 성숙하면서 전개되는 지식정보집약 사회에서 중소기업은 첨병의 구실을 한다. 혁신형 중소기업의 선도적 역할은 지식정보산업을 활성화하는데, 그 대표적 기업유형이 벤처기업이다. 미국 등 선진국에서는 1950년대부터, 그리고 일본에서는 1970년대 초에 규정된 이 기업유형이 우리나라에서는 1980년대 중반에 초기적 검증이 이루어졌다. 1997년에 특별법을 제정하여 본격적으로 정책지원 대상이 된 뒤 2017년 현재 약 30,000개에 이르고 있다. 이들은 정보기술혁명으로 촉발된 지식정보집약 사회를 이끄는 선봉장의 역할을 한다. 기업 규모면에서 대기업도 혁신의 기수가 될 수 있지만, 중소영세기업의 적합성이 더 높다는 것이 지배적 견해이다. 제4차 산업혁명의 시대에도 결국 중소기업의 혁신역량이 그 저변을 형성할 것으로 기대한다.

중소기업의 중요성은 대기업과 상호협력하면서 경제가 균형 있게 발전하는 가운데 실현될 수 있다. 그런 점에서 중소기업과 대기업은 경제발전의 두 기둥이다. 하지만 그동안의 경제개발은 대기업 편중으로 이루어져 중소기업은 상대적으로 침체하였고, 그 결과 두 부문 사이의 격차는 매우 심각한 수준에 와 있다. 대기업의 무분별한 중소영세기업 영역침투는 그 주요 원인이 되고 있다. 결국 균형 아닌 파행적이고 절름발이 산업체제가 된 것이다. 구조적 파행성은 국민경제, 전 산업, 그리고 대기업의 발전 동력을 약화시킨다. 대기업과 중소기업이 동반성장하도록 대기업의 부당한 시장행동을 규제하고 적합업종제도가 적극적이고 광범하게 시행되어야 한다. 그래서 중소기업이 '활력 있는 다수'가 되어 활기차고 역동적인 산업사회가 되어야 한다.

이를 위한 정책방향은 산업체제의 전환에 있다. 중소기업의 중요성을 인식하고 대기업 편중의 정책에서 벗어나 중소기업과 대기업이 균형 있는 산업체제를 이루어야 한다. 정책조화를 위하여 정책이 중소기업 중심으로 바뀌어야 한다. 반세기에 걸쳐 지속하였던 대기업 중심정책으로 파행된 산업체제를 시정해야 하기 때문이다. 이것이 '선성장 후분배'와 대기업중심의 성장지상주의가 가져온 사회적 불균형과 양극화, 저성장과 저고용 등 구조적 문제를 극복하는 길이다. 그리고 성장잠재력을 확충하고 성장동력을 회복하는 방향이기도 하다. 왜냐하면 중소영세기업 부문은 우리경제의 성장 기반이고 발전의 원동력이기 때문이다.

경제적 어려움을 극복하기 위하여 지금까지 시행된 정책의 대안으로 제시된 것이 이른바 소득주도 성장 또는 포용적 성장이다. 전자는 가계소득을 늘려 소비와 투자를 촉진하여 성장을 주도하려는 것이고, 후자는 성장의 혜택이 모든 사회구성원에게 공정하게 돌아가게 해야 한다는 것인데, 분수효과(噴水效果)를 전제로 하고 있다. 이와 함께 공정경제와 공급 측면에서 혁신 성장이 추진되고 있는데, 이들 정책이 성공하려면 산업정책에서 중소기업 우선이 당면과제이다. 대기업과 중소기업의 격차가 완화, 해소되어야 하며, 중소기업이 혁신의 선도적 역할을 하기 때문이다. 그리고 일자리 창출이나 양극화 해소도 중소기업육성이 그 기본 방향임은 두말할 필요도 없다.

　이 책을 출간하는 데 산업연구원 양현봉 박사가 새로운 자료와 정책인식을 제공하여 준 데 고마움을 드린다. 숙명여자대학교 경제학부 박사과정에 있는 김애리 석사는 타자를 맡아 주었다. 그의 성실한 도움에 깊이 감사한다. 지식산업사 김경희 사장은 체력의 한계로 집필을 망설이는 필자에게 이 책을 저술하도록 격려를 주셨다. 그의 깊은 배려가 있기에 이 책의 출판이 가능했다. 고맙게 생각한다.

2017년 11월
공덕동 연구실에서
이　경　의

차 례

제1장

중소기업이란 무엇인가

1. 중소기업의 개념

'중소기업이란 무엇인가'라는 문제는 중소기업 이해에서 가장 우선적 과제이다. 그래서 중소기업 연구에서도 그것이 알파(α)와 오메가(ω)란 말이 있다. 이것은 중소기업 개념을 규정하는 것이 중소기업 이해의 가장 기초적 문제이면서도 중요한 과제라는 점을 의미한다.

중소기업이란 한마디로, 극히 다양한 요소와 서로 다른 질적 특성을 갖는 각종 '중소규모' 사업자를 모두 일컫는 개념이다. 그 것은 '동질적인 일체'가 아니고 '이질이면서 다원적인 기업군'이다. 이러한 중소기업에서 공통되는 하나의 요소는 '대기업이 아니라는 점'이다.

중소기업의 이런 특징은 그것의 형성 과정에서 알 수 있다.

경제사에서 대기업이 최초로 등장한 산업자본주의 초기에 압도적으로 다수의 기업은 소규모였으며 중소기업이라는 인식은 존재하지 않았다. 수공업이라는 전통적 경영에 대하여 '소공업' 또는 '소경영'이라는 표현이 일반적이었다.

대기업이 본격적으로 등장하는 시기에 규모가 큰 기업이 늘어나면서 '중기업'이 나타났다. 그러나 '중소기업'이라는 표현이 일반화한 것은 아니었다. '중공업(中工業)'이라는 인식이 형성되었지만 '중공업'의 독자성이 강조된 것은 아니고, '소공업'에 대한 '대중공업'이라는 측면이 강했다.

대기업의 규모가 확대되고 경제력이 집중되면서 대기업과 중소기업 사이에 단층이 생겨났고 대기업에 대한 '중소기업'이라는 인식이 형성되었다. 이것은 경제사에서 독점자본주의가 전개되는 시기였다. 그 뒤·양자 사이에 '중견기업'이라는 계층도 형성되기 시작하였다.

그렇다면 왜 중소기업이라는 인식이 형성되고 그것을 구분할 필요가 생기게 되었는가? 현실 산업사회는 여러 규모의 기업으로 이루어져 있다. 대기업을 비롯하여 중견기업, 중기업, 소기업 그리고 영세경영(기업)도 존재한다. 이처럼 다양한 규모의 기업 가운데 중소기업이라는 영역을 독자적으로 구분할 필요성을 살펴보면 다음과 같다.

중소기업의 개념과 그에 대한 인식은 대기업이 발전하면서 형성되었다. 따라서 중소기업 개념은 상대적이며, 대기업과 경쟁적 관계에 있다는 점에서는 대기업의 대립개념이기도 하다. 그리고 중소기업은 대기업에 대한 이질성과 독자성을 갖고 있다. 즉, 중소기업은 대기업과 다른 경제적 경영적 특성을 지니고 있고, '중소규모'라는 점에서 대기업과 다른 문제를 안고 있다. 반대로 대기업과 다른 중소기업의 장점도 있다. 산업사회 전체에 이바지하는 구실도 대기업과 중소기업은 다르고 정치적 성격도 차이가 있다. 이런 점을 좀더 설명하기로 한다.

첫째, 오늘날 산업사회의 중심은 대기업이며 중소기업은 그 지배 아래에 있다는 것이 일반적 생각이다. 대기업과 중소기업 사이에는 큰 격차가 있고 중소기업은 많은 어려움에 처해 있다. 사회적 불공정, 경쟁의 불공정, 대기업의 지배와 종속이 중소기업 문제의 본질이 되는 등 '대기업에 대한 중소기업 문제'가 제기되고 있다.

둘째, 오늘날 경제사회에는 실제로 다수의 중소기업이 존재하여 경제와 산업을 뒷받침하고 있다(양적 중요성). 그것의 존재양식과 역할은 사회적·경제적 안정에 중요한 문제이며(질적 중요성) 나아가 사회계층으로서의 중소기업 문제(사회적 중요성)도 제기되고 있다.

셋째, 중소기업은 독립적으로 창업하고 스스로 기업을 시작하는 것이 보통이다. 중소기업의 왕성한 신규창업과 그 활동은 국민에게 경제적 희망과 꿈(dream)을 실현시켜 주는 길이며, 산업사회를 활성화한다. 곧 자유기업체제의 기반을 지탱하는 데 중요한 역할을 한다. 대기업 체제가 안고 있는 큰 문제를 중소기업의 자유롭고 활발한 창업과 활동으로 개선할 수 있다. 중소기업은 성장기업의 묘상(苗床, 양성기반)의 구실을 하기도 한다.

중소기업이 안고 있는 대기업과의 이질적인 문제점을 해소하고, 중소기업만의 장점과 역할을 높이기 위하여 중소기업의 범위와 규모를 구분해 볼 필요가 있다.

2. 소영세기업·중견기업·소상공인

(I) 소영세기업

중소기업은 대기업에 대한 상대적 개념인데, 실제로는 양적 규모로 측정하는 것이 일반적이다. 이는 규모의 경제학으로서 중소기업론이 추구하는 모형의 개념이기도 하다. 그런데 중소기업 범위에는 소영세기업(또는 영세기업, 소상공인), 중견기업, 주변기업, 벤처비즈니스(벤처기업), 나아가 중산층, 민족자본 등 양적 개념만으로 해명할 수 없는 여러 가지 새로운 개념이 있다. 이러한 개념을 해명하는 것도 중소기업 이해의 중요한 과제이다.

중소기업은 여러 영역, 여러 규모, 여러 계층으로 이루어져 있다. 여기서 중기업과 소기업은 자본가 또는 자본가적 기업이라는 공통적 성격을 갖고 있다. 그럼에도 소기업을 중기업에서 분리, 이를 영세기업과 묶어 '소영세기업' 이라고 한다. 소영세기업은 양적 규모의 계층으로 보면 소기업 이하의 기업계층, 곧 소기업과 영세기업을 합한 계층이다.

그 공통점은 다음과 같다. 첫째, 영세기업에서 소기업으로 상승, 소기업에서 영세기업으로 하강은 흔히 있는 현상이다. 중기업에 견주어 소영세기업은 확대재생산이 한정되어 있고 독립성이 약하며 기업의 개인적 성격이 강하고 경제계산이 성립해도 본래의 의미대로 이루어지지 않는다.

둘째, 대기업을 정점으로 하는 축적구조 속에서 경제적 어려움을 전가 받는 가장 낮은 계층이다. 중기업 등 상위계층은 경제적 모순을 소기업과 영세기업 등 하위계층에 떠넘길 수 있지만, 소영세기업은 스스로 전가된 모순을 흡수할 수밖에 없다.

셋째, 계층적 축적구조에서는 하층기업에 경제적 문제가 증폭, 전가되기 때문에 소영세기업은 더욱 높은 강도의 부담을 떠안는다. 이들 가운데는 노동집약적 가내노동을 중심으로 하는 생업적 소영세기업의 비율도 높으며 주로 낮은 임금기반이 그 존립의 기초가 된다.

넷째, 그 결과 경영의 불안정이 심하다는 것도 그 특징이다. 계층분화와 신구기업의 교체 등 사회적 대류현상이 심한 계층이며 도산율과 신설율이 상대적으로 높고 진입장벽도 비교적 낮다.

다섯째, 산업구조가 지식집약화하면서 혁신적인 새로운 기업유형의 진입이 높은 계층이다. 그 결과 독과점 구조가 가져오는 경제의 경직성을 쇄신하고 시장의 활성화를 촉진하면서 산업구조의 전환에 기여하는 계층 또한 소영세기업이다.

이 같은 공통점이 있는 소영세기업 가운데 소기업과 영세기업을 구분하기는 현실적으로 쉽지 않다. 그러나 질적으로는 다음과 같이 그 특성에 차이가 있다.

영세기업은 주로 가족노동을 중심으로 하여 생산 판매 서비스에 종사하는 '기업 이전의 경영'으로 자본과 노동의 분화과정에서 중간적 존재이다. 곧 생업(가내노동)과 기업의 중간적 존재가 영세기업이며 오히려 '영세경영'이라는 표현이 더욱 적절하다. 이에 견주어 소기업은 '자본에 따른 경제계산의 구조를 갖는 소규모의 기업'으로 규정한다. 이러한 소영세기업은 경제구조가 고도화하면서 그 내부에 격심한 기업의 교체가 이루어지고 동태적으로는 그 수가 급속히 늘어나고 있다.

(2) 중견기업

중견기업(中堅企業)이라는 개념은 처음에 독점자본론에 기초한 중소기업 문제인식의 경직성에 대한 반성에서 출발하여 형성되었다. 중소기업을 독점기업에 대한 비독점기업으로 보고 있는데 이는 너무 도식적이며 비독점기업에는 중소기업과 중소기업 이외의 비독점기업(비독점 대기업이라고도 한다)이 존속할 수 있다는 점을 비독점 부문의 범위에 대한 자본운동 법칙으로 검증하였다. 곧 중소기업은 독점자본에 수탈당하는 계층이지만 비독점기업이 반드시 중소기업은 아니라는 것이다.

현대자본주의에서도 비독점부문에는 독점의 경쟁자이면서 독점의 수탈을 다른 자본층에 떠넘기는 자본가층이 있다. 이러한 기업

계층은 산업구조의 전환기에 새로운 성장부문에서 신기술과 시장 조건을 갖고 성장한다. 생산력의 발전에 대응하는 최소필요 자본량을 배경으로 다시 분화되어 독점자본에 대항하기도 한다. 따라서 비독점기업 안에서 중소기업 상층은 그 범위가 확대되는 경향이 있다고 나카무라 슈이치로(中村秀一郎) 교수는 1961년의 저서에서 주장하였다. 이는 실제로 법률상, 행정상, 금융지원상 비독점기업 안에서 중소기업의 범위가 확대되는 경향에 있음을 말한다.

이러한 인식은 독점과 비독점의 도식적 구분을 비판하고 독점자본주의의 동태적 구조파악을 위하여 비독점부문의 내부구성을 분석함으로써 비독점 대기업(중견기업)을 적극적으로 규정하고 중기업의 상한확정의 필요성에 대한 문제를 제기했다는 점에 의의가 있다. 그런데 구체적으로 전개된 중견기업 이론은 그 내용이 전혀 다른 경영론적 기조가 되었다.

곧 생산력의 급격한 발전은 대규모생산의 발전을 촉진하고 생산이 전문화하면서 특정분야를 전문화하고 시장점유율을 확대하여 스스로 진입장벽을 형성하였다. 이는 주체적 행동을 할 수 있는 기업을 출현시켰는데 이를 중견기업이라고 하고 그 특징을 규정하였다. 나카무라 교수가 1968년 저서에서 제시한 특징은 다음과 같다.

첫째, 중견기업은 거대기업 또는 이에 준하는 대기업의 계열회사가 아니고 자본에서는 물론 기업의 근본방침에 결정권을 갖고 있다는 의미에서 독립회사(獨立會社)이며 단순히 중소규모를 넘는 기업이 아니다.

둘째, 중견기업은 증권시장을 통하여 사회적 자본조달이 가능한 규모에 이른 기업이다. 따라서 시장 상장의 유무는 이를 중소기업과 구분하는 기준이 된다.

셋째, 중견기업은 사회적 자본을 주식 형태로 동원하는 데는 아직 제약(고율배당의 필요성)이 있고 개인 동족회사의 성격을 갖는다는 점에서 대기업과 구분된다. 따라서 규모확대와 함께 동족회사의 결함을 없애기 위해 사외중역제의 도입, 경영과 소유의 분리, 전문시스템, 연구기관의 설치, 근대적 경영관리 조직의 정비를 추구한다는 점에서 중소기업과 다르다.

넷째, 중소기업과 다른 시장조건을 확보하고 있다. 그 제품은 독자기술과 설계고안에 따른 것이 많다. 필요한 경우에는 양산에 성공하여 각 부문에서 높은 생산집중도와 시장점유율을 차지하여 독점적 성격을 갖는 것도 많다. 특정구입자에 의존하지 않으면서 대기업의 구입독점력에 대항력을 갖고, 총자본 이익률도 높은 기업이 많다는 것이다.

기업규모가 확대되고 다양화되면서 대기업과 중소기업의 중간에 중견규모기업이라는 영역이 형성되었는데 이 중견기업은 그 특징에서 알 수 있듯이 독점적 대기업이나 중소기업과 다른 특징을 가진 별도의 기업범위이다. 그러나 중소기업 또는 중소기업 문제의 역사성에 비추어 보면 중견기업도 기본적으로는 '대기업에 대한 중소기업' 범위에 포함된다고 볼 수 있다.

그럼에도 이러한 기업 유형은 고도산업사회에 적극적 존재 의의를 갖고 사회경제적 진보와 모순되지 않는 새로운 혁신형의 기업 유형이라고 보았다. 지식집약형 산업구조로 전환을 촉진하는 담당자로서 새로운 산업조직에서 적극적 존재 이유를 가지고 역할을 하기 때문이다.

이를 반영하여 나카무라 교수는 1990년의 저서에서 이러한 중견기업이 ① 연구개발 집약형 기업, ② 디자인 개발형 기업, ③ 다산

업전개형기업, ④ 다종 · 다량 생산형 기업, ⑤ 국제적 전개형 기업
으로 발전 · 전개된다고 보았다.

우리나라에서는 중소기업이 중견기업으로, 또한 중견기업이 글
로벌 전문기업으로 원활하게 성장할 수 있는 선순환 기업생태계를
구축하고 일자리를 창출하도록 하는 등 정책상의 목적으로 2014년
에 〈중견기업 성장촉진 및 경쟁력 강화에 관한 특별법〉을 제정하였
다. 이 법과 시행령에서 정한 중견기업의 양적 범위는 다음과 같다.

중견기업의 판단은 규모, 상한, 독립성의 세 가지 기준으로 구
분한다. 예를 들어 '상한' 기준으로는 대기업이 아니면서, 중소기업
의 범위를 초과하는 기업으로 ① 상시근로자수 1,000명 이상 ② 자
산총액 5,000억 이상 ③ 자기자본 1,000억 이상 ④ 직전 3개년도 평
균 매출액 1,500억 이상 등 네 가지 기준 가운데 한 가지만 충족하
면 중견기업으로 지정된다. 즉 중소기업 범위의 최고 기준을 하한
으로 하고 위에 제시한 기준을 넘어서는 것을 중견기업의 양적 범
위로 정하여 법적으로는 중소기업과 중견기업을 구분하고 있다.
양적 기준 이외에 독립성 기준[① 상호출자제한 기업집단군, 곧 대
기업의 계열사가 아닌 기업 ② 자산 5,000억 원 이상 법인(외국법
인 포함)이 주식 등의 30퍼센트 이상을 직 · 간접적으로 소유하면
서 최대 출자가 아닌 기업 등]도 정해져 있다.

(3) 소상공인

학문적 개념과는 별도로 정책적 필요에 따라 소상공인이란 범
위가 중소기업 안에 설정되었다. 원래 〈소기업지원을 위한 특별
조치법〉(1997)은 그 지원 대상이 종업원 기준으로 제조업은 50인
이하(제조업 관련 서비스업은 30인 이하)였고 또한 업종은 제조

업 및 그 관련 서비스업으로 제한하여 법 제정 당시 전체 소기업의 12.9퍼센트만이 적용 대상이었다. 그러나 제조업 및 관련 서비스업 이외에 종사하는 소기업 및 소기업 가운데 더 영세한 기업인 소상공인에 대한 별도의 지원대책을 강구할 필요가 있게 되었다. 이에 따라 2000년 12월에는 이 법을 곧 〈소기업 및 소상공인 지원을 위한 특별조치법〉으로 개정하였다.

소기업 가운데 규모가 더 작고 영세한 기업을 의미하는 소상공인은 소기업과 같이 업종별 상시근로자수로 구분하고 있다. 곧 제조업, 광업, 건설업, 운수업의 경우에는 상시근로자 수가 10인 미만의 사업자, 기타 업종에서는 상시근로자 수가 5인 미만인 사업자를 의미한다. 이로써 법에서 정하는 중소기업은 중기업, 소기업, 소상공인으로 구분되었고 규모의 열세로 말미암아 불이익을 받는 기업에 대한 지원체계가 확립되었다.

소상공인 시책과 그 범위를 별도로 규정하고 그 지원법을 제정한 것은 1997년 이후 경제위기로 실업증가와 중산층, 서민의 생활안정 문제가 심각한 사회경제적 문제로 대두되면서 일자리 창출과 산업저변 확충이라는 두 가지 과제에 직면한 데서 비롯되었다. 이에 실업자가 손쉽게 창업할 수 있는 다양한 업종을 육성하고 이들의 창업을 통한 새로운 일자리 창출과 산업저변 확충의 방안을 강구하면서 소상공인이라는 새로운 지원 범위가 생겨났다. 이들의 창업과 경영개선으로 생산적 복지형의 일자리 창출시책을 추진하게 된 것이다.

도소매업, 유통업, 서비스업 등의 비제조업은 제조업에 견주어 창업절차가 간단할 뿐만 아니라 창업할 때 초기 투자비용이 크지 않고 특별한 기술과 노하우가 없어도 가능하므로 그 창업이 활성화할 수 있는 특징이 있다. 나아가서 오늘날 소상공인은 지식기반 산업사회의 저변인 혁신형 기업의 창출 기반이 될 수 있다는 점에서 더 진취적 범위로 주목받을 수 있다.

3. 법률이 정한 중소기업의 범위

(1) 중소기업 범위의 변화

중소기업 개념 규정은 현실에서는 정책 대상으로서 중소기업 범위를 정하는 것으로 구체화된다. 중소기업정책은 중소기업 문제를 완화, 해소하고 그 구실을 높이는 것을 목적으로 하기 때문에 중소기업정책 대상인 중소기업은 그 목적과 과제에 따라 그 범위가 정해진다.

중소기업 문제는 경제의 발전 단계와 국민경제의 특수성에 따라 다를 수 있다. 따라서 그 해소 완화 방안인 중소기업정책의 대상과 과제도 반드시 그 내용이 동일한 것은 아니며 따라서 중소기업의 범위도 경제발전 단계와 나라마다의 정책 목표에 따라 다르게 규정된다.

현실적으로 중소기업의 범위는 법률로 정하는 것이 보통이며 규모 구분의 기표 선택도 다양한데, 명확한 규정이 필요하기 때문에 질적 기준보다 양적 기준이 선택되는 것이 일반적이다. 그러나 미국처럼 '독립성과 시장에서 지배적이 아닐 것' 등 질적인 기준을 정하고 정책 목표에 따라 구체적인 시행 과정에서 양적 지표를 사용하여 중소기업의 범위를 탄력적으로 규정하는 경우도 있다. 우리나라도 1995년의 〈중소기업기본법〉 개정 이후 질적 기준을 도입한 바 있다.

〈중소기업기본법〉과 그 시행령에서 이를 정하고 있다. 이 법은 1966년 12월 6일에 법률 제 1840호로 제정 공포되었으며 그 뒤 ① 1976년 12월 31일 ② 1978년 12월 5일 ③ 1982년 12월 31일 ④ 1995년 1월 5일(전문개정) ⑤ 2002년 5월 20일(시행령) ⑥ 2008년 12월 26일 ⑦ 2011년 6월 23일 등 여러 차례에 걸쳐 개정되었는데 그 주된 개정 내용은 중소기업의 범위에 관한 것이었다. 이것은 경제 발전과 기업 규모의 확대 등 변화하는 경제 여건을 반영한 것이었다. 또한 정책 대상으로서 중소기업의 범위를 경제 상황에 따라 신축적으로 대응시켜 정책 효과를 높이려는 목적도 있었다.

그동안 중소기업의 범위는 확대되는 방향으로 개정되었다. 이것은 경쟁력의 강화를 위하여 양산(量産)체제를 지향하면서 발전한 상층 중소기업의 지원체제를 강화하기 위한 것이었다. 그러나 이것은 경쟁력이 취약하여 그 개발육성이 필요한 소영세기업에 대한 지원을 상대적으로 약화시켰다. 그 결과 정책의 혜택을 크게 받는 상층 중소기업과 그렇지 못한 소영세기업 사이에 발전의 단층을 만들고 나아가 중소기업 안에서 이중구조의 문제를 일으켰다.

이러한 점을 반영하여 1982년 12월 31일의 개정에서는 중소기업 가운데 사업체 수에서 다수를 차지하면서도 정책의 지원 대상에서 소외되고 있던 소기업에 대한 육성시책을 강구하도록 중소기업자의 범위를 소기업과 중기업으로 구분하여 규정하였다. 예컨대 제조업·건설업의 경우 상시 종업원 수 20명 이하, 상업서비스업은 5명 이하를 소기업으로 구분하였다.

1995년 1월 5일 개정 기본법에서는 중소기업자의 범위를 큰 틀만을 정하고 상세한 것은 대통령령(시행령)이 정하는 기준에 따르도록 하여 중소기업의 범위 규정에 신축성을 주었다. 중소기업자의 범위는 업종의 특성과 상시근로자 수, 자산 규모, 매출액 등을 참작하여 시행령에서 정할 수 있게 하였다. 여기에 더하여 '그 소유 및 경영의 실질적 독립성'이라는 질적 기준(미국적 특성)이 시행령에 반영되도록 기본법이 규정하였다.

(2) 현행 중소기업의 범위 : 평균매출액 기준

① 개정 이전의 중소기업 범위 : 상시근로자 수 또는 자본금 기준

2009년 3월 25일 개정된 〈중소기업기본법〉 시행령은 중소기업의 범위를 〈표-1〉와 같이 제시하였다. 상시근로자 수와 자본금 또는 매출액의 두 가지 기준 가운데 한 가지 기준만 충족하면 중소기업에 해당했다. 그리고 ① 비영리기업 ② 상시근로자수 1,000명 이상 ③ 직전 3년 동안 평균 매출액 1,500억 원 이상 ④ 자산총액이 5천억 이상 기업은 제외하였다. 그리고 독립성 기준으로는 ① 상호출자제한 기업집단에 속하는 회사 ② 자산총액 5,000억 원 이상인 법인의 주식총액 30퍼센트 이상을 직접적 또는 간접적으로 소유하면서 최다출자인 기업 등은 제외하는 것으로 정리하였다. 소기업은 상시근로자 50인 미만의 광업, 제조업, 운수업 영위 기업과 이상에 열거한 업종 이외의 상시근로자 10인 미만의 기업을 말하며 중기업은 중소기업 가운데 소기업을 제외한 기업을 말하였다. 업종 분류의 기준을 통계법 제22조에 따른 '한국표준산업분류'를 기준으로 하였다.

〈표-1〉 중소기업의 업종별 상시근로자 수, 자본금 또는 매출액의 규모기준

해 당 업 종	규 모 기 준
제조업	상시근로자 수 300명 미만 또는 자본금 80억 원 이하
광업, 건설업, 운수업	상시근로자 수 300명 미만 또는 자본금 30억 원 이하
출판, 영상, 방송통신 및 정보서비스 사업시설관리 및 사업 지원 서비스업 보건 및 사회복지사업	상시근로자 수 300명 미만 또는 매출액 300억 원 이하
농업, 임업 및 어업 전기, 가스, 증기 및 수도사업 도매 및 소매업 숙박 및 음식점업 금융 및 보험업 전문, 과학 및 기술 서비스업 예술, 스포츠 및 여가 관련 산업	상시근로자 수 200명 미만 또는 매출액 200억 원 이하
하수처리, 폐기물 처리 및 환경 복원업 교육 서비스업 수리 및 기타 서비스업	상시근로자 수 100명 미만 또는 매출액 100억 원 이하
부동산업 및 임대업	상시근로자 수 50명 미만 또는 매출액 50억 원 이하

(제3조 제1호 관련)
주 : ① 해당 업종의 분류 및 분류 부호는〈통계법〉제22조에 따라 통계청장이 고시한
   한국표준산업 분류에 따른다.
   ② 〈중소기업기본법 시행령〉 제3조(별표-1)

② 현행 중소기업의 범위 : 평균매출액 기준

한편 2014년 4월 14일에 개정된 중소기업기본법 시행령(기본법 제2조 및 시행령 제3조)은 중소기업 범위를 다음과 같이 정하였는데 그 특징은 규모 구분 기준을 이전의 상시근로자 수 또는 자본금에서 평균매출액으로 바꾼 것이다.

첫째, 중소기업 기준은 영리기업 또는 비영리사회적 기업을 대
상으로 적용하며 규모기준과 독립성 기준을 모두 충족해야 중소기
업에 해당하는 것으로 보았다.

규모기준(외형적 판단기준)은 업종별 기준과 상한기준을 모두
충족해야 하는데 업종별 규모기준은 주된 업종의 〈평균매출액 기
준〉을 충족해야 한다.(〈표-2〉)

〈표-2〉 중소기업의 업종별 평균매출액의 규모기준

해당기업의 주된 업종		규 모 기 준
제조업 (6개 업종)	의복, 악세서리 및 모피제품, 가죽가방 및 신발, 펄프, 종이 및 종이제품, 1차금속, 전기장비, 가구	평균매출액 등 1,500억 원 이하
	농업, 임업 및 어업, 광업	평균매출액 등 1,000억 원 이하
제조업 (12개 업종)	의복, 의복악세서리 및 모피제품, 담배, 섬유제품(의복 제조업 제외), 목제 및 나무제품(가구제외), 코크스, 연탄 및 석유정제품, 화학물질 및 화학제품(의약품 제외), 고무제품 및 플라스틱제품, 금속가공품(기계 및 가구제외), 전자부품, 컴퓨터 영상 음향 및 통신장비, 그 밖의 기계 및 장비, 자동차 및 트레일러, 그 밖의 운동장비	평균매출액 등 1,000억 원 이하
	전기, 가스, 증기 및 수도사업, 건설업, 도매 및 소매업	평균매출액 등 800억 원 이하
제조업 (6개 업종)	음료, 인쇄 및 기록매체복제, 의료용 물질 및 의약품, 비금속 광물제품, 의료 정밀 광학기기 및 시계, 그 밖의 제품	평균매출액 등 800억 원 이하
	하수, 폐기물처리, 원료재생 및 환경복원업, 운수업	평균매출액 등 800억 원 이하
	출판, 영상, 방송통신 및 정보서비스업	
전문, 화학 및 기술서비스업, 시설관리 및 사업지원서비스, 보건업 및 사회복지서비스, 예술 스포츠 및 여가 관련 서비스, 수리 및 기타 서비스업		평균매출액 등 600억 원 이하

해당기업의 주된 업종	규 모 기 준
숙박 및 음식업, 금융 및 보험업, 부동산업 및 임대업, 교육 서비스업	평균매출액 등 400억 원 이하

주 : 해당기업의 주된 업종의 분류는 〈통계법〉 제22조에 따라 통계청장이 고시한 한국
표준산업분류에 따른 것임.
자료 : 중소기업기본법 시행령 〈별표-1〉 (중소기업청) 참조

　둘째, 상한기준은 업종에 관계없이 자산총액 5,000억 원 미만
일 것으로 규정하였다. 이전에 상한기준이었던 ① 상시근로자 수
1,000명 ② 자기자본 1,000억 원 ③ 3년 평균매출액 1,500억 원
기준을 폐지하고 자산총액 5,000억 원은 존속시켰다.
　셋째, 이전에는 업종별 규모기준에서 상시근로자수와 자본금
또는 매출액 가운데 하나만 충족하도록 한 것을 〈매출액 단일 기
준〉으로 정하였다. 업종구분에서도 이전에는 제조업 단일기준이
었으나 개정된 기준에서는 24개 제조업종으로 세분화하였다.
　넷째, 독립성 기준을 다음의 세 가지 가운데 어느 하나에도 해
당하지 않도록 하였다.

　① 상호출자제한 기업집단 및 채무보증제한 기업집단에 속하는 회사
　② 자산총액 5,000억 원 이상인 법인(외국법인 포함)이 주식 등의
　　30퍼센트 이상을 직접적 또는 간접적으로 소유하면서 최다출자
　　자인 기업
　③ 관계기업(기업 간의 주식 등 출자로 지배 · 종속관계에 있는 기업
　　의 집단)에 속하는 기업의 경우에는 출자비율에 해당하는 평균매
　　출액 등을 합산하여 업종별 규모기준을 미충족하는 기업(단, 비영
　　리 사회적 기업 및 협동조합에는 관계기업제도 적용하지 않음)

〈표-3〉 소기업의 업종별 매출액의 규모기준

업종 (제조업 중분류, 기타업종 대분류)	개정 전 기준 (상시근로자)		개정 후 기준 (매출액)
제조업(의료용 물질 · 의약품 등 12개)	50명		120억 원 120억 원
전기 · 가스 · 수도사업	10명		
제조업(펄프 · 종이 · 종이제품 등 12개), 광업, 건설업, 운수업	50명		80억 원 80억 원
농업 · 임업 및 어업, 금융 · 보험업	10명		
출판 · 영상 · 정보서비스	50명	⇒	50억 원 50억 원
도 · 소매업	10명		
전문 · 과학 · 기술서비스, 사업서비스	50명		30억 원 30억 원
하수 · 폐기물처리업, 예술 · 스포츠 · 여가서비스, 부동산임대업	10명		
보건 · 사회복지서비스	50명		10억 원 10억 원
개인서비스업, 교육서비스업, 숙박 · 음식점업	10명		

자료 : 중소기업청

　중소기업 범위를 매출액 기준으로 개편한 것은 이른바 피터팬 증후군, 곧 중소기업 지위를 유지하여 정책지원을 계속 받기 위해 근로자 고용을 더 이상 늘리지 않거나 오히려 줄이는 현상의 가능성을 없애는 목적에 있었다. 이것은 근로자 고용이 중소기업 범위 기준에 얽매임으로써 장기적으로는 고용촉진에 장애가 되는 요인을 제거할 수 있게 한 것이다.

　이러한 목적은 소기업의 범위 기준 설정에도 동일하게 적용되었다. 소기업의 범위도 상시근로자 지표 대신 〈3년 평균매출액〉 기준으로 〈표-3〉과 같이 개편한 것이다. 매출액 기준의 중소기업 범위 설정과 일관성을 유지하는 측면도 있고, 성장한 소기업임에도 소기업에 잔류하는 피터팬 증후군을 완화하면서 소기업지원이 실질적으로 규모가 작은 기업에 집중되어 소기업 지원정책의 실효성을 높이는 목적도 있기 때문이다.

4. 중소기업의 특성과 역할

(1) 중소기업의 특성

일반적으로 지적할 수 있는 중소기업의 특성은 다음과 같다.

첫째, 중소기업은 이질적이며 다원적인 기업군이다. 매우 다양한 요소와 질적 특성을 지닌 각종의 중소규모 사업자를 가리킨다. 이것은 동질적 일체가 아니며 이질적이며 다원적인 성격을 지닌다. 기업의 양적 규모면에서도 영세경영, 소기업, 중기업, 나아가 중견기업에 이르기까지 다양한 규모의 기업을 포함하고 있다. 이들은 근대화된 것과 전근대적 특성을 지닌 기업으로 이루어져 있고 주변기업(periphery firm)이나 벤처기업이라는 영역도 포함한다.

이질성의 근거는 ① 업종과 그 형태 ② 기업규모 ③ 기업의 역사(연역) ④ 입지하는 장소와 시장의 범위 ⑤ 경영자의 자질과 기업가 정신 등 다양하다. 이 때문에 어느 기업, 어느 측면에 주목하느냐에 따라 다양한 중소기업 이론이 나올 수 있다.

둘째, 존립 분야가 넓다. 중소기업은 대기업과 관련되는 분야

뿐만 아니라, 생산재와 소비재의 생산·판매·수송·서비스업 등 국민경제의 넓은 분야에서 높은 비중을 차지하며 존립한다. 그리하여 대기업을 보완하거나 그들과 경쟁하기도 하고 또는 대기업이 담당하지 않은 분야에서 중요한 구실을 한다. 이들은 반드시 저임금에 의존하는 것만은 아니며 적정규모로 활동하는 영역도 많이 있다.

셋째, 자유경쟁이 그 존립의 일반적 법칙이다. 대기업이 활동하는 산업 분야에서는 강력한 독과점적 시장지배와 가격의 경직성을 볼 수 있지만, 중소기업의 비율이 높은 분야에서는 일반적으로 자유경쟁을 통한 가격이 형성되어 건전한 시장 메커니즘이 작동한다. 말할 것도 없이 스타인들(J. Steindl)이 지적하는 것과 같은 불완전경쟁시장 또는 불황카르텔과 합리화 카르텔이 중소기업 분야에 없는 것은 아니지만, 그것은 예외적이다.

중소기업 분야는 대체로 진입장벽이 낮아 중소기업 사이에 과도한 경쟁(excessive competition)이 일어나기도 한다. 한편 중소기업은 원재료 및 제품시장을 지배하고 있는 대기업과 외주 하청관계 및 금융거래관계를 맺으면서 존립하기도 한다. 이때 대기업의 침투가 중소기업 분야에 과당경쟁을 일으키면서 자유경쟁 현상이 더욱 촉진된다.

넷째, 중소기업은 대기업에 종속되는 경향이 있기 때문에 대기업과 부등가교환이 일어나기 쉽다. 중소기업은 독립하여 존립하기도 하지만 많은 기업이 상사나 모기업과 하청계열관계를 통하여 지배받는다. 이러한 대자본에 대한 종속관계는 대기업과 중소기업 사이의 대등한 거래를 어렵게 하고 부등가 교환을 강요한다. 독점자본주의 단계에서는 이것이 독점기업과 중소기업 사이의 지배·종속관계의 문제가 된다.

다섯째, 시장에서 한계수익기업으로 존립하기 때문에 경기변동의 영향을 크게 받고 다산다사(多産多死)의 경향을 갖는다. 중소기업은 그 기업규모가 작아서 자유경쟁 시장에서는 한계수익기업이 되고, 대기업이 지배적인 산업분야에서뿐만 아니라 중소기업의 비중이 높은 분야에서도 피라미드 구조의 저변에 있다. 그리하여 경기의 확장국면에서는 신규진입자의 증가 때문에 위협을 받고, 경기의 수축국면에서는 정리 도태되지 않을 수 없어 경기변동의 완충대(buffer) 노릇을 담당하게 된다. 그 결과 소규모 중소기업일수록 그 출생률과 사망률이 높은 다산다사의 경향을 띤다.

여섯째, 중소기업은 대기업에 고용되지 못한 노동력을 저임금으로 활용한다. 그리하여 중소기업은 독점기업이나 대기업이 수많은 중소기업의 저임금 노동을 우회적으로 활용하여 자본축적을 꾀하는 도구로 전락한다. 중소기업은 중년 및 노년 노동자, 부녀자, 계절노동자, 농촌부업자 등 대기업이 고용하기에는 질적으로 적합하지 않는 노동과 수많은 미숙련 유휴노동까지도 흡수 고용한다. 특히 중소기업은 투하자본당 고용량과 부가가치가 크기 때문에 노동력이 풍부하고 자본축적의 수준이 낮은 개발도상국에서 그 역할이 높게 평가받는다.

일곱째, 중소기업은 지역경제와 깊은 관련을 맺고 있으며, 자본주의 사회에서 중산층으로서 사회의 안정세력이 되고 있다. 일반적으로 자본주의 사회는 자본가와 노동자의 계급적 대립이 심하여 사회적 안정이 결여되기 쉽고 산업 및 지역 사이에 융화가 파괴되기 쉽다. 중소기업은 지역적 산지를 이루어 지역의 노동력을 고용하고 금융 원재료 제품시장의 여러 측면에서 지역성이 강하다. 또 경영자와 노동자가 가까이 접촉하기 때문에 인간적 친밀성이 높고, 폭넓은 중산층의 경제적 기초를 형성하여 안정세력으로서 사회에 이바지한다.

(2) 중소기업의 역할

중소기업의 역할은 그 중요성에 비추어 다양한 내용을 제시할 수 있으나 그것을 집약하여 정리하면 다음과 같다.

(가) 대기업과의 관련 : 하청·계열기업으로 기능

경제는 경쟁으로만 발전하거나 효율성을 유지하는 것은 아니며, 협력이 경쟁력을 높이는 유력한 수단이 되기도 한다. 대기업과 중소기업의 상호보완적 관계는 이를 반영한다. 중소기업과 대기업은 생산 및 판매 면에서 관련을 맺는다. 중소기업은 모기업인 대기업의 하청기업 내지 계열판매자가 되는 경우가 많다. 하청 및 유통계열은 단순한 분업관계만이 아니고, 장기 계속거래와 밀접한 제휴로 안정적 판로를 확보하지만, 동시에 그로 말미암아 지배 종속의 문제가 발생하기도 한다.

제조업의 경우 모기업은 ① 자본절약, ② 하청기업의 저임금 이용, ③ 경기변동의 쿠션(cushion)으로 활용하는 등의 이유로 하청기업을 이용한다. 그러나 하청기업의 기술수준이 높아지면서 그 기업의 전문기술을 이용하려는 측면이 강해졌다.

하청 제도가 하청기업의 종속과 그에 따른 경영불안정 저임금 등 낮은 노동조건의 창출 등을 가져온다는 비판적 견해가 있다. 그러나 하청 제도는, 특히 기계공업 등에서는 국제경쟁력을 높이는 요인이라는 긍정적 논의와 함께 준수직적 통합 등으로 규정되고 있다.

하청 제도는 ① 모기업과 하청기업의 장기 계속거래에 따른 경영안정과 신뢰관계의 형성, ② 설비투자의 중복방지, ③ 설계 개발단계부터 서로 밀접한 제휴와 정보의 공유로 경제적 효율을 높일 수 있다는 등의 장점을 갖기도 한다. 결국 하청 제도는 준수직적 통합으로 산업체제의 효율성을 높일 수 있다.

(나) 산업발전에 공헌

중소기업은 새로운 산업의 못자리[苗床]이며 기술혁신의 담당자, 그리고 수출산업 등으로 산업발전에 이바지한다.

첫째, 지식집약·연구개발형 중소기업인 벤처 비즈니스(벤처기업)의 역할을 들 수 있다. 1970년대 이후 선진경제는 침체된 경제에 활력을 넣고자 기술혁신과 새로운 산업을 진흥하려고 노력하였다. 여기에 적합한 기업유형이 바로 지식집약 연구개발형의 중소기업인 벤처 비즈니스였다.

둘째, 국민경제의 발전과 산업구조의 전환이라는 과제에 이바지한다. 이것은 신산업의 담당자 그리고 그 못자리로서 중소기업의 역할로 가능하다. 새로운 산업은 사업 및 시장 규모가 작아 대기업에게는 매력이 없지만 소기업에게는 매력 있는 분야이다. 여기에는 강력한 기업가정신이 요구된다. 이러한 지식집약형, 연구개발형 신산업의 못자리 기능을 하는 것이 중소기업이다.

구체적인 못자리[묘상] 기능(seed bed function)은 다음과 같다.

① 지식 정보집약형 중소기업의 기술진보와 혁신의 양성기반
② 기업가적 재능과 경영능력 등 인적 능력을 배양하는 기반
③ 새로운 산업(혁신적 중소기업)의 담당자인 기업가와 경영자를 양

성해 주는 기반

④ 새로운 산업과 대기업의 양성기반

⑤ 창조성과 왕성한 활력을 길러 산업구조를 변혁시키고 경제사회를
진보 발전시키는 원천이며 바탕이 되는 기능 등이다.

셋째, 국민경제가 국제화되면서 중소기업은 국제화의 담당자로
서 인식받기 시작하였다. 수출의 직접 담당자로 수출진흥에 이바
지할 수 있기 때문이다. 특히 경제개발이 수출주도형으로 이루어
지는 개발도상경제에서 중소기업의 수출 증대가 경제발전에서 하
는 역할은 매우 크다. 또한 중소기업은 직접투자의 형태로 해외에
직접 진출하기도 한다. 그리고 대기업과 하청계열관계를 맺어 산
업 효율과 국제경쟁력을 높임으로써 외화획득에도 이바지한다.

(다) 국민생활과 지역경제에 공헌

중소기업은 다품종·소량생산의 소비재와 서비스의 공급 및
고용의 흡수 창출 기능, 그리고 지역경제와 지역사회의 중추적
기능을 한다.

첫째, 소비 면에서 하는 기능이다. 중소기업은 소득수준이 올
라가면서 수요의 다양화, 고급화, 다품종 소량화, 그리고 그 수
명이 짧아진 제품의 수요에 대응하여 재화와 서비스를 생산 판
매한다. 대규모 경제와 대량생산을 기본으로 하는 대기업은 이
러한 변화에 기민하게 대응하기 어렵고 여기에는 중소기업이 적
합하다.

둘째, 중소기업은 고용흡수와 그 창출에 중요한 역할을 한다.
노동 집약적 생산방식이 특성인 중소기업은 인구과잉과 구조적

실업의 경제 여건을 지닌 개발도상경제에서뿐만 아니라, 실업률
이 상대적으로 높은 선진경제에서도 실업해소라는 정책과제에
적극적으로 이바지한다. 특히 공업화를 추진하는 개발도상경제
에서 근대적 대기업은 자본 집약적 기업이어서 고용효과가 높지
않다. 이에 견주어 중소기업은 노동 집약적이기 때문에 미숙련
노동 등의 흡수에 크게 공헌한다.

셋째, 중소기업은 주민의 생활기반인 지역경제와 지역사회에
서 큰 구실을 한다. 중소기업은 단일사업체 중심이어서 지역성이
강하여 지역의 노동력과 자본을 이용하고 지역에 소득을 발생시
킨다. 그리고 지역주민이 이용하는 재화와 서비스를 공급하여 지
역의 후생증진에 공헌한다.

(라) 시장 활성화 및 경제사회의 쇄신역할

중소기업에게는 시장경제를 활성화하고, 나아가 경제발전을
이끄는 기능을 기대할 수 있다. 대기업체제는 독점과 과점적 시
장구조를 전개하면서 경쟁 배제적 경향을 갖기 때문에 경제사회
를 경직화시키고 정체시킨다. 독점의 폐해를 시정하고 경제를 건
전하게 발전시키려면 자유경쟁의 담당자인 중소기업의 구실이
중요할 수밖에 없다. '경쟁의 담당자로서 중소기업'의 기능을 높
이면 시장이 활성화된다.

경쟁을 촉진하는 담당자이며, 기업가 정신의 보유자인 중소
기업은 시장과 산업조직을 활성화하는 기능을 한다. 중소기업은
자원의 효율적 배분에 이바지한다. 곧 중소기업은 경쟁을 촉진
시켜 경제의 발전과 효율성을 높이는 구실을 한다. 구체적으로
중소기업의 신진대사 또는 경제사회의 쇄신기능을 설명하면 다

음과 같다.

① 높은 도산율과 신설율 속에서 신구 기업이 교체되는 사회적 대류 현상이 진행되면서 새로운 기업이 진입한다.

② 중소기업은 경쟁적 성격으로 경쟁적 시장경제의 적극적 담당자가 되며, 독과점적 시장구조의 경직성을 개선하고 시장기능을 활성화하면서, 지배적 대기업에 자극을 주고 도전하는 가운데 경제의 노화현상을 막는다.

③ 지식 정보 집약적인 새로운 혁신형 중소기업(벤처기업)은 기술개발과 혁신의 원천으로 새로운 요소를 산업사회에 투입한다. 즉 창조와 활력의 모체(母體)이며 혁신의 기수로서 새로운 에너지를 공급한다.

④ 중소기업은 새로운 산업과 성장하는 기업 및 대기업의 양성기반이며, '활력 있는 다수'로서 경제사회를 쇄신하는 기능을 담당한다.

(마) 자본축적과 경제 자립의 기초

첫째, 중소기업은 자본축적의 기반으로서도 적극적 구실을 한다. 이러한 점은 '위로부터'의 자본제화와 산업구조의 고도화를 추진하는 국민경제에서 공통된 특징이다. 중화학 공업화가 심화되고 독점자본의 자본축적의 바탕이 다양해지면서 중소기업은 그 자본축적의 바탕이 된다. 계층적 축적의 지배구조 속에서 노동 집약적이며 저임금을 그 존립근거로 하는 중소기업은 독점자본과 국민경제의 자본축적의 바탕이며 경제발전의 원동력이 된다. 더욱이 급속한 공업화를 정책 주도적으로 추진하는 개발도상 경제에서 중소기업은 부족한 자본으로 경제개발을 추진하는 것을 가능하게 한다.

둘째, 개발도상국에서 중소기업이 민족기업의 역할을 강조하는 것은 그것이 경제자립의 기초가 되기 때문이다. 특히 식민지 지배를 경험한 후진경제에서는 생산력의 근대화와 함께 경제구조의 자립화를 이루는 것이 그 주요한 정책과제이다. 중소기업은 대기업보다 국내시장에 크게 의존하고, 국내에서 생산하는 원재료를 사용하는 비중이 높다는 점에서 국내에 깊은 분업관계를 갖고 있다. 이런 특징은 중소기업을 민족기업 또는 민족자본적 성향의 기업으로 규정하게 한다. 그런 의미에서 중소기업은 경제구조의 자립을 실현하는 바탕이 될 수 있다.

제2장

중소기업은 소멸하지 않고
존립 · 성장한다

1. 중소기업은 대기업으로 성장할 수 있는가

(1) 긍정적 견해 : 마셜의 소기업 성장 연속론

산업에서 대기업에 따른 소기업의 도태와 몰아냄[驅逐], 소기업의 신설과 대기업으로의 성장, 대기업과 소기업 사이의 상호관계, 대기업의 생물적 수명의 한계에 따른 쇠망 등 여러 요인이 유기적으로 작용하면서 장기적으로 산업은 성장하고, 동태적 균형을 이룬다고 일찍이 영국의 경제학자 마셜(A. Marshall)은 생각하였다.

마셜은, 산업이 이러한 유기적 성장을 하고 동태적 균형을 이루는 데 소기업이 경제 활동의 원천으로서 중요한 역할을 한다는 점을 지적하였다. 곧 영국 산업조직의 대부분이 성장하는 소기업에 의존하고 있으며 그들이 산업에 제공하는 힘과 탄력성은 전 국가에 걸쳐 발생하고 있다고 보았다. 소기업이 이처럼 경제발전에 활력을 주고 산업발전의 원동력이라고 보는 마셜은 그의 《경제학원리(Principles of Economics)》(1890)에서 생물학적 진화 진보의 사상 및 '연속성의 원리'(the principle of continuity)와 결합하여 소기업이 대기업으로 계속 성장할 수 있다는 '소기업 성장론' 또는 '소기업 성장 연속론'을 주장하였다.

첫째, 마셜은 이것을 그의 생물학적 유추로 설명하고 있다. 삼림 가운데 젊은 수목이, 오래된 경쟁자가 억압하는 그늘을 뚫고 고투하면서 성장하는 교훈에 비유하여 '소기업 성장론'을 넌지시 알리고[示唆] 있다. 많은 수목이 도중에 쇠잔하고 소수만이 존속 성장한다. 이들은 성장하면서 넓은 영역의 빛과 공기를 얻게 된다. 그래서 마침내 이번에는 그들이 인근의 수목 위로 솟아나게 되지만, 자연이 주는 수명의 제한을 받는다며, 기업의 성장 쇠퇴를 수목의 성장에 비유하였다. 마셜은 이 성장의 법칙이 보편적이지는 않지만 많은 산업분야에서 유지되고 있다고 보았다.

둘째, 이러한 소기업 성장을 이루는 상향운동의 출발점을 노동자로 보고 다음과 같이 말하였다.

① 노동자가 그의 경영능력을 충분히 발휘할 수 있는 지위로 성장하는 데 따르는 어려움은 소요자금의 획득인 것처럼 보인다. 그러나 자금은 큰 어려움이 아니며, 실질적인 어려움은 많은 주위 사람들에게 그가 경영에 자질이 있는 사람이라는 사실을 확신시키는 것이다.

② 노동자가 기업가로 성장하는 데 더 큰 장애는 경영이 점차 더 복잡해지고 있다는 것인데, 이것도 교육을 급속하게 개선하면 해소할 수 있다.

이처럼 마셜은 노동자가 기업가로 성장하는 데 중요한 것은 자금이 아니라 기업가로서의 능력이라고 보았다. 그래서 보통의 노동자는 능력이 있으면 직공장·지배인으로 상승, 고용주가 될 수 있다고 보았으며, 그 결과 아래로부터 수많은 상향운동이 있게 된다고 보았다.

셋째, 이러한 상향운동에 따라 독립기업을 이루게 된 사람은 그 능력에 따라 기업을 키울 수 있다고 보았다. 영고성쇠(榮枯盛衰)하지만 유능한 기업가는 장기적으로 능력에 따라 그의 자본을 성장하게 하고 경영능력이 클수록 기업의 성장을 더욱 신속하게 한다는 것이다.

곧 유능한 기업가는 그의 자본을 신속히 늘리고, 더 많은 자본을 들어오도록 신용을 높인다. 그리고 더 많은 종업원을 채용하여 그들 서로에게 신뢰성을 높일 뿐만 아니라 적재적소에 배치하여 작업능률을 높인다. 이러한 숙련의 경제 외에 기업의 성장과 함께 이루어지는 기계의 경제와 대량거래의 경제로 기업은 계속해서 성장한다는 것이다. 기업의 성장과정은 기업가의 정력과 기업심, 창의력과 조직력을 끌어올리고 새롭게 하며 경영에 불가피한 모험이 이례적으로 손실을 가져오지 않는 한 계속된다고 보았다.

　경영능력을 가진 노동자는 자금을 조달 결합하여 소기업가가 되고, 소기업가는 다시 대기업가로, 동시에 소기업은 대기업으로 계속 상향의 성장을 할 수 있다는 것이 마셜의 견해였다. 이때 기본이 되는 것은 기업가가 기업을 지휘하는 경영능력인데, 이것은 과밀한 산업에서 양호한 기회를 제공하는 산업으로 수평이동하고, 산업 안에서 유능한 사람은 상위 직책으로 성장하는 등 수직 이동도 쉽게 하기 때문에 근대 영국에서 경영능력은 수요에 순응하는 것이 일반적 법칙이라고 보았다. 이처럼 마셜은 경영능력, 즉 기업가의 공급이 탄력적임을 시사하고 있다.

　그런데 내부경제와 외부경제를 통하여 기업은 영원히 성장할 것처럼 보이지만, 사실은 그렇지 못하다는 것 또한 마셜의 생각이었다. 그는 그것을 수목에 비유하여 다음과 같이 설명하고 있다.

　하나의 수목은 활기 있게 장기간 성장하여 다른 수목보다 더 큰 규모로 성장할 수 있지만, 조만간 나이가 그들에게 모든 것을 말해줄 것이다. 더 큰 수목은 경쟁자보다 빛과 공기에 쉽게 접근하겠지만 점차 활력을 잃는다. 그래서 그 지위를 젊음과 활력을 지닌 다른 수목에게 넘겨주게 된다고 하였다. 이와 같이 자연은 그 창설자의 수명과 그들의 재능이 활력을 유지하는 분야를 제한함으로써 기업에 압력을 준다. 그리고 마셜은, 이런 법칙이 거대주식회사(더러는 침체하지만 쉽게 소멸하지 않는)가 발전한 뒤에도 일반적은 아니지만, 많은 산업에서 아직도 유지되고 있다고 말했다.

(2) 부정적 견해 : 스타인들의 소기업 성장 단층론

마셜 이후 로빈슨(E. A. G. Robinson)에 이르기까지 긍정적으로 이어져온 '소기업 성장론'은 슈타인들(J. Steindl)이 전면적으로 부인하였다. 곧, 오늘날의 대기업은 소기업이 따를 수 없는 만큼 그 규모가 크고 독점적이어서 소기업과 대기업 사이에는 그 성장이 이어질 수 없는 단층이 있다면서 슈타인들은 그의 《소기업과 대기업》(Small and Big Business, 1947)에서 '소기업 성장 단층론'을 주장하였다. 그는 1940년대 후반 미국경제를 대상으로 한 실증적 고찰에서 마셜의 '소기업 성장 연속론'은 완전히 비현실적이라고 보고 다음과 같이 비판하였다.

첫째, 오늘날 존재하는 기업 사이의 규모의 격차는 매우 크다. 미국의 주식회사는 회사 수로 보아 전체의 약 반은 자산액이 5만 달러 이하이지만, 유명한 600개 회사는 자산액이 5천만 달러 이상이어서 기업의 규모격차가 매우 크다. 따라시 주식회사가 소규모에서 발전하여 대규모의 회사가 되는 데는 그 자산액이 수천 배가 되지 않으면 안 된다. 더구나 소기업은 사망률(도산율)이 높으므로 소기업이 성장하여 대기업이 된다는 것은 불가능하다.

둘째, 마셜의 가정과는 달리 소기업가의 자금 차입에는 엄격한 제한이 있다.

① 기업의 부채부담을 제한하는 것은 채권자이다. 미국의 사례에 따르면, 은행은 기업의 자기자금에 대한 차입금의 비중이 너무 높을 때 융자를 거절하는데, 이것이 융자 거절 이유의 40퍼센트에 이르고 있다. 또한 미국 상무부 조사에 따르면, 자기자본에 대한 부채의 비율이 늘어날수록 자금 차입은 곤란해진다.

② 이러한 채권자의 태도를 고려하지 않더라도 차입금이 늘면 기업의 위험이 커지므로 차입금의 비율이 일정한 한도에 그치도록 제한해야 한다는 것이 근대경제이론의 '위험증대의 원리'이다.

③ 그런데 미국 상무부 보고에 따르면, 기업의 규모가 커질수록 자금 차입이 수월해지고 있는데, 이것은 바로 소기업의 자금 차입이 그만큼 어렵다는 것을 말한다.

셋째, 소기업은 대기업보다도 손실이 빈번하고 많으며 실제로 그 사망률이 대기업보다 높다. 이윤을 얻지 못하는 회사의 비율은 회사규모가 커질수록 줄어들며, 또한 사망률도 기업규모가 커지면서 줄어들고 있다는 것이 미국 제조회사에 대한 통계조사의 결과이다.

넷째, 기업규모의 상향운동, 즉 '아래에서 위로의 폭넓은 운동'은 거의 없다.

① 현실적으로 대부분의 소기업은 성장할 수 있는 충분한 시간을 얻기 전에 쇠퇴한다. 많은 소기업의 쇠퇴는 새로운 기업이 보완하고 대체한다. 동시에 소기업가의 공급도 탄력적이다.

② 이와 달리, 대기업가의 공급은 비탄력적이다. 만약 소기업이 성장하여 대기업이 되더라도 그것은 매우 완만하다. 대기업은 주로 새 주식회사 설립이나 합병으로 생긴다. 주식회사의 설립은 부의 집중을 전제로 하고, 합병은 관련회사가 그 산업에서 과점적 상

태일 때 이루어진다. 그러므로 대기업의 공급은 비탄력적일 수밖에 없다는 것이다.

(3) 소기업 성장 단층론에 대한 비판적 견해

19세기 말에서 20세기 초에 걸쳐 마셜은 여러 가지 한계를 인정하면서도 소기업이 대기업으로 연속해서 성장한다는 주장을 폈는데, 스타인들은 20세기 중반에 이를 전반적으로 비판 부정하였다. 더욱이 스타인들은 미국의 60개의 거대규모 주식회사에 견주어서 소기업의 성장 단층을 주장한 점을 유의할 필요가 있다. 그가 성장의 비교대상으로 삼은 소기업과 자산액 5천만 달러 이상의 거대기업 사이에는 그 대상 선정의 현실적 적합성이라는 한계가 있다는 점이다. 즉 자본주의 발전의 단계(산업자본단계와 독점자본단계)가 두 사람이 주장하는 시점에서 큰 차이가 있고 비교대상의 한계도 있다는 점이다.

그 후 일본과 우리나라에서 실증적 검토를 거친 결과는 대체로 마셜의 소기업 성장 연속론, 곧 소기업이 대기업으로 성장할 수 있다는 견해를 부분적이기는 하지만 인정하고 있다.

첫째, 일본 산업을 대상으로 1973년의 실증적 연구에 따르면 성장률이 급속한 산업에서는 중소기업이 대기업까지 성장한 예가 많지만, 성장률이 낮은 분야에서는 그 예가 적다는 것이다. 이것은 일본경제의 고도성장 과정에 대한 분석에서 얻는 결론으로 스타인들의 견해에 대한 부분적 비판이라고 할 수 있다.

둘째, 우리나라에서 중소기업은행 조사부가 행한 1972년의 실증적 연구도 기업규모의 활발하고 전반적인 상향운동을 보여주고 있으며, 더욱이 중화학공업 분야에서 이런 특징이 더욱 뚜렷하다는 것이다. 결국 경제구조가 안정적인 미국 등 선진경제에서는 스타인들의 주장이, 이와 달리 경제성장이 급속히 진행되는 개발도상 경제에서는 마셜의 소기업 성장 연속론이 검증된다는 것이다.

셋째, 사회적 대류현상을 반복하는 가운데 노동자가 소기업가로, 소기업가가 대기업가로 폭넓게 이동하면서 기업교체가 이루어진다는 마셜의 견해는 오늘날에도 상당한 타당성을 지니고 있다고 기오나리(清成忠男) 교수는 1972년 저서에서 주장하였다.

넷째, 2014년에 제정된 우리나라의 〈중견기업 성장촉진 및 경쟁력 강화에 관한 특별법〉은 그 목적으로 '중소기업이 중견기업으로, 중견기업이 글로벌 전문기업으로 성장할 수 있는 선순환 경제구축'을 들고 있다. 이것도 중소기업의 성장 연속을 전제로 하고 있어서 중소기업이 중견기업과 대기업의 성장의 바탕이며 그 뿌리임을 말하여 주고 있다.

2. 신구기업이 교체하면서 중소기업은 성장한다
: 사회적 대류현상론

(1) 신구기업의 교체와 사회적 대류현상

마셜의 '소기업 성장론'과 그에 대한 슈타인들의 '소기업 성장 단층론'은 개별기업의 상향 운동에 대한 주장과 비판 등 미시적 동태적 분석이었다. 이와 달리 중소기업을 전체로 그 움직임을 본 거시적 동태적 분석의 견해가 있는데, 그것이 '사회적 대류현상론'(社會的對流現象論)이다. 중소기업은 출생과 사망, 즉 신설과 도산이 많은 것을 그 특징으로 하되 전체적으로는 꾸준히 성장하는 기업집단이라고 보고 이러한 문제를 다룬 견해가 바로 그것이다.

경제의 성장 발전과 함께 특히 고도성장과정에서는 수요와 기술면에 큰 변화와 다양화가 이루어지고, 산업구조가 고도화하고 지식집약화와 시스템화가 진행된다. 그런 가운데 새로운 기업유형이 등장하는가 하면 낡은 기업이 도태되는 신구기업의 급속한 교체가 이루어진다. 이에 따라 중소기업은 생성과 발전, 도태와 정체도 끊임없이, 그리고 뚜렷하게 진행되는 동태적 경향을 보인다. 곧 많은 중소기업이 생성 발전하면서도 다른 한편에서는 많은 중소기업이 소멸 도태하는 경향을 볼 수 있다.

중소기업의 이 같은 동태적 현상을 구조적으로 파악하고 경제사적으로 이해하여 통일적으로 설명하려는 견해가 이른바 '사회적 대류현상론'이다. 특히 이 견해는 자본주의의 역사적 발전과정에서 중소기업이 어떻게 존립하고 발전하면서 순환되는지를 설명하려는 관점이다. 곧 경제의 성장 발전과정에서 중소기업의 생성, 소멸과 존립 발전의 법칙을 제시한다.

이 견해는 고도성장과정에서 중소기업의 다산다사 현상을 사회적 대류현상으로 해석한다. 장기적으로 중소기업은 끊임없이 신생 · 발전 · 분해 · 소멸을 반복하면서 하나의 계층을 형성하되, 계층 전체로서는 확대 재생산되고 있다. 산업적 중산자층의 성립기, 매뉴팩처기, 산업혁명을 기점으로 하는 산업자본주의와 독점자본 단계를 거쳐, 현대자본주의라는 역사의 흐름 속에서 중소기업은 일관되게 다산다사하면서 사회적 대류현상을 반복하며 존립 성장하고 있다.

오늘날 우리의 산업생태계는 대기업이 막강한 자본의 힘을 앞세워 중소영세기업에 적합한 분야까지 무차별하게 침식하면서 대기업과 중소영세기업 사이의 순조로운 상생협력을 어렵게 하는 실정에 처해 있다. 전통적으로 이어오던 토착 소영세기업은 이른바 프랜차이즈(franchise)화한 새로운 경영형태의 진출로 몰락의 위기에 몰리고 있다. 대자본의 힘을 뒷받침으로 한 규모의 경제로 비용을 줄이고 균일한 서비스를 제공하는 프랜차이즈는 동네 빵집, 헌책방과 영세서점, 동네 이발관과 미용실, 분식점, 세탁소, 떡볶이 집 등 기존의 골목상권을 무너뜨리면서 서민생활 안정과 생계의 기초가 몰락하고 있다.

그 결과로 현실의 산업세계에서 중소기업의 도산율은 매우 높으며 기업규모가 작은 소영세기업일수록 더욱 그러하다는 것이 스타인들의 지적이었다. 그렇지만 중소영세기업의 신설율(창업율) 또한 도산율 못지않게 높아서 그 공급은 탄력적이다. 오늘날 수많은 영세자영업이 창업되고 있지만, 이들 가운데 많은 사람이 개척자로서 꿈을 실현하지 못하고 좌절의 아픔을 겪고 있다. 또 기존의 영세사업자는 대자본(대기업)의 침투에 밀리고 새로운 산업발전의 흐름에 적응하지 못하면서 생계의 터전을 잃어가고 있다. 그런 가운데 다시 개척의 꿈을 안고 창업의 대열에 참여하는 수많은 소상공인이 있다.

개별기업 차원에서 중소영세기업의 도산과 신설, 신구기업의 교체가 진행되는 소용돌이에서도 산업계층으로서 중소영세기업은 소멸하는 것이 아니고 존립·성장하고 있다. 경제규모가 급격히 변동하는 격동의 시기에는 이러한 순환은 더욱 치열하게 진행된다.

　한편에서 성공한 중소기업은 그 기업규모를 상향적으로 확대하고 발전하여 중견기업 나아가 대기업으로 성장하기도 한다. 다른 한편에서 기술개발과 수요변화에 적응하지 못하여 시들거나(사양화), 대기업(대자본)의 존립영역 침투로 경쟁에서 밀리어 도산의 위기를 맞는 중소영세기업도 있다. 그런 가운데서 전체적 흐름으로 보면 경제력은 집중되고 중소영세기업은 상대적으로 정체하면서 그 비중과 역할은 낮아졌다. 이것은 산업체제의 비효율, 소득 불평등이 깊어지고 빈부격차와 사회적 양극화 등 우리 경제사회에 어두운 그림자를 드리우고 있는 것들의 원인이 되고 있다. 그것을 완화 극복하는 길은 중소영세기업의 발전을 촉진하고 그 구실을 높여 대기업과 중소영세기업의 균형 있는 발전과 상생협력을 높이는 데 있다.

　이런 과제는 중소기업이 안고 있는 문제, 곧 소멸과 존립 성장의 모습을 정확히 설명함으로써 그 방향을 모색할 수 있다.

(2) 현대자본주의에서 사회적 대류현상의 인식

　현대자본주의에서 중소기업 문제는 중소기업 소멸론과 함께 새로운 중소기업의 형성과 발전을 통일적으로 이해하는 관점에서 인식할 필요가 있다. 경제성장은 대기업에 의한 중소기업의 구축을 일방적으로 촉진하는 것이 아니고 오히려 새로운 중소기업분야를 창출한다. 이 경우 독과점적 대기업의 지배가 일방적으로 강화되는 것만은 아니다. 경제성장률이 높을수록 중소기업의 수는 증가하지만, 내부에서 새로운 중소기업과 낡은 중소기업의 격렬한 교체가 진행되면서, 전체적인 중소기업의 수는 증가한다.

　첫째, 새로 들어오는 중소기업은 새로운 기술과 경영감각을 지닌 젊은층이며, 소멸하는 중소기업의 중심은 낙후된 기술과 노후된 계층이어서 이러한 신구기업의 교체는 경영자 감각의 세대교체를 수반한다. 결국 현대의 동태적 경제(the modern dynamic economy)는 생산과 유통과정에서 차별화하려는 확산적이고 지속적인 힘(pervasive and persistent forces)을 움직이게 하고, 그것은 계속해서 중소기업을 위한 새로운 기회를 만든다.

진보한 기술이 경제에 스며들면서 생산성과 생활수준을 높이고, 생산물 시장과 서비스 시장을 확대시킨다. 기술이 발전하고 시장이 늘어날수록 전문화의 기회(the opportunities of specialization)는 늘어난다.

둘째, 성장하는 시장과 변화하는 기술은 한층 더 전문화된 경제를 위하여 새로운 기회를 창출하며, 생산은 새로운 세대의 소기업에 분할된다. 시장과 변화하는 기술의 상호작용은 경제자원과 거대기업에 경제력이 집중됨에도 불구하고, 대량생산과 대량유통경제의 틈새(interstices)와 소기업을 위한 기회를 창출한다.

셋째 생산 유통 및 마케팅 기술이 발달하는 반면에, 시장이 계속해서 성장하는 한, 통합과 차별화(integrating and differentiating) 요인의 상호작용은 소기업을 위한 기회를 계속해서 창출한다고 기대할 수 있다. 통합 요인은 중규모와 대규모 기업의 소기업 침식을 일으키지만, 차별화 요인은 소기업이 경쟁할 수 있을 뿐만 아니라, 전문화로부터 일어나는 규모의 외부경제(external economies of scale)가 서로 보강할 수 있는 틈새가 있는 시장(interstitial markets)을 계속 제공한다.

그리하여 동태적으로 경제발전을 하는 가운데 끊임없이 기업교체가 진전된다. 경제가 고도성장하고 산업화가 급속히 진행될

수록 기업의 교체와 사회적 대류현상은 더욱 활발해지면서 중소 기업의 수도 늘어난다. 특히 사회적 대류현상의 상향이동이 활발 해지면서 소기업이 중기업으로, 나아가 대기업으로 성장하는 기 업도 생겨난다는 것이다.

개별기업의 측면에서는 기업의 교체(도산과 신설)가 꾸준히 이루어지지만, 전체적으로 중소기업 분야는 언제나 존속 · 성장 할 뿐만 아니라 고도성장과정에서는 오히려 그것이 상향 확대되 는 경향을 보인다는 것이 '사회적 대류현상론'의 설명이다. 새로 운 기술이 등장하면서 뒤떨어진 기술을 지닌 중소기업은 도태되 지만, 산업구조가 고도화되고 새로운 기술과 경영기법을 적극적 으로 받아들이는 단계에서는 이것을 받아들인 새로운 유형의 중 소기업이 늘어나는 경향을 보이면서, 새로운 중소기업 분야가 만 들어진다는 것을 역사적 경험으로 알 수 있다.

3. 자본은 집적 · 집중을 하면서도 분열 · 분산한다

(1) 자본의 집적·집중과 중소기업의 구축·도태

정치경제학에서 자본의 집적 · 집중과 분열 · 분산의 경향은 중 소기업의 구축 · 도태와 잔존 · 이용, 나아가서 그 존립영역의 확 대를 설명하는 이론적 기초이다. 중소기업은 한편에서는 대기업 과 경쟁하다가 흡수 · 도태되지만, 다른 한편에서는 새로운 분야 에서 신생하고 대기업에 이용되는 등 꾸준히 잔존한다는 점을 자 본의 논리로 설명한 것이다.

여기서 중소기업 문제는 자본주의의 구조적 모순으로 보기 때문에 자본주의 발전의 기본법칙 속에서 그것을 해명하고 있다.

일찍이 마르크스(K. Marx)는 《자본론》(Das Kapital, 1876)에서 자본주의적 축적의 일반법칙(the general law of capitalist accumulation)을 밝혔다. 자본주의적 생산양식이 확대 발전하려면 자본주의 생산의 기초가 되는 잉여가치를 계속 생산해야 할 뿐만 아니라 잉여가치로 자본을 생성 형성하여 자본주의적 생산과정이 확대 발전하는 확대재생산이 이루어지는데, 이를 자본의 축적이라 한다. 이러한 자본축적, 곧 잉여가치를 생산하고 다시 잉여가치가 자본화하여 이 자본이 잉여가치를 생산하는 것은 자본주의적 생산양식의 기본법칙이다.

자본주의적 축적의 이러한 법칙은 자본의 집적(concentration of capital)과 자본의 집중(centralization of capital)의 두 가지 운동으로 이루어지며 이것이 자본주의 발전의 필연적이고 기본적 경향이다. 이 법칙은 구조적 모순인 중소기업 문제를 해명하는 시발점이 된다.

자본의 집적은 잉여가치가 자본으로 재전환(retransformation)하여 개별자본이 커지는 것이며, 이에 따라 개별자본이 소유하는 생산수단과 고용하는 노동력의 집적, 즉 생산규모의 확대가 나타난다. 이때 자본집적의 기초가 되는 잉여가치 또는 잉여생산물의 증대는 사회적 노동생산성을 높이며 이 잉여생산물이 자본축적의 형성요소가 된다. 그런데 노동생산성의 제고는 자본의 집약으로 이루어지기 때문에, 노동생산력을 높여 잉여가치 생산을 크게 하는 방법은 바로 자본으로 자본을 생산하는 방법이다. 그 결과 자본의 축적은 더욱 늘어나고 자본집적과 축적의 가속적 과정이 이어진다.

잉여가치가 자본으로 끊임없이 재전환하는 자본의 집적은 자본의 크기를 늘린다. 이는 생산규모를 확대하는 기초가 되고 노동생산력을 높이며, 잉여가치의 창출을 촉진하는 작용을 한다. 따라서 일정한 정도로 자본축적이 이루어진 자본주의 생산양식에서는 노동생산력과 생산규모가 상호작용하여 자본은 가속적으로 축적된다. 이 두 경제적 요인의 상호작용에 비례하여 자본의 기술적 구성이 변화하는데, 이 변화 때문에 자본의 가변적 구성부문이 불변적 구성부문보다 점점 작아진다. 즉 자본의 유기적 구성(organic composition of capital)과 자본집약도가 높아지고 노동의 상대적 수요가 감소하면서 상대적 과잉인구(relative surplus population)가 형성된다.

잉여가치 증대를 위한 노동생산력 제고와 이를 위한 생산규모의 확대 및 자본의 유기적 구성이 고도화함에 따라 자본의 축적은 더욱 촉진된다. 그리하여 자본으로 기능하는 부의 양이 늘어나면서 개별자본가들의 부를 집적시키며 대규모생산과 자본주의적 축적의 기초를 확대한다.

사회적 총자본의 증대는 많은 개별자본의 규모 확대로 이루어진다. 그 밖의 조건이 같다면, 개별자본의 규모가 커질수록 사회적 총자본의 규모도 커지며 개별자본의 생산수단 집적은 촉진된다.

한편 자본의 집중은 여러 자본이 자립성을 상실하고 복수자본이 단일자본으로 되는 것을 의미한다. 그것은 기존의 대자본이 소자본을 흡수 · 합병하는 형태를 취하기도 하고, 기존 또는 형성 중인 둘 이상의 자본이 주식회사 형태로 융합하는 것과 같이 더 활발한 방식을 취하기도 한다. 그리고 개별자본의 자본금과 생산규모의 확대 그리고 생산수단과 노동지휘의 집적을 가져온다.

자본의 집적과정에서 사회적 총자본은 많은 개별자본으로 분열(splitting up)되며, 또 서로 배척하기도 하지만, 다른 한편에서 그들은 서로 끌어당긴다. 그 결과 집적과 다른 의미의 생산수단과 노동지휘의 집중이 일어난다. 구체적으로 살펴보면 다음과 같다.

첫째, 자본집중은 이미 형성된 개별자본의 집중이기 때문에 개별자본이 독립성을 잃는다. 자본이 자본을 수탈하면서 자본과 자본의 대립적 관계가 나타나고, 그 결과 다수의 소자본이 대자본으로 흡수·전화된다.

둘째 집적의 과정과는 달리, 집중과정은 이미 존재하여 기능하고 있는 자본들의 분배만을 전제로 하기 때문에 사회적 부의 절대적 증대나 축적의 크기에 영향을 주지 않는다. 곧 한 곳에서 많은 사람들(소자본가)이 자본을 잃어버림으로써 다른 곳의 어떤 한 사람(대자본가)의 수중에 자본이 대량으로 늘어나는 것이다. 이것이 축적 및 집적과 구분되는 집중의 진정한 의미이다.

셋째, 집적에서는 한 나라 개별자본의 절대수가 줄어드는 것이 아니지만, 자본의 집중에서는 둘 이상의 개별자본이 단일자본으로 되는 것이기 때문에 개별자본의 절대수가 감소한다. 따라서 자본의 집중운동에서는 집적운동에서와는 달리 대자본이 소자본을 압도·구축하는 경향이 뚜렷이 나타난다.

넷째, 자본집중에서 자본이 자본을 끌어당기는 법칙은 다음과 같이 전개된다.

① 경쟁전(battle of competition)은 상품 값을 싸게 하는 방법으로 진행된다. 상품 값이 싸지는 것은 기타 조건이 같다면, 노동생산성에 의존하며 노동생산성은 생산규모에 의존한다. 그러므로 대

자본은 소자본을 압도한다.

② 자본주의적 생산방식이 발전하면서 정상적인 조건에서 사업을
하는 데 필요한 개별자본의 최소량은 점차 증대한다. 그러므로
비교적 소자본은 대공업이 산발적 또는 불완전하게 장악하고 있
는 생산 분야로 몰려든다.

③ 여기서 경쟁은 서로 적대적인 자본의 수에 정비례하고 자본의
크기에 반비례한다. 경쟁은 언제나 많은 소자본의 도산으로 끝나
며, 도산한 자본(소자본)의 일부분은 승리자(대자본)의 수중으로
넘어가고 나머지는 사라진다.

이러한 자본의 집적과 집중에 따라 형성되는 중소기업 문제를
살펴보면 다음과 같다.

자본의 집적 · 집중과정에서 일어나는 노동생산성의 상승생산
규모의 확대자본의 유기적 구성의 고도화라는 과정은 정상적 조
건 아래에서 사업을 경영하는 데 필요한 최저필요자본량을 증대
시킨다. 그런데 정상적 조건이라는 개념은 각 생산부문에서 같지
않으며, 소자본은 당연히 경쟁에서 도산하든지 최저필요자본량
의 규모가 작은 생산부문으로 집결한다. 여기서 과당경쟁이 일어
나는데 이것이 자본의 집적 · 집중과정에서 일어나는 구조적 모
순인 중소기업 문제가 된다.

다음으로 자본주의적 축적과정의 필연적 산물인 자본구성의
질적 변화, 곧 자본의 유기적 구성의 고도화 속에서 중소기업 문
제가 나온다. 자본구성의 질적 변화는 상대적 과잉인구 또는 산
업예비군(industrial reserve army)을 창출하는데, 이것은 자본주의
적 생산양식을 발전시키는 필수조건이면서 동시에 중소자본의
존립조건이 된다. 상대적 과잉인구는 산업예비군을 이루고 자본

이 가치증식을 위하여 마음대로 처분할 수 있는 노동력의 마르지 않는 저수지(an inexhaustible reservoir of disposable labour-power)를 제공한다.

이것은 노동을 자본에 굴복시키고 노동조건의 상승을 억제하는 작용을 한다. 그 결과 나오는 저임금 기반은 중소기업 존립의 객관적 조건이 된다. 결국 자본의 집적 · 집중이 가져오는 자본주의적 축적은 한편으로 중소기업의 구축 · 도태를 촉진하면서도 다른 한편으로는 중소기업의 존립조건을 창출해낸다. 더욱이 독점자본 단계에서는 이것이 독점자본의 축적기반이 되어 적극적으로 중소기업의 잔존 · 이용의 메커니즘으로 작용한다.

(2) 자본의 분열·분산과 중소기업의 잔존

자본주의적 축적의 일반법칙에 따라 자본의 집적 · 집중 경향이 일어나지만, 그것은 직선적 · 획일적으로 이루어지는 것이 아니고 여러 생산부문에서 극히 불균등할 뿐만 아니라, 이 과정은 언제나 소자본의 잔존 · 신생이라는 반대경향과 함께 이루어진다.

곧 일반적으로 자본주의 발전과정에서는 대자본이 소자본을 도태, 구축한다는 자본의 집적 · 집중경향이 기본적 경향이지만, 이 기본적 경향은 소자본의 잔존 · 신생이라는 자본의 분열 · 분산 경향을 수반하고 그것에 제약을 받으면서 진행한다. 그 결과 자본의 집적 · 집중과 분열 · 분산이라는 모순적 현상은 대자본 또는 독점자본과 소자본 또는 중소자본이 공존하는 현상을 가져오는데, 이는 자본주의적 축적의 일반법칙에 근거를 둔다.

정치경제학 흐름에서 초기에는 자본의 집중론을 적극적으로 분석하면서 소자본의 〈도태 · 폐쇄론〉이 지배적 경향이었다. 그러나 그것은 중소기업이 폭넓게 존속하는 현실을 설명할 수 없었다. 일찍이 베른슈타인(E. Bernstein)은 카우츠키(K. Kautsky)와의 이른바 '수정자본주의 논쟁'에서 1882년과 1895년 사이의 통계를 분석하면서 독일에서는 소기업의 구축보다 오히려 그 수가 늘어나고 있다고 지적하였다. 곧 자본의 집적 · 집중과 그에 따른 소자본가의 일방적인 소멸 · 구축을 경제사의 흐름 속에서 증명할 수 없다는 것이었다.

그 뒤 점차 자본의 분열 · 분산경향을 폭넓게 이론적으로 검토하였고 더욱이 독점자본 단계에서 중소기업의 잔존 · 이용이 자본축적의 기반이 된다는 분석으로 이어졌다. 자본주의적 축적으로 자본의 집적 · 집중과 독점이 이루어지면서 최저필요자본량이 커지고 중소자본의 존립분야가 좁아지는 경향에도 불구하고 중소기업이 끊임없이 신생 · 잔존하는 요인을 분석한 것이 그것이다. 이 분석은 자본의 집적 · 집중이라는 기본적 경향이 모든 부문에서 동일하게 진행되는 것은 아니며, 극히 불균등한 형태로 이루어진다는 데서 자본의 분열 · 분산의 계기를 찾고 있다.

자본의 집적 · 집중의 속도를 규정하는 것은 ① 시장의 크기 ② 이용 기술 ③ 노동조건 등이라고 본다. 이러한 요인이 자본의 분열 · 분산 경향을 다음과 같은 부문에서 진행시킨다.

첫째로, 수요가 소량이거나 그 변동이 많은 상품의 생산부문인데 좀 더 설명하면 다음과 같다.

① 특수한 상품이나 일부 계층만이 소비하는 사치품처럼 수요의 절대량이 적은 상품
② 물리적 성질 때문에 운송비 부담이 커서 시장의 지역적 분할이 필요한 상품

③ 소비자의 기호나 유행에 좌우되기 때문에 표준화가 어렵고 수
요가 불안정한 상품 등

둘째, 사회의 표준적 수준보다 크게 낮은 저임금 노동력을 이
용할 수 있는 부문이다. 저임금 노동력의 이용 가능성은 자본축
적 과정에서 형성되는 상대적 과잉인구를 바탕으로 하되 그 부문
의 기술적 성격이나 노동자의 조직화 정도와 법적 규제에 따라서
좌우된다. 이 부문에서는 시장의 확대와 기술개발 및 신기술의
도입이 늦고 최저필요자본량도 소규모이며 그 증가속도도 느리
기 때문에 중소자본이 존립할 수 있다. 따라서 각 생산부문에서
개별자본의 규모와 생산규모의 확대속도, 최저필요자본량의 크
기와 증가 속도, 부문 내의 기업 수의 감소 속도도 매우 다르다.

셋째, 자본제 생산의 발전과정에서 중소자본이 존립할 수 있
는 부문이 새롭게 생겨나는 경향이 있다. 자본제 생산이 다양화
하고 생산 공정이 분화·독립하면서 생산물의 새로운 산출형태
가 진행된다. 그 내용을 좀 더 설명하면,

① 산업구조 고도화와 과학기술 발달에 따른 새로운 생산물 발명
과 존립부문 형성.
② 소득수준의 향상으로 욕망이 다양화하고 더욱이 자본가의 부의
증대에 따른 다양한 사회적 욕구의 증가.
③ 새로운 제품의 생산을 통하여 특별이윤(일시적 독점이윤)을 획
득하려는 자본의 욕구도 새로운 생산물을 창출한다.
④ 새로운 생산물이 산출될 때 그 시장이 협소하고 변동성이 심하
여 대량생산이 적합하지 않을 때는 이 부문은 중소자본의 존립
부문이 된다.

넷째, 중소자본이 존립할 수 있는 부문과 새로 형성된 부문에는 거대화된 생산부문에서 생존할 수 없게 된 중소자본과 잠재적 화폐자본 가운데 소규모 자본이 몰려든다. 자본재 생산의 발전 과정에서 사회적 총자본과 노동이 결합하여 창출한 총잉여가치가 거대화하고 개별자본가의 부가 늘어나면서 그 가족에 재산 분할과 이자 · 지대 형태의 소득 분할이 이루어진다. 이들은 잠재적 중소자본을 형성하고 위와 같은 분야에 진출하여 자립해간다.

이들 자본이 진출하는 분야는 중소자본이 몰려들기 때문에 경쟁이 격심해져 과당경쟁이 일어난다. 따라서 이러한 중소기업이 지속적으로 잔존하는 것은 한계가 있고 불안정하여 곧 몰락하기도 하지만, 어느 시점에서 정태적으로 보면 소자본이 잔존 · 경쟁하면서 존속한다. 그런데 자본의 분열 · 분산과 소기업의 신생 · 잔존은 자본주의적 축적의 결과이기 때문에 동태적 관점에서 그리고 국민경제적 기준에서 보면 지속적으로 소자본은 신설되고 존속한다. 곧 중소기업이 신설과 도산하는 사회적 대류현상 속에서 신규기업의 교체가 이루어지는 가운데 전체로서 중소기업은 새로운 분야가 창출되고 그 수는 증가 · 성장하고 있다.

(3) 독점자본단계의 중소기업 문제 : 잔존과 이용

자본의 집적 · 집중의 법칙이 작용하여 독점이 지배하는 독점 부문이 형성되지만, 다른 한편에서는 분열 · 분산이라는 반대경향 때문에 자유경쟁이 작용하는 비독점부문이 잔존한다. 그 결과 독점부문과 비독점부문, 독점과 자유경쟁이 병존하는 독점자본 단계의 고유한 구조가 이루어진다. 그런데 독점자본 단계에서는 산업자본 단계에서보다 여러 모순과 갈등, 대립이 심해질 뿐만 아니라 새로운 여러 종속적 모순이 만들어진다.

기본적 모순의 격화와 종속적 모순이 새롭게 전개되면서 독점 자본 단계의 자본축적은 독특한 모습을 나타낸다. 이것은 독점자 본 단계의 자본축적 욕구가 산업자본 단계보다 더욱 강렬해지면 서 그것을 이루기 위하여 다각적 형태를 취하기 때문이다.

중소기업 문제는 독점자본 단계의 종속적 모순의 산물이며 이 것은 자유경쟁이 지배적이었던 산업자본 단계와 다른 새로운 성 격을 갖는다. 독점자본 단계에서는 중소자본이 창출한 잉여가치 를 독점자본이 독점이윤으로 수탈한다는 독특하고 새로운 모순 으로서 중소기업 문제가 생겨난다. 이때 중소기업 문제는 독점자 본 축적의 법칙이 실현되는 가운데 이루어지는 구조적 모순이다.

이것을 해명하는 것이 독점자본 단계의 중소기업 문제에 대한 정치경제학의 중요과제가 된다. 자본주의적 축적이 진행됨에 따 라 자본의 집적 · 집중과 독점이 형성된다. 이 과정에서 독점자본 이 중소자본을 흡수 · 구축하면서도 중소자본이 잔존하고 새롭게 재생해야 한다는 중소자본의 잔존과 신생의 필연성을 독점자본 단계의 일반법칙으로 해명하는 것이다.

중소자본이 폭넓게 존재하고 신생하는 것은 독점자본 단계만 의 독특한 현상이 아니다. 이것은 자본주의적 축적의 일반 법칙 에 따른 것이다. 따라서 독점자본 단계의 중소기업의 신생과 잔 존을 단지 독점자본의 〈의도와 필요성〉만으로 설명할 수는 없다.

그러나 독점자본 단계에서 중소기업의 신생과 잔존이 중소기 업 문제의 중요과제로 되는 것은, 독점자본이 독점이윤을 축적 하기 위하여 중소자본이 창출한 잉여가치를 수탈한다는 독점자 본 단계의 특유한 구조적 모순 때문이다. 이러한 구조적 모순은

독점자본이 그의 의도와 필요성에 따라 독점력을 행사할 수 있다
는데 근거를 두고 있다. 이때 독점자본의 의도와 필요성은 독점
이윤의 축적을 의미하며 중소기업은 독점이윤의 축적 대상이 되
는 것을 말한다. 즉 독점이윤 축적의 대상으로서 중소기업이 잔
존하고 신생한다는 것, 그리고 독점자본이 이를 위하여 중소기업
을 잔존·이용한다는 것이 독점자본 단계의 중소기업 문제의 핵
심이다. 결국 독점자본 단계 중소기업 문제는 중소자본이 노동자
에게서 잉여가치를 수탈한다는 기본적 모순과 그것을 다시 독점
자본이 중소자본으로부터 수취한다는 종속적 모순의 결합이라고
보는 것이 정치경제학적 설명이다.

제3장

중소기업은
국민경제의 뿌리이다

1. 산업의 뿌리 : 마셜의 〈숲의 이론〉

(I) 유기적 성장과 소기업 성장

런던의 빈민가(East End)를 거닐면서 그 참경과 타락상을 보고 마셜은 빈곤문제의 해결이야말로 19세기에서 20세기에 걸친 영국 자본주의가 당면한 과제라고 생각하였다. 빈곤이라는 사회적 고뇌를 따뜻한 심정(warm hearts)으로 느끼고, 그러나 냉철한 이성(cool heads)으로 그것을 과학적으로 밝혀 부의 증대와 분배의 개선이라는 시대적 과제를 해결하려는 것이었다.

이를 위하여 산업조직(industrial organization)의 개념을 도입하여 빈곤문제의 해결과 경제번영의 길을 모색하였다. 그리고 그 틀 속에서 소기업 문제를 다루었다.

산업조직 개선의 길은 생물학적 유추로부터 이론적 토대를 얻는 것이었으며 유명한 〈숲의 이론〉도 그것에 기초한 것이었고, 소기업이 산업의 뿌리라는 결론에 이르렀다. 마셜은 당시 영국에서 발전했던 생물학적 사상, 더욱이 다윈(C. Dawin)과 스펜서(H. Spencer)의 학설에 크게 영향을 받았다.

진화론에 바탕을 둔 생물학적 접근법은 마셜의 유기적 성장의 개념에 반영되었다. 경제현상을 생물적 유기체(biological organism)에, 그리고 경제 진보를 생물의 진화과정에 비유하면서 경제와 산업의 성장과정을 유기적 성장(organic growth)으로 보았다.

마셜의 유기적 성장의 개념을 좀 더 설명하면 다음과 같다.

산업 안에는 아래와 같은 여러 산업현상이 있는데

① 소기업의 신설(창업)과 도산(폐업)

② 대기업의 소기업 몰아냄[구축]
③ 소기업이 대기업으로 성장
④ 대기업과 소기업 또는 소기업 사이의 상호관계
⑤ 대기업의 생물적 수명의 한계에 따른 쇠망 등

이들 요인들은 서로 의존하고 대립 · 경쟁하면서 규제하고 제한을 가하는 가운데 기업은 영고성쇠(榮枯盛衰)를 거듭하지만, 산업은 전체적 · 평균적으로 양적으로만이 아니고 질적으로 진보 · 발전한다는 것이다.

앞에서도 언급했듯이 마셜은 실제적 문제(practical issue)의 한 분야로 소기업을 들었고, 그것은 산업이 유기적으로 성장하는 과정에서 지속적으로 잔존하는 것으로 보았다. 또한 소기업은 독창성과 융통성을 기르는 등 경제활동과 산업진보 · 성장의 주요한 원천으로 구실을 한다는 점을 지적하였다. 영국 산업의 대부분이 성장하는 소기업(small growing business)에 의존하고 있으며 그들이 산업에 제공하는 힘과 탄력성(energy and elasticity)은 국가의 모든 분야에서 발생하고 있다는 그의 지적은 바로 소기업이 산업의 뿌리임을 말하여 주고 있다. 소기업이 유기적 성장을 하는 경제에 활력을 주고 산업발전의 원동력이며 산업의 뿌리라고 본 마셜의 생각은 그의 소기업 성장 연속론, 곧 노동자가 소기업으로, 다시 소기업이 대기업으로 활기차게 계속 성장한다는 견해에도 반영되었다.

(2) 숲과 나무 : 산업과 기업

마셜의 〈숲의 이론〉은 산업에 대한 그의 생물적 유기체 주장에서 나온 것이다. 로빈슨은 이를 마셜의 유명한 비유(Marshall's famous simile)로 표현하였고 '삼림의 비유'에서 산업 속의 기업들은 숲속의 나무와 비슷하다고 하였다. 숲(삼림, forest)은 산업을, 나무(수목, trees)는 기업을 뜻한다는 것이다.

마셜은 개개의 나무(기업)는 숲(산업)의 성쇠와 별도로 그리고 숲(산업)도 개개의 나무(기업)와는 별개의 성쇠과정을 가질 수 있는 것으로 보았다. 이런 틀 속에서 장기적인 경제 진보의 길을 개별기업(나무)의 성쇠보다는 산업(숲)의 분석 속에서 찾고 있다. 영고성쇠(vicissitudes)를 거듭하는 개별기업(나무)보다는 이것을 포함하여 무수한 요인의 성쇠로 규제받고 제한받으면서 유기적으로 성장하는 산업(숲)이 경제 진보에서 중요하다고 보았다.

거시적으로 보아 유기적으로 성장하는 산업(숲)의 발전·번영은 개별기업의 도산·신설과는 별도의 경제현상이다. 그러나 울창한 삼림(번영하는 산업)은 유기적 성장의 구성 요인인 무수한 수목의 집합체적 모습이다. 숲(산업)은 큰 나무(대기업), 작은 나무(소기업), 영세 잡목(영세기업), 잡초(가내공업) 등 다양한 규모의 수목(기업)으로 구성되어 있다. 삼림(산업)이 울창(번창)한 모습을 보이는 것은 우뚝 솟은 몇 그루의 큰 나무(대기업) 때문이 아니다. 무수한 작은 나무(중소기업)와 영세 잡목(영세기업)이 우거지고 성장할 때 숲(산업)은 울창한 모습을 지킬 것이다. 산에 우뚝 솟은 큰 나무 몇 그루만이 성장하고 있을 때 숲은 울창한 모습을 보일 수 있을까? 또 무수한 작은 나무와 영세 잡목, 나아가 잡초가 우거져 있지 않을 때 우뚝 솟은 거목은 성장을 지속할 수 있을까? 그렇지 않다. 이것은 중소기업과 영세기업의 건실한 성장의 바탕 위에서 대기업도 발전을 지속할 수 있다는 생물학적 설명의 교훈이다.

더구나 마셜은 영국 산업(숲)의 대부분이 성장하는 소기업(작은 나무와 영세 잡목)에 의존하고 있으며, 이들이 산업에 제공하는 힘과 탄력성은 국가의 모든 분야에서 발생하고 있다고 지적하였다. 중소영세기업의 발전 없이는 대기업의 성장은 말할 것 없고 국가의 모든 산업 분야가 번영할 수 없다는 것이 마셜의 〈숲의 이론〉이 준 교훈이다. 중소기업은 산업의 뿌리이며 국민경제의 기반임을 유념할 필요가 있다.

(3) 모세혈관 기능과 제2의 생물적 비유

국민경제를 신체의 구조에 비유하면, 대기업은 동맥, 그리고 중소영세기업은 모세혈관이라고 할 수 있다. 신체가 건강하려면 동맥에서 모세혈관으로 또 모세혈관을 통한 혈액순환이 원활하게 이루어져야 하듯이, 국민경제가 순조롭게 발전하려면 대기업과 중소영세기업의 상호관련이 튼튼하고 중소영세기업이 건실하게 발전해야 한다. 모세혈관을 통한 혈액순환이 원활하지 못하면 신체구조에는 마비현상이 오고 건강에 이상이 생기기 마련이다. 이것은 국민경제에서 중소영세기업이 발달하지 못하면 경제구조는 경직성과 파행성을 면치 못하고 지속적인 성장·발전이 어렵게 되는 것에 비유된다.

앞에서 본 바와 같이 마셜은 그의 〈숲의 이론〉에서 숲을 산업에, 나무를 기업에 비유하였다. 숲(삼림)은 큰 나무, 작은 나무, 영세 잡목 및 잡초로 구성되어 있으며 이들 나무가 다 같이 건강하게 자라야 숲은 울창한 모습을 가진다고 보았다. 이들 무수한 나무가 유기적 관련을 맺으면서 숲은 번창할 수 있다는 것이다. 이것은 산업은 무수한 기업, 즉 대기업, 중기업, 소기업, 영세기업, 가내공업 등으로 구성되어 있으며 이들 기업이 균형 있고 활기차게 활동을 유지해야 산업은 성장·발전할 수 있음을 말한다.

마셜의 비유는 산업의 진보·발전에 대한 생물학적 접근법에 바탕을 두고 있다. 그런 가운데 마셜은 숲이 울창하게 되는 데에는 몇 그루의 큰 나무보다 무수한 작은 나무, 영세 잡목 및 잡초의 번성이 기초가 되고 있으며 큰 나무의 성장도 이들이 바탕이 될 때 가능함도 시사하였다. 소기업의 성장은 영국의 산업 발전에 힘과 탄력성을 주고 있으며 영국 산업은 소기업의 성장에 크게 도움을 받고 있다는 마셜의 지적에서 알 수 있다. 영국 산업의 뿌리는 소기업이며 번영 발전하는 산업뿐만 아니라 대기업도 중소영세기업의 발전 없이는 어렵다는 교훈을 마셜은 주고 있다. 건강하고 쑥쑥 자라는 작은 나무, 영세 잡목 없이는 울창한 삼림도, 거목의 성장도 기대할 수 없듯이 건실하고 튼튼한 중소영세기업의 발전 없이는 산업의 번영도, 대기업의 지속적 성장 발전도 불가능하다는 점을 말하여 주고 있다.

거시적으로 바라본 푸르고 울창한 숲(발전하는 산업)은 미시적으로 보아 소수의 우뚝 솟은 거목(대기업)의 모습보다는 무수한 작은 나무들(중소영세기업)의 활기차고 싱싱한 기반 위에서 가능한 것이다. 작은 나무와 영세 잡목이 시들면 숲은 황폐화하고 민둥산의 모습이 되며 그것을 기반으로 했던 큰 나무들의 성장도 멈출 수밖에 없는 것이다. 숲속에서 거목이 우뚝 솟을 수 있는 것은 작은 나무와 영세 잡목의 바탕위에서 가능하듯이 대기업의 발전도 중소영세기업의 발전의 바탕 위에서만 이루어질 수 있다는 점을 우리는 마셜의 〈숲의 이론〉에서 시사받을 수 있다.

이것은 마셜의 생물학적 이해에서 나온 결론이다. 한편 신체구조에서 동맥을 대기업에, 모세혈관을 중소영세기업으로 보는 것은 제2의 생물적 비유(the second biological simile)이다. 신체가 건강하려면 동맥이 건강해야 할 뿐만 아니라 전신에 걸쳐있는 크고 작은 혈관과 모세혈관이 튼튼해야 한다. 심장에서 뿜는 혈액이 동맥을 통하여 모세혈관까지 순환되고 다시 정맥을 통하여 심장으로 흡수되는 원활한 혈액순환이야말로 신체건강의 기본조건이다. 이 과정에서 모세혈관이 튼튼하게 발달해있어야 한다는 것은 혈액순환과 신체건강의 기본 요건이라고 하겠다. 대기업을 동맥에, 중소영세기업을 모세혈관에 비유하는 생물학적 설명은 바로 모세혈관의 건강한 기능이 신체의 건강의 바탕이요 뿌리임을 말하여 주고 있다.

건강하게 자라는 다양한 규모의 무수한 수목이 울창한 숲의 모습을 가능하게 하듯이 원활한 혈액순환의 기능을 보장하는 모세혈관이야말로 건강하고 씩씩한 신체의 뿌리요 기본이라고 할 수 있다. 이를 국민경제에 비유하면 무수한 중소영세기업의 활기찬 발전이야 말로 경제의 경직성을 막고 활력을 증진시키며 산업의 진보·발전과 대기업 성장의 바탕이 됨을 말하여 준다. 모세혈관인 중소영세기업의 발전 없이는 신체의 건강 증진, 즉 국민경제와 산업의 지속적 성장을 기대할 수 없다.

2. 경제개발과정에서 국민경제의 뿌리
　: 중소영세기업

(I) 산업발전과 소영세기업의 증가

〈표-4〉 사업체·종업원 구성-규모별 (단위: 개, 명, %)

규모 (명)	전 산업(A)				제조업(B)			
	사업체		종업원		사업체		종업원	
	사업체 수	구성비	종업원 수	구성비	사업체 수	구성비	종업원 수	구성비
1~4	2,963,377	82.3	5,298,507	28.5	228,682	63.5	465,918	12.5
5~9	366,259	10.2	2,341,194	12.6	67,801	18.8	455,173	12.3
10~19	146,803	4.1	1,955,829	10.5	32,012	8.9	441,662	11.8
20~49	82,543	2.3	2,490,244	13.4	21,778	6.0	666,507	17.9
50~99	27,164	0.8	1,877,141	10.1	6,009	1.7	418,980	11.6
100 ~299	12,987	0.3	2,017,880	10.9	3,425	1.0	542,345	14.6
300 ~499	1,717	0.1	646,282	3.5	372	0.1	139,926	3.8
500 ~999	1,083	0.0	735,505	4.0	194	0.1	131,554	3.5
1,000명 이상	543	0.0	1,206,773	6.5	121	0.0	453,097	12.2
중소기업	(3,599,033)	(99.9)	(15,980,795)	(86.1)	359,707	99.8	2,987,585	80.4
대기업	(3,443)	(0.1)	(2,588,560)	(13.9)	687	0.2	727,577	19.6
합계	3,602,476	100.0	18,569,355	100.0	360,394	100.0	3,715,162	100.0
제조업의 비중 (B/A)					10.0		20.0	

주 : 괄호 안 수치는 중소기업 범위를 종업원 규모 300인 미만으로 하여 계산한 것임.
자료 : 통계청, 《2012년 기준 전국사업체조사보고서》

〈표-4〉는 제조업의 사업체 수와 종업원 수를 규모별로 살펴

본 것이다. 2009년에 개정된 〈중소기업기본법〉에 근거한 시행령
은 소기업의 범위를 광업, 제조업, 건설업, 운송업을 주된 사업
으로 하는 경우 상시근로자 수가 50명 미만인 기업, 그리고 그 이
외의 업종을 주된 사업으로 하는 경우 상시근로자 수가 10명 미
만인 기업으로 정의하고 있다. 또 소상공인이라는 범위도 있다.
〈소기업 및 소상공인 지원을 위한 특별조치법〉에 따르면 제조
업, 광업, 건설업, 운수업의 경우 상시근로자 수가 10인 미만의
사업자, 기타 업종에서는 상시근로자 수가 5인 미만의 사업자를
소상공인이라고 정하였다.

　따라서 이 기준에 따를 경우 업종별 범위가 다르기 때문에 모
든 산업에 걸쳐 획일적으로 그 구조를 분석하기가 어렵다. 그
래서 〈표-5〉에서처럼 영세기업, 소기업, 중기업, 대기업의 구
분 기준에 따라 규모별 실태를 분석하기로 하였다. 2012년 기
준으로 모든 산업의 사업체 수는 3,602,476개이고 종업원 수는
18,569,355명이다. 이 가운데 모든 산업에서 영세기업의 사업
체 수는 82.7퍼센트, 종업원 수도 28.5퍼센트에 이른다. 여기에
소기업을 합하여 소영세기업으로 볼 때는 그 비중은 더욱 높아
져 사업체 수가 98.9퍼센트, 종업원 수도 65.0퍼센트에 달한다.
한편 제조업의 경우 영세기업의 사업체 수는 63.5퍼센트, 종업
원 수는 12.5퍼센트이고 소영세기업으로 보는 경우 사업체 수는
97.2퍼센트, 종업원 수는 54.5퍼센트에 이른다. 모든 산업과 제
조업에서 다 같이 사업체 수와 종업원 수가 작은 규모 기업, 곧
소영세기업이 매우 높은 비중을 차지하고 있어서 이들이 산업의
뿌리요 모세혈관임을 알 수 있다.

〈표-5〉 사업체 · 종업원 구성-규모별 (단위: %)

	전산업		제조업	
	사업체	종업원	사업체	종업원
영세기업	82.3	28.5	63.5	12.5
소기업	16.6	36.5	33.7	42.0
중기업	1.1	21.0	2.7	26.2
대기업	0.1	14.0	0.2	19.5
합계	100.0	100.0	100.0	100.0

주 : ① 기업규모 기준으로는 ⓐ 영세기업은 종업원 규모 1~5명 ⓑ 소기업은 종업원 규모
5~49명 ⓒ 중기업은 종업원 규모 50~299명 ⓓ 대기업은 종업원 규모 300명 이상
으로 하였음
② 따라서 전산업의 경우 소영세기업의 범위가 건설업과 상업기타서비스업 등에서
일치하지 않음을 유의할 필요가 있음.
자료 : 〈표-4〉에서 작성

이어서 모든 산업과 제조업의 사업체 수와 종업원 수가 어떻게
변하였는지 알아보기로 한다(〈표-6〉). 모든 산업에서 사업체 수
는 1986년의 1,676,609개에서 2012년의 25년 사이에 3,602,476개
로 1,925,867개 증가하여 2배 이상 늘어났다. 이전 증가는 영세기
업(1~4명)에서 1,513,789개, 그리고 5~9명 규모에서 239,679개를
합한 소상공인의 증가(1,753,468개)에 따른 것이었다. 여기에 10~
19명 규모에서 94,817개, 그리고 20~49명 규모에서 48,958개 등이
더하여 소영세기업 사업체 수는 1,897,243개 늘어나 이 기간 사업
체 수 증가를 주도하였다. 말할 것도 없이 300명 이상의 사업체 수
도 같은 기간 2,200개에서 3,443개로 상당히 증가했지만, 중소영세
기업의 사업체 수 증가나 그 증가율에는 미치지 못하였다.

〈표-6〉 전산업·주요업종·규모별 사업체 수 변화 (단위: 개, %)

산업별	연도별	1~4명	5~9	10~19	20~49	50~99	100~299	300명 이상	합계	구성비
전산업	1986	1,447,584 (86.3)	126,580 (7.5)	51,986 (3.1)	33,585 (2.0)	10,846 (0.6)	5,834 (0.3)	2,200 (0.1)	1,676,609 (100.0)	100.0
	2002	2,635,372 (84.1)	281,309 (9.0)	119,272 (3.8)	65,799 (2.1)	18,926 (0.6)	8,811 (0.3)	2,474 (0.1)	3,131,963 (100.0)	100.0
	2012	2,963,373 (28.5)	366,259 (10.2)	146,803 (4.1)	82,543 (2.3)	27,164 (0.8)	12,987 (0.3)	3,443 (0.1)	3,602,476 (100.0)	100.0
제조업	1986	142,910 (65.3)	34,044 (15.5)	18,424 (8.4)	13,792 (6.3)	5,134 (2.3)	3,394 (1.6)	1,255 (0.6)	218,952 (100.0)	13.1
	2002	219,442 (65.6)	54,094 (16.2)	31,268 (9.4)	19,776 (5.9)	5,574 (1.7)	2,974 (0.9)	793 (0.2)	333,921 (100.0)	10.7
	2012	228,682 (63.5)	67,801 (18.8)	32,012 (8.9)	21,778 (6.0)	6,009 (1.7)	3,425 (0.9)	687 (0.2)	360,394 (100.0)	10.0

자료 : 통계청, 《전국사업체조사보고서》

　이어서 제조업의 사업체 수 증가 추이를 보기로 한다. 같은 기간에 사업체 수는 218,952개에서 360,394개로 141,442개 증가하였는데 이는 절대수는 말할 것도 없고 증가율에서도 모든 산업의 그것에 미치지 못하는 것이었다. 그런 가운데서도 제조업 사업체 수 증가를 주도한 것은 모든 산업에서와 마찬가지로 소영세기업이었다. 곧 49인 이하 규모에서 141,133개 증가하여 전체 사업체 증가 수에 육박하였다. 더욱이 영세기업인 1~4명 규모에서 85,772개 그리고 5~9인 규모에서 33,787개 늘어나 이들 소상공인 사업체 수가 119,559개 증가하여 전체 증가를 이끌었다. 그에 견주어 같은 기간 300명 이상의 규모의 대기업 사업체 수는 1,255개에서 687개로 거의 절반 가까이 줄어드는 독특한 현상을 보였다.

　결국 1986년에서 2012년에 이르는 기간에 모든 산업에서나 제

조업에서 사업체수 증가를 주도한 것은 소영세기업, 더욱이 영세
기업규모에서였다. 그런데 그 증가 폭은 절대수는 말할 것도 없
이 증가율에서도 모든 산업의 그것이 제조업의 그것을 앞서고 있
는 것이 특징이다. 그 결과 모든 산업에서 차지하는 제조업 사
업체 수의 구성은 낮아지는 결과를 보였다. 즉 1986년에 13.1퍼
센트였던 제조업 사업체 수의 비중은 2002년에는 10.7퍼센트로,
2012년에는 10.0퍼센트로 낮아졌다. 이런 변화가 있었지만 기업
규모로 볼 때, 소영세기업이 모든 산업과 제조업의 사업체 수에
서 차지하는 비중은 산업구조 전체에서 압도적 위치가 되었다.

〈표-7〉 전산업·주요업종·규모별 종업원 수 변화 (단위: 명, %)

산업별	연도별	1~4명	5~9	10~19	20~49	50~99	100~299	300명 이상	합계	구성비
전산업	1986	2,613,157 (29.5)	793,362 (8.9)	688,818 (7.8)	1,023,812 (11.5)	739,700 (8.4)	955,709 (10.8)	2,042,090 (23.1)	8,856,668 (100.0)	100.0
	2002	4,806,356 (32.9)	1,776,285 (12.2)	1,582,599 (10.8)	1,954,794 (13.4)	1,285,580 (8.8)	1,417,830 (9.7)	1,784,896 (12.2)	14,608,322 (100.0)	100.0
	2012	5,298,507 (28.5)	2,341,194 (12.6)	1,955,829 (10.5)	2,490,244 (10.9)	1,877,141 (10.1)	2,017,880 (14.6)	2,588,560 (13.9)	18,569,355 (100.0)	
제조업	1986	287,469 (8.7)	220,465 (6.7)	246,576 (7.5)	430,784 (13.1)	357,362 (10.9)	563,813 (17.1)	1,185,566 (36.0)	3,290,035 (100.0)	37.1
	2002	473,130 (14.0)	354,660 (10.5)	416,623 (12.3)	593,284 (17.5)	380,979 (11.2)	475,062 (14.0)	698,827 (20.6)	3,392,865 (100.0)	23.2
	2012	465,918 (12.3)	455,173 (12.3)	541,662 (11.8)	666,507 (17.9)	418,980 (11.6)	542,346 (14.6)	727,577 (19.6)	3,715,162 (100.0)	20.0

자료 : 통계청, 《전국사업체조사보고서》

다음에 종업원 수는 모든 산업에서 1986년에 8,856,658명에
서 2012년에는 18,569,355명으로 되어 9,712,697명 늘어났다(〈
표-7〉). 이처럼 같은 기간에 종업원 수가 2배 이상 증가한 것

은 사업체 수 증가와 같은 경향을 보인 것이다. 종업원 규모별로 증가 폭을 보면 영세기업(1~4명)에서 2,689,350명으로 전체 증가의 27.7퍼센트, 1~9명 규모인 소상공인에서 4,237,182명으로 43.6퍼센트, 소영세기업(1~49명) 규모에서 7,270,533명으로 74.8퍼센트의 증가 구성을 보였다. 그리고 중소영세기업이 전체 종업원 수 증가에서 94.3퍼센트를 차지하였다. 결국 소상공인이나 소영세기업 범위에서 종업원 수 증가가 사업체 수 증가만큼 압도적은 아니지만, 이 기간 고용 증가의 70퍼센트 이상을 차지하여 사업체 수나 종업원 수에서 다 같이 영세기업, 소상공인을 포함한 소영세기업의 높은 기여를 확인할 수 있다.

이처럼 사업체 수나 종업원 수에서 높은 비중을 갖고 광범한 산업에 걸쳐 활동하고 있는 중소기업, 더욱이 소영세기업은 산업의 뿌리로서 국민경제의 견고한 기반이 되고, 또한 국민경제 속에서 모세혈관 기능을 하면서 경제의 원활한 순환과 발전에 이바지하고 있다.

한편 위에서 살펴본 모든 산업과 제조업의 사업체 수와 종업원 수의 규모별 변화 추이를 그 구성비로 나타낸 것이 〈표-8〉이다. 여기서 보면 전 산업에서 차지하는 제조업의 사업체의 비중은 1986년에 13.1퍼센트였던 것이 2012년에는 10.0퍼센트로 낮아졌고 더욱이 종업원 비중은 37.1퍼센트였던 것이 2002년에는 23.2퍼센트, 다시 2012년에는 20.0퍼센트로 낮아지는 추세를 보였다. 곧 사업체 수나 종업원 수의 산업별 구성에서 제조업의 비중이 낮아지고 있는 것이다.

〈표-8〉 사업체·종업원 구성 추이-규모별 (단위: %)

		영세기업		소기업		중기업		대기업		합계		비중	
		사업체	종업원	사업체	종업원	사업체	종업원	사업체	종업원	사업체	종업원	사업체	종업원
전산업	1986	86.3	29.5	12.6	28.2	0.9	19.2	0.1	23.1	100.0	100.0	100.0	100.0
	2002	84.1	32.9	14.9	34.4	0.9	18.5	0.1	12.2	100.0	100.0	100.0	100.0
	2012	82.3	28.5	16.6	35.5	1.1	21.0	0.1	14.0	100.0	100.0	100.0	100.0
제조업	1986	65.3	8.7	30.2	27.3	3.9	28.0	0.6	36.0	100.0	100.0	13.1	37.1
	2002	66.6	14.0	31.5	40.3	2.6	25.2	0.2	20.6	100.0	100.0	10.7	23.2
	2012	63.5	12.5	33.7	42.0	2.7	26.2	0.2	19.6	100.0	100.0	10.0	20.0

주: 기업규모 기준은 〈표-20〉과 같음.
자료: 〈표-6〉과 〈표-7〉에서 작성

이것은 산업구조가 고도화되고 중화학공업화의 성숙 이후 탈공업화의 흐름을 반영하여 제조업 이외의 서비스업의 발전, 즉 서비스경제(service economy)로 이행하는 경향을 보이는 것이기도 하다. 소득수준의 향상에 따른 수요 유형과 생산양식의 변화를 반영한 것으로 보인다. 여기에 고임금 시대를 맞아 노동집약적 산업이 낮은 임금을 찾아 후발 개발도상국으로 이전하는 데서 오는 제조업의 공동화(空洞化)의 흐름도 반영된 것으로 보인다.

(2) 경제발전과 중소기업의 구조변화

1) 공업구조 변동과 소영세기업의 증가

여기서는 제조업의 자료를 기준으로 중소기업의 구조변화를 알아보기로 한다. 한국 중소기업은 대체로 높은 비중을 유지하였지만 그 내용은 경제개발 과정에서 기복을 보였다. 1960년대 이후 정부주도 경제개발이 대기업 중심으로 진행되면서 초기에 높았던 비중이 점차 감소하는 추세를 보였다. 60년대 말에서 70년대에 중화학공업 개발이 진행되면서 중소기업은 상대적으로 낮은 비중을 차지하였다. 규모의 경제와 양산체제를 지향하면서 대기업이 크게 발달한 결과였다.

그러나 이러한 중소기업의 상대적 침체 경향은 80년대 중반 이후 반전되었고 중소기업의 비중은 점차 높아지는 경향을 보였다(〈표-9〉). 중화학공업이 성숙하고 조립 공업이 발달하면서 하청계열관계가 확대되어 중소기업의 존립 영역을 넓힌 것이다. 거기에 수요의 다양화와 다품종 소량생산체제가 진전된 것도 중소기업의 존립기반을 늘린 한 요인이었다.

정책적으로는 1980년대 들어와서 〈중소기업기본법〉을 개정하여 소기업 범위를 규정, 소영세규모 중소기업에 대한 지원체제의 법적 기초를 마련하였다(1982.12.31.). 여기에 발전 가능성이 높은 신규 창업사업체와 유망 중소기업을 발굴하여 지원하는 정책도 시행하였다. 또한 〈중소기업창업지원법〉을 제정하였다(1986). 산업사회의 변화와 함께 이러한 정책적 뒷받침이 소영세기업의 활발한 창업과 그 비중 증가에 긍정적 작용을 한 것으로 보인다.

한편 규모별 비중의 추이에서는 다음과 같은 특징이 발견된다. 80년대 중반까지는 대기업의 비중이 늘어나면서 전반적인 기업규모 증대와 함께 중소기업의 상층분화(上層分化) 현상이 뚜렷하였다. 그러나 80년대 중반 이후에는 소영세기업의 비중, 특히 영세규모 기업의 비중이 눈에 띄게 증가하는 추세를 보였다. 이것이 80년대 중반 이후 중소기업 비중 증가의 특징을 설명해 주고 있었다.

경제가 고도로 성장하고 산업구조가 고도화하면서 여러 분야에서 많은 소영세기업이 신설, 증가하는 현상에 대하여 두 가지 견해가 있다.

첫째, 소영세기업의 현저한 증가는 이전과 마찬가지로 저임금 노동에 의존하는 전근대적 기업의 증가이며, 이전보다 큰 대기업과 중소기업 사이의 임금 및 부가가치 생산성의 격차를 나타내는 이중구조의 확대 강화라는 견해이다.

둘째, 노동력 부족에 수반하여 고임금 경제로 이행하는 과정에서 이중구조가 해소된 것은 아니지만, 소영세기업의 증가를 지금까지와 같은 특징만으로는 설명할 수 없다는 것이다. 즉 새로운 특징의 소영세기업이 신설 창업된다는 것이다. 새로 창업하는 많은 기업은 높은 생산성을 실현하고 높은 임금을 지불하는 기업이며 저생산성, 저임금을 기반으로 하는 소영세기업과는 전혀 다른 특성의 기업이라고 본다.

곧 신규 창업 경영자는 25~35세의 청년층이며 10년 남짓의 직역(職歷)을 지니고 있다. 그들은 높은 학력과 전문능력, 그리고 소득 동기보다 업무를 통한 자기의 전문능력 발휘, 주체적인 독립의 길을 선택하는 것을 공통의 특징으로 하고 있다. 이러한 새로운 유형의 기업은 초기에는 대도시에서 다수 발생했다고 보고 있다.

⟨표-9⟩ 연도별·규모별 사업체·종업원 구성(제조업)

	사업체 수(개)					종업원 수(명)				
	1966	1974	1986	2002	2012	1966	1974	1986	2002	2012
5~9	12,728 (56.0)	10,576 (46.7)	15,164 (30.3)	54,845 (49.7)	–	76,880 (13.6)	68,723 (5.3)	102,667 (3.8)	349,078 (12.9)	–
10~19	5,480 (24.2)	5,064 (22.4)	13,234 (26.4)	28,586 (25.9)	32,202 (50.4)	67,783 (12.0)	67,770 (5.2)	180,384 (6.5)	382,420 (14.2)	429,769 (15.6)
20~49	2,805 (12.3)	3,293 (14.6)	12,103 (24.2)	18,306 (16.6)	21,673 (33.9)	78,847 (13.9)	99,966 (7.7)	382,378 (14.0)	552,275 (20.5)	648,409 (23.6)
소기업	21,013 (92.5)	18,933 (83.7)	40,501 (80.9)	101,737 (92.2)	53,875 (84.3)	223,510 (39.4)	236,459 (18.2)	665,429 (24.3)	1,283,773 (47.6)	1,078,178 (39.2)
50~99	874 (3.8)	1,538 (6.8)	5,023 (10.0)	5,183 (4.7)	5,971 (9.3)	59,541 (10.5)	108,331 (8.3)	352,309 (12.9)	355,599 (13.2)	409,633 (14.9)
100~199	452 (2.0)	971 (4.3)	2,490 (5.0)	2,205 (2.0)	2,696 (4.2)	58,371 (10.3)	138,500 (10.7)	348,338 (12.7)	302,838 (11.2)	368,536 (13.4)
200~299	141 (0.6)	404 (1.8)	869 (1.7)	556 (0.5)	688 (1.1)	33,949 (6.0)	97,949 (7.5)	212,084 (7.7)	133,706 (5.0)	164,643 (6.0)
중기업	1,467 (6.5)	2,913 (12.8)	8,382 (16.7)	7,944 (7.2)	9,355 (14.6)	151,861 (26.8)	344,780 (26.6)	912,731 (33.3)	792,143 (29.4)	942,812 (34.2)
300~499	116 (0.5)	350 (1.5)	524 (1.0)	364 (0.2)	391 (0.6)	44,341 (7.8)	135,524 (10.4)	202,221 (7.4)	136,794 (5.1)	139,698 (5.1)
500명 이상	122 (0.5)	436 (1.9)	666 (1.3)	311 (0.3)	307 (0.5)	146,953 (25.9)	582,621 (44.9)	957,972 (35.0)	483,201 (17.9)	592,996 (21.5)
대기업	238 (1.0)	786 (3.5)	1,180 (2.4)	675 (0.6)	698 (1.1)	191,294 (33.8)	717,146 (55.2)	1,160,193 (42.4)	619,995 (23.0)	732,694 (26.6)
중소기업	22,480 (99.0)	21,836 (96.5)	48,883 (97.6)	109,681 (99.4)	63,209 (98.9)	375,371 (66.2)	581,239 (44.8)	1,578,160 (57.6)	2,075,918 (77.0)	2,020,990 (73.4)
계	22,718 (100.0)	22,632 (100.0)	50,063 (100.0)	110,356 (100.0)	63,907 (100.0)	566,665 (100.0)	1,298,384 (100.0)	2,738,353 (100.0)	2,695,911 (100.0)	2,753,684 (100.0)

주 : 괄호 안 수치는 규모별 구성비(%)임.
자료 : ① 경제기획원, 한국산업은행, 통계청, 《광업 · 제조업 통계조사보고서》
　　　 ② 기은경제연구소, 《주요국의 중소기업관련통계》, 2004.
　　　 ③ 통계청, 《2012년 기준 전국사업체조사보고서》

2) 신구기업의 교체와 혁신형 중소기업의 출현

우리나라의 소영세기업 증가의 구조적 특징을 이상의 두 가지 견해 가운데 어느 하나로 택하여 설명하기는 어렵다. 그러나 산업구조가 고도화하고 중화학공업화가 점차 성숙하면서 소영세기업을 포함한 전반적인 중소기업의 존립영역이 다양화하고 늘어남으로써 그 비중이 증가 추세를 보였다고 볼 수 있다.

이러한 소영세기업의 증가추세는 일방적인 방향으로만 진행되는 것이 아니라 그 안에서 지속적인 구조변화를 수반하면서 진행된다. 중소기업이 경제 환경의 변화에 적응력이 강하다는 것은 신설률이 높으면서도 도산률도 높다는 이른바 다산다사가 그 특징임을 말한다. 그렇기 때문에 산업화가 급격히 진행되고 그 구조가 확대되는 구조 변동기에는 다음과 같은 특징이 나타난다.

① 중소기업 수(특히 소영세 개인기업)의 현저한 증가
② 중소기업 교체의 확대(사회적 회전율의 증가)
③ 중소기업 경영자의 세대교체의 진전
④ 중소기업 규모 사이에 격차의 확대
⑤ 새로운 유형의 고생산성 중소기업의 증가와 성장 등

결국 경제가 동태적으로 발전하고 산업구조가 고도화하는 과정에서는 구조 변동이나 기술변화에 적응하지 못하는 중소기업은 도태되고 새로운 유형의 중소기업이 증가하며, 동시에 신구 중소기업(新舊 中小企業)의 교체는 기업가의 세대교체를 수반하게 된다. 그런데 한국경제의 경우 경제개발 과정에서 도산된 구형(舊型) 중소기업은 고유 기술과 지역적 수요에 기반을 둔 자생적인 것이 많았으며, 신형(新型) 중소기업은 수출산업이나 수입대체, 수입원자재 가공 또는 외국자본과 기술에 의존하거나 대기업과 하청계열관계를 맺은 것 등이었다.

중소기업의 비중 변화와 계층 분화는 다음과 같은 구조 변화의 특징 속에서 진행되었다.

① 독과점 대기업과 경쟁적 대립 속에서 자생적 중소기업의 도태
② 대기업의 하청·계열기업으로 중소기업의 존립 형태의 변화
③ 개방경제체제 속에서 수출 경기에 따른 수출산업 등 대외분업 지향적 중소기업의 성장
④ 대기업의 지배력이 미치지 못하는 분야 및 저임금 노동의 활용 가능한 분야에서 중소기업의 존립
⑤ 새로운 수요 유형, 곧 소득수준의 상승에 따른 수요 패턴의 다양화, 선진화에 적응하는 중소기업의 존립 등
⑥ 산업구조가 지식정보집약화 하면서 이 분야에 혁신형 중소영세기업의 출현과 발전

이런 특징 속에서 중소기업의 비중과 구조는 변화하였다. 새로운 형태의 중소기업이 늘어나며 신구 중소기업의 교체와 함께 기업의 세대교체도 진행되는 가운데 소영세기업의 증가라는 구조적 특징을 보이는 점은 한국경제뿐만 아니라 일본경제에서도 동일하였다. 더욱이 일본에서 이에 대한 실증적 연구 결과는 이미 1970년대 초에 벤처 비즈니스가 출현한 사실을 확인하고 이를 이론적으로 검증 정리하였다.

1980년대 중반 이후 한국경제에 나타난 소영세기업의 증가 등 구조변화에 대하여 충분하고 철저한 실증적·이론적 연구가 진행되지는 못하였다. 그러나 1980년대 중반에 중소기업은행이 대

도시 지역을 중심으로 실시한 통계조사는 신규 진입 중소기업의 성격을 다음과 같이 지적하였다.

① 창업 때 나이는 70퍼센트 이상이 청년층(30대)이다.
② 신규진입 중소기업자의 70퍼센트는 대학졸업 이상의 높은 학력 소유자이다.
③ 신규진입 중소기업의 주류는 잠재 실업자나 정년 퇴직자가 아니고 대기업 또는 중소기업의 종업원으로서 경험을 쌓은 사람들이다.

한편 이들의 창업 동기는 이상실현과 능력발휘, 그리고 삶의 보람의 추구와 경제적 독립이 주된 것이었다. 미래지향적이며 적극적인 참여, 능력 발휘형의 기업가형이 지배적이며 소득 동기와 이윤 동기는 크게 작용하지 않는 것으로 나타났다. 이러한 실증적 조사 결과는 다음과 같이 해석되었다.

첫째, 대도시에서 새로이 창업하는 중소기업자는 비교적 학력이 높은 층이며, 그들은 오랜 경험을 토대로 이상을 실현하거나 능력을 발휘하려고 창업한다.

둘째, 경제 환경 또는 존립조건의 변동에 적극적으로 적응할 수 있는 것으로 생각되며 그들이 경영하는 기업은 대체로 근대적 체질을 갖추고 있다.

셋째, 이들 청년 기업가들은 새로운 시대 및 경험 감각을 지니고 전문기능이나 전문지식을 활용해서 높은 생산성을 이룩한다.

넷째, 이상실현 및 능력발휘형의 창업이 주류를 이루고 있어 중소기업이 청년들에게 이상실현과 능력발휘의 마당(場)을 제공하는 것으로 볼 수 있다. 그러한 중소기업은 장래의 기업가를 양성하는 학교의 구실을 한다.

다섯째, 독립경영을 지향하는 이러한 중소기업의 활발한 진입은 중소기업의 근대화와 경제 전체의 활력을 증가시킨다.

이런 해석으로 미루어 신규로 진입한 새로운 기업유형은 혁신적 중소기업 유형의 단초적 형태로 보인다. 그 뒤 혁신형 중소기업은 점차 늘어났고, 드디어 '벤처기업'이라고 부르게 되었다. 이러한 현상을 반영하여 1997년에는 〈벤처기업 육성에 관한 특별조치법〉이 제정되었다. 이 법은 기존기업을 벤처기업으로 전환하는 것과 함께 벤처기업의 창업 촉진을 목적으로 하고 있고 나아가 이것을 산업 구조전환과 경쟁력 제고로 연결시키고 있다. 한편 국민의 정부 경제 청사진은 중소기업 정책의 기본방향을 '활력 있는 다수 중소 벤처기업 육성'으로 정하였다. 그 뒤 혁신적 중소기업인 벤처기업은 중소기업 정책의 핵심적 대상이 되고 있다.

(3) 더 깊어지는 대기업과 중소기업의 구조 격차

1) 높은 비중과 중소기업문제

사업체 수, 종업원 수, 그리고 부가가치액 등 중소기업이 국민경제에서 차지하는 비중이 높다는 것은 앞에서 확인하였다. 그러면 이 사실이 경제발전과정에서 어떤 의미를 갖는가? 한 마디로 중소영세기업이 국민경제의 발전에서 큰 구실을 하고 따라서 정책 인식의 중요한 대상이 된다는 것을 말한다. 경제 발전에서 높은 비중의 중소기업은 두 가지 측면, 곧 긍정적 작용과 부정적 측면을 지니고 있고 이것은 중소기업 문제의 핵심이 되고 있다. 긍정적 구실을 높이면서 부정적 측면을 완화, 해소하는 이중(二

重)의 중소기업 문제의식이 형성되기 때문이다. 이 두 측면이 중소기업을 적극적 정책 대상으로 삼는 이유이다. 먼저 긍정적 역할을 살펴보기로 하자.

첫째로, 높은 비중의 중소기업은 경제개발에 중요한 자원이 된다. 국민경제의 튼튼한 바탕이고 자본축적과 고용증대, 수출증진, 나아가서 소득 향상의 기반이기 때문에 중소기업을 경제 자원으로 활용하는 것은 경제 발전의 지름길이 된다.

둘째, 중소영세기업은 산업의 뿌리로 기능하고 있다는 점이다. 앞에서도 살폈듯이, 〈숲의 이론〉에서 마셜은 숲과 나무를 산업과 기업에 비유하는 생물학적 설명을 하였다. 울창한 숲은 무수한 나무들의 싱싱한 성장으로 가능하듯이 산업의 번영·진보는 산업을 구성하는 기업들의 건실한 발전에 기반을 둔다고 보았다. 이 때 울창한 숲의 모습은 소수의 덩치 큰 나무만으로 가능한 것이 아니고 무수한 작은 나무들과 영세 잡목들의 건강한 성장으로 가능하다. 이러한 비유는 산업과 국민경제의 성장 발전은 거대독과점기업이나 대기업만의 융성이 아니라 무수한 중소영세기업의 발전을 바탕으로 가능함을 뜻한다. 더욱이 소기업은 산업발전에 힘과 탄력성을 주고 있으며 성장하는 소기업은 당시 영국의 산업발전에 전반적으로 영향을 주고 있다고 한 마셜의 지적은 중소기업이 산업과 국민경제의 바탕임을 말하여 주고 있다. 따라서 숲속에서 덩치 큰 나무(거대기업)나 큰 나무(대기업)만으로 숲(산업)을 울창하게 할 수는 없으며 그것은 무수한 작은 나무와 영세 잡목(중소영세기업)의 번성과 성장 위에서 가능하다는 교훈을 주고 있다.

경제발전 과정에서 소영세기업 수의 증가는 그것이 활발한 창

업의 기반인 묘상[못자리] 기능을 하면서 국민경제에서 '활력 있
는 다수'(the vital majority)로서 몫을 함을 보여 준다.

셋째, 또 하나의 생물학적 비유, 곧 신체의 동맥과 모세혈관
을 국민경제 또는 산업에서 대기업과 중소영세기업으로 본 비유
에서 중소영세기업의 모세혈관 기능을 유추할 수 있다. 모세혈관
이 잘 발달하여 혈액 순환이 신체의 말단 부분까지 원활하게 이
루어지면 신체는 마비와 경직성이 없이 건강하게 발달할 수 있
다. 이것은 모세혈관의 월활한 혈액순환이 신체의 신진대사를 촉
진하여 건강한 신체구조를 유지할 수 있게 함을 말하여 준다. 곧
국민경제에서 모세혈관에 비유된 중소영세기업의 신진대사기능
(regenerative function)을 의미한다. 이 기능은 경제의 경직성을 탈
피하게 하고 원활한 순환으로 순조로운 발전을 가능하게 한다.

높은 비중의 중소영세기업이 지니는 이러한 긍정적 구실과 달
리 부정적 측면도 있다. 높은 비중의 중소영세기업은 흔히 전근
대적 상태에서 후진적 영역으로 남아 있기 때문에 그 역할에 한
계가 있고 나아가서 경제개발 과정에서 국민경제의 근대화와 고
도화에도 제약 요인이 된다. 이에 전근대적, 후진적, 정체적 중
소영세기업의 근대화와 개발의 문제가 구조론적 인식과 정책과
제로 대두된다.

그렇지만 중소영세기업 문제와 정책 대상으로서 중요성이 약
화되는 것은 아니다. 선후진국을 가리지 아니하고 모든 나라에서
중소기업의 비중은 높고 그 역할도 크기 때문이다. 다만 선후진
국 사이에 중소기업문제와 역할에 대한 인식방향이 차이가 있을
뿐이다. 〈표-10〉에서 보면, 모든 나라에서 중소기업 비중이 높
다는 것을 알 수 있다. 그러나 한국, 일본, 독일은 미국과 영국에

견주어 중소기업의 비중이 더욱 높으며, 반대로 미국과 영국에서
는 중소기업의 비중이 상대적으로 낮다는 사실을 알 수 있다.

〈표-10〉 중소기업의 국제비교

	사업체 수(개)			종사자 수(천명)		
	전체	중소기업		전체	중소기업	
			비중(%)			비중(%)
한국(2002)	110,356	109,681	99.4	2,696	2,076	77.0
일본(2001)	650,950	647,098	99.4	11,126	8,253	74.2
대만(2002)	138,288	133,684	96.7	2,563	2,035	79.4
미국(2001)	352,619	314,051	89.1	15,950	6,637	41.6
영국(2002)	298,425	296,325	99.3	3,834	2,024	52.8
독일(2000)	291,885	288,757	98.9	10,827 .	7,082	65.4

주 : 1. 중소제조업을 대상으로 하였음.
　　2. 한국 중소기업은 종사자 수 5~299명 이하의 사업체
　　3. 일본 중소기업은 종사자 수 4~300명 미만의 사업체
　　4. 대만 중소기업은 납입자본금 8,000만 대만달러 이하 또는 종사자 200인 미만
　　　의 사업체
　　5. 미국 중소기업은 종사자 수 500명 미만의 사업체
　　6. 영국 중소기업은 종사자 수 250명 미만인 사업체
　　7. 독일 중소기업은 종업원 수 499명 이하 사업체를 대상으로 하였음.
자료 : 기은경제연구소, 《주요국의 중소기업관련통계》, 2004.9

한국, 일본, 독일 등 전자는 중소기업의 비중이 높기 때문에
그 중요성을 인식하는 것과는 달리, 미국, 영국 등 후자는 중소
기업의 비중이 상대적으로 낮기 때문에 그 역할을 높이는 것이
과제가 되고 있다. 전자의 국가에서는 가용경제 자원의 활용과
전근대성의 극복이 중소기업문제의 대상이며, 후자의 국가에서
는 비중이 낮은 데서 오는 중소기업 역할의 감소가 문제가 되었
다. 곧 산업조직과 시장기능을 활성화하기 위해 시장에서 경쟁적
기능을 적극적으로 하는 중소기업의 구실을 높이는 과제가 낮은

비중의 중소기업을 중요한 것으로 인식하게 만들었다.

뒤늦은 근대화와 경제 발전을 위하여 위로부터의 식산진흥(殖産振興) 개발정책을 추구하면서 선진자본주의를 따라잡아야 하는(catch up) 후진자본주의의 중소기업문제가 전자였다. 이들 국가는 고전적 자본주의 발전의 길에 따라 자본제화가 진행되지 못한 후진자본주의체제였다. 이들 국가에서는 위로부터 공업화(산업화)가 급격히 진전되었기 때문에 전통적 사회관계가 온존하면서 선진제국(先進帝國)의 외압(外壓)으로 산업구조가 왜곡되어 있었다. 이런 경제사적 배경에서 형성된 중소기업문제가 전자의 경우였다. 이에 대하여 후자는 고전적 자본주의의 전개과정을 겪으면서 점진적으로 자본제화가 진전되었기 때문에 후진자본주의에서와 같은 구조적 특성이 크게 형성되지 않았었다.

그렇지만 중소기업의 비중이 높은 전자의 국가에서나 낮은 후자의 국가에서나 다 같이 중소기업을 중요하게 인식하고 있다. 다만 전자에서는 구조론적 인식이 주된 흐름이었던 것과 달리, 후자에서는 산업조직론적 인식이 지배적이었던 것이 초기의 추세였다. 그러나 전자의 국가에서도 점차 경제구조가 고도화되면서 후자의 흐름으로 바뀌는 경향에 처해 있다. 전자 가운데서도 한국처럼 식민지 지배를 받았던 후진자본주의에서는 그렇지 않은 일본, 독일 등과 같은 후진자본주의(후발선진자본주의)와는 다른 특성의 중소기업 문제 인식이 있음을 유의할 필요가 있다.

2) 개선되지 않는 대기업과 중소기업의 구조 격차

중소영세기업이 전근대적이며 후진적 영역이라는 생각은, 대기업을 근대 부문으로 보고 중소영세기업을 전근대 부문으로 보는 이중구조론적 시각으로 이어졌고, 이를 해소하기 위한 중소기업 근대화정책의 발단이 되었다. 중소기업 근대화 정책은 중견규모 경영의 근대화 또는 능률주의에 기준을 둔 규모경제를 실현하는 방향이었기 때문에 중소기업, 그 가운데서도 소영세기업의 도산과 신설의 연속 속에서 이루어졌다. 도산과 그에 따른 노동력 유동화는 대기업과 합리적 중소기업의 노동력 공급의 풀(pool)이 되어 이들의 자본축적의 바탕이 되었다.

중소기업문제가 제기된 초기에는 대기업에 대한 '중소기업 일반'이라는 관점에서 중소기업을 정책의 대상으로 삼았다. 그러나 경제개발이 진행되면서 중소기업 범주 안에서 계층분화가 발생하고 구조적 단층이 형성되었다. 그러면서 '중소기업 일반'에서 중기업을 나누고 다시 소영세기업을 구분하여 취급하였다. 일본에서는 1960년 이후 이러한 분화 경향이 나타났고 1963년에 제정한 〈중소기업기본법〉 이후 중상층(中上層)과 소영세(小零細)를 구분하여 다루었다.

1966년에 우리나라에서 〈중소기업기본법〉을 제정할 당시에는 중소기업 범위 일반으로 규정하였고, 다만 영세기업(제조업의 경우 상시종업원 수 5인 이하)을 별도로 정하였을 뿐이었다. 그러다가 1982년에 중기업과 소기업을 구분하였고 1996년에는 소기업의 범위를 확대하였으며 2000년에는 다시 소기업 범위 안에서 소상공인 범위를 정하게 되었다. 이처럼 기업규모를 대기업, 중기업, 소기업, 소상공인으로 구분하여 정한 것은 경제개발과정에서 상대적으로 규모가 작은 기업이 침체하여 성장의 잠재력을 키우지 못하고 새로운 구조 격차 문제가 발생했기 때문이다.

〈표-11〉 규모별 부가가치 비중 및 구조격차-제조업 (단위: %)

	부가가치 비중	규모별 구조격차		
		1인당 부가가치	1인당 급여액	1인당 유형자산
10~19명	7.0	21.7	45.2	24.6
20~49	12.4	25.5	49.9	27.8
소기업	19.4	24.0	48.1	26.5
50~99	9.5	30.8	55.8	33.5
100~199	10.1	39.4	61.4	42.9
200~299	5.5	44.8	65.7	52.5
중기업	25.8	36.7	59.7	40.5
300~499	6.3	60.5	75.9	76.8
500명 이상	48.5	109.3	109.9	105.5
대기업	54.8	100.0	100.0	100.0
중소기업	45.2	29.9	53.5	33.1
계	100(전 제조업)	48.5	65.8	50.9

주 : 《2012년 기준 광업 · 제조업 조사보고서》에서 작성

구조 격차를 나타내는 지표로 1957년도 일본의 《경제백서》는 ① 1인당 임금(인건비/종업원 수) ② 부가가치 생산성(부가가치/종업원 수) ③ 매상고 이익률(이익/매상고) ④ 노동장비율(유형고정자산/종업원 수) ⑤ 자본생산성(부가가치/유형고정자산) ⑥ 총자본회전율(매상고/총자본)등을 들고 있다. 이 지표 가운데 구조격차를 비교적 잘 나타내는 ① 부가가치 생산성 ② 1인당 급여액 ③ 1인당 유형고정자산 등을 택하여 살펴본 것이 〈표-11〉의 내용이다.

2012년 기준(종업원 수 10인 이상 제조업 사업체)으로 볼 때 중소기업의 1인당 부가가치는 대기업의 29.9퍼센트, 1인당 급여

액은 65.8퍼센트, 1인당 유형고정자산은 50.9퍼센트에 그쳐 대기업과 중소기업 사이에 현격한 규모 격차가 있음을 알 수 있다. 그런데 이런 구조 격차 문제는 대기업과 중소기업 사이에서만이 아니고 중기업과 소기업 또는 기업 규모 전체에 걸쳐 이루어지고 있다.

〈표-12〉 규모별 부가가치 비중 및 1인당 부가가치 추이(제조업)

	부가가치 비중(%)					1인당 부가가치 격차 대기업=100.0				
	1966	1974	1986	2002	2012	1966	1974	1986	2002	2012
5~9명	7.3	2.2	1.5	5.2	-	36.6	33.7	28.1	19.4	-
10~19	7.8	2.7	3.1	7.1	7.0	44.3	41.5	33.1	23.7	21.7
20~49	10.0	4.6	7.7	12.0	12.4	47.1	48.0	38.5	28.0	25.5
소기업	24.9	9.5	12.4	24.3	19.4	42.7	42.0	35.4	24.4	24.0
50~99	8.6	6.9	8.7	10.1	9.5	55.3	66.7	47.2	36.7	30.8
100~199	9.0	8.9	10.4	11.3	10.8	59.5	66.9	56.8	47.9	39.4
200~299	7.6	5.9	7.5	6.1	5.5	85.4	68.1	67.2	59.1	44.8
중기업	25.2	21.7	26.6	27.5	25.8	63.6	65.6	55.5	44.8	36.7
300~499	12.7	12.9	8.6	7.9	6.3	110.2	98.9	82.3	80.5	60.5
500명 이상	37.2	55.9	52.4	40.2	48.5	96.9	100.3	104.0	107.2	109.3
대기업	49.9	68.8	61.0	48.1	54.8	100.0	100.0	100.0	100.0	100.0
중소기업	50.1	31.2	39.0	51.9	45.2	51.1	56.0	47.0	32.2	29.9
계	100.0	100.0	100.0	100.0	100.0	67.6	80.3	69.5	47.8	48.5

자료 : ① 경제기획원, 한국산업은행, 통계청, 《광업 · 제조업 통계조사보고서》에서 작성
② 기은경제연구소, 《주요국의 중소기업관련 통계》, 2004.9. 참조

더구나 이런 구조 격차는 개선되지 않고 더욱 깊어지고 있는 추세를 보인다. 우선 1인당 부가가치는 1966년에 중소기업이 대

기업의 51.1퍼센트였으나 2002년에는 32.2퍼센트로 그 격차는 더 커졌고 2012년에는 다시 29.9퍼센트로 심화되었다. 이러한 구조 격차의 심화 추이는 1인당 급여액이나 1인당 유형고정자산의 지표에서도 유사한 경향을 보이고 있다. 또 중소기업 범위 안에서 소영세기업 등 중기업과 소기업, 영세기업 사이에서도 규모 간 구조 격차는 깊어지고 있다.[〈표-12〉, 〈표-13〉 및 〈그림-1〉]

〈표-13〉 제조업 규모별 구조격차 추이 (단위: %)

		1963	1974	1985	1992	2012
1인당 부가가치	중소기업	56.7	57.3	47.2	47.0	29.9
	제조업	67.7	80.2	68.1	62.2	48.5
	대기업	100.0	100.0	100.0	100.0	100.0
1인당 유형고정자산	중소기업	52.7	41.0	44.5	40.6	33.1
	제조업	88.4	73.2	68.0	57.7	50.9
	대기업	100.0	100.0	100.0	100.0	100.0
1인당 급여액	중소기업	65.4	75.5	74.1	66.6	53.5
	제조업	74.1	89.2	84.6	75.8	65.8
	대기업	100.0	100.0	100.0	100.0	100.0

주 : ① 1963~1992년까지는 5인 이상 사업체
    ② 2012년은 10인 이상 사업체임
    ③ 위 도표는 대기업에 대한 중소기업의 격차 추이임
자료 : 산업은행, 경제기획원, 통계청, 《광업 · 제조업 조사보고서》에서 작성

구조 격차의 원인에 대하여 자본 · 융자집중 가설은 다음과 같이 설명하고 있다. 즉 자본집약도의 격차는 생산성 격차의 원인이 되고 나아가 그것이 임금격차로 이어진다는 주장이다. 대기업과 중소기업 또 중소기업 범위 안에서 중기업과 소기업, 소상공인 사이의 자본집약도 격차는 경제개발 과정에서 대기업에의 정책 지원과 융자집중에 큰 원인이 있다는 것이다. 이렇게 볼 때

중기업과 소기업, 소상공인 사이의 구조 격차도 결국 상위 규모 기업에 대한 자본 및 융자집중에서 비롯된 것으로 볼 수 있다. 이것은 기업 규모 사이의 자본집약도(유형고정자산 형성, 1인당 유형고정자산) 격차에 말미암은 것으로 설명할 수 있다. 이러한 요인 사이의 상관관계는 위에 제시된 〈표-13〉과 〈그림-1〉의 추이에서 확인할 수 있다.

〈그림-1〉

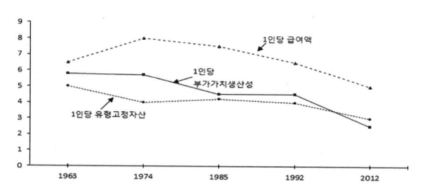

1963년부터 1992년 사이의 실태를 볼 때 대기업에 견주어 중소기업의 1인당 유형고정자산은 52.7퍼센트에서 40퍼센트로 감소하였고, 이러한 격차는 중기업과 소영세기업 사이에서도 볼 수 있다. 1인당 유형고정자산 형성의 격차는 1인당 부가가치 형성의 격차로 이어졌고 결국 그것이 1인당 급여액의 격차를 가져왔으며 대기업과 중소기업, 나아가 중기업과 소영세기업 사이의 구조 격차를 형성하게 만든 것이었다.

〈표-14〉에서 보면 일본에서는 중소기업 근대화 정책을 시행

한 뒤 대기업과 중소기업 사이의 생산성 격차가 점차 해소·완화
되면서 구조 격차 문제가 본격적인 중소기업 문제 논의의 대상에
서 사라지고 있다. 그러나 우리나라에서는 대기업과 중소기업,
중기업과 영세기업 사이의 구조 격차가 더욱 깊어지고 있다. 더
욱이 중소기업의 생산성은 대기업의 30퍼센트 선에 그치고 있다.

〈표-14〉 일본의 기업규모별 연도별 급여 격차-제조업(500명 이상=100.0) (단위: %)

	5~29명	30~99명	100~499명
1991	56.2	63.7	78.2
1993	56.5	63.3	78.4
1995	55.8	61.9	79.7
1999	54.3	60.1	76.5

자료 : ① 일본노동성,《매월 근로통계조사》, 각 월 자료
　　　② 일본 중소기업청,《중소기업백서》, 2000(평성 2)

　중소기업의 구조 변동 과정에서 양적으로는 소영세기업이 늘
어나서 그 지위가 상대적으로 높아졌고, 창업의 활성화로 산업조
직에 활력을 증가시키는 기능을 하였다. 그러나 질적으로는 기업
규모 사이에 격차 문제가 해소되지 않은 채 구조적 문제를 해결
해야 할 과제로 남겨두고 있다. 앞에서 밝힌 소영세기업 증가에
대한 두 가지 견해 가운데 우리나라는 후자인 측면만 나타난 것
이 아니라 전자, 곧 저임금 노동에 의존하는 전근대적 기업의 증
가와 구조 격차의 확대라는 중소기업문제가 동시에 나타나고 있
는 것으로 보여진다. 대기업과 중소기업, 그리고 중기업과 소영
세기업 사이의 깊어지는 구조 격차의 완화·해소는 중소기업의
국민경제적 역할과 성장잠재력을 높이기 위해서도 시급한 정책
과제가 아닐 수 없다.

제4장

중소기업은
경제개발의 원동력이다

1. 중소기업은 경제자립의 기반이다

(1) 뿌리 깊은 나무는 바람에 흔들리지 않는다

이 문장이 〈용비어천가〉에 나오는 것은 널리 알려져 있지만, 여기서 인용하는 것은 바로 경제자립의 필요성을 상징적으로 표현하고 있기 때문이다. 뿌리가 깊고 튼튼하게 발달한 나무는 강풍이 불어도 쓰러지거나 크게 흔들리지 않고 든든하게 견디면서 성장한다.

이것은 국면경제의 경우에도 마찬가지이다. 오늘날은 개방화·국제화의 시대이다. 세계적인 무한경쟁 속에서 동요 없이 국민경제가 이익을 실현하면서 성장하려면 그 뿌리가 튼튼해야 한다. 국민경제의 생산력과 내수기반이 견고하여 경제자립의 바탕이 확립되어 있어야 한다는 것이다. 곧 국민경제의 뿌리인 중소영세기업이 발달되어 있어야 한다. 경제발전은 경제자립의 기초를 튼튼히 하는 것, 곧 중소영세기업의 육성으로부터 출발해야 한다.

우리는 중소영세기업이 국민경제의 뿌리임을 검토·확인하였다. 마셜은 〈숲의 이론〉에서 소기업은 산업의 뿌리이며, 경제활동의 원천으로서 중요한 구실을 한다는 점을 확인하였다. 당시 영국 산업의 대부분이 성장하는 소기업에 의존하고 있으며, 그들이 산업에 주는 힘과 탄력성은 전 국가에 걸쳐 있다고 지적하였다. 경제활동에 소기업이 활력을 주고 산업발전의 원동력이 된다는 마셜의 견해는 중소기업이 국민경제의 뿌리임을 설명하는 이론적 기초이다.

한국경제의 역사적 전개과정에서도 중소영세기업이 국민경제의 뿌리임을 알 수 있다. 일제 식민지 지배 아래에서 민족 구성원의 생존 토대인 민족경제의 생산력 기반이 된 것은 중소영세기업이었다. 해방 뒤 남북분단과 혼란기에 생산 공백을 메워주면서 기아선상에서 허덕이는 민생의 삶을 지탱해 준 것도 중소영세기업이었다. 또한 50년대 공업화의 기반이 된 것도, 60년대 이후 경제개발 과정에서 광범하고 무수하게 신생·도태·발전하면서 경제발전을 뒷받침하고 그 뿌리가 된 것도 중소영세기업이었다. 이러한 뿌리는 그 뒤 경제개발의 원동력이 되었다.

경제개발은 국민경제의 뿌리이면서 발전의 원동력인 중소영세기업의 육성에서부터 출발해야 했다. 일제 식민지 자본주의 아래에서 정착되고 해방 후 50년대의 종속적 자본주의 아래에서도 개선되지 못한 의존적 파행적 경제구조 속에서 경제개발 초기의 기본적 과제는 중소영세기업의 육성·발전으로 경제자립의 기초를 다지는 일이었다. 그러나 관료독점자본주의, 그리고 그 뒤에 이어지는 대기업 편향정책은 그런 당위적 과제를 실현하는 것이 아니었다. 경제발전은 경제자립의 기초요 국민경제의 뿌리를 튼튼히 하는 데서 출발해야 했지만, 해방 후 60년대 이후에 걸친 개발과정은 그에 따르지 못하였다. 오늘날에도 경제자립의 과제가 논의될 수밖에 없는 이유가 여기에 있다.

경제자립의 필요성은 오랜 역사적 배경을 가지고 있다. 선진 자본주의가 그들의 국민경제 영역을 넘어서 후진지역에 진출하고, 다른 한편에서는 후진경제의 개방이 요구되었다. 이에 맞서 자립적 국민경제를 수립하고 그것을 지탱하려는 정책의 기본 방향이 바로 경제자립의 기초를 다지는 일이었다. 왜냐하면 선진 서구 자본주의가 후진지역에 진출하면서 후진경제에는 제국경제

(帝國經濟)의 외압(外壓)으로 산업구조의 파행성이 형성되었고 그러면서 경제자립의 필요성이 강조되었기 때문이다.

그 뒤 그것이 더욱 절실한 과제로 된 것은 식민지의 지배세력에 대항하는 단계에서였다. 민족경제의 확립으로 민족 생존권과 식민지 민중의 경제생활의 기초가 되는 경제권을 만들면서 이를 지켜내는 과제와 같은 뜻으로 여겨지게 되었다. 곧 식민지의 종주국 외국자본이나 그에 동조하는 매판자본·예속자본에 대항하는 민족자본을 육성하는 길이 경제자립 확립의 방향이라고 생각하였다.

식민지 지배로부터 정치적 독립을 얻은 단계에서는 식민지 자본주의 아래에서 정착된 반(半)봉건적 예속적인 파행적 경제구조를 타파하고 이를 개선하는 것이 경제개발 초기의 과제이면서 경제자립의 길이었다. 한국경제의 경우 해방후 혼란기와 50년대의 종속적 자본주의와 원조경제에서 외형적으로는 공업화가 진전되었지만, 본래적 의미에서 경제자립의 확립이라는 과제를 경제개발의 기본 방향으로 추진하지는 못하였다. 이것은 해방 후 지역적 시장을 바탕으로 자생적으로 생성 전개된 중소영세기업보다 관료독점적 대기업을 우선한 정책 방향에서 알 수 있다.

그 결과 60년 이후 경제개발 단계에서 먼저 제기한 과제는 바로 경제자립의 실현이었고 그 기초가 되는 것이 중소영세기업의 육성 발전이었다. 그런데 그동안의 경제개발 과정은 국내분업 지향적이기보다는 대외분업 지향적이었다. 대외지향적 경제개발은 외국자본을 도입하고 수입원자재를 가공해서 수출하는 가공형 무역에 의존한 바가 컸다. 그 과정은 국내 중소기업 등이 생산한 원자재보다 손쉬운 선진국 부품과 원자재에 의존하였기 때문에 국내 기업이 아닌 외국기업과의 분업관계가 깊어졌다. 이 점은 일찍이 1976년 《경제백서》가 지적한 바 있다.

막대한 규모의 외자를 도입, 정부의 정책적 지원 아래 형성된 공업구조는 원자재와 시설재를 수입에 의존하는 가공수출체제와 결부되어 있고 공업부분이 서로 유기적 연관관계를 갖지 못하고 있다는 지적이다. 가공형 산업구조는 산업 사이뿐만 아니라 대기업과 중소기업 사이의 뚜렷한 발전 격차와 함께 대기업과 중소기업, 근대적 기업과 전근대적 기업 사이의 상호보완적 생산관계를 없앴다. 즉 대기업과 중소기업 사이의 발전 격차 문제뿐만 아니라 상호보완적 관련성의 결여라는 특징을 보인다는 것이 70년대 중반 한국경제에 대한 진단이었다.

그동안의 산업구조 고도화와 중화학공업화의 진전, 지식기반 산업의 발전, 중소영세기업의 진전 등으로 이러한 지적이 크게 완화되었을 수도 있다. 그렇다고 오늘날 경제자립의 필요성이라는 화두가 진부한 것일까? 오히려 국제화 시대의 무한경쟁 속에서 국민경제의 이익을 지키는 기본적 과제일 것이다. 세계화 속의 국가 간 경쟁은 국민경제의 이익을 지키는 국내의 생산력과 수요 기반을 더욱 요구하며, 그것이 바로 경제자립 능력을 실현시키는 길이다. 이것을 가능하게 하는 것은 중소영세기업의 육성 발달이다.

국민경제의 뿌리인 중소영세기업을 튼튼하게 육성하는 것은 경제자립에 다가가는 길이며, 국내 생산력 기반을 확고히 하여 국제적 무한경쟁 시대에 국민경제의 이익을 보장하는 방안이다. 또한 경제개발의 원동력을 강화하는 것이기도 하다.

이런 점에서 오늘날 세계경제 속에서 신자유주의 역풍에도 튼튼한 경제기반을 가진 것으로 평가되는 독일경제와 일본경제를 살펴보기로 한다. 이 두 국가는 뒤늦게 경제개발을 했던 후발선 진자본주의로서 중소영세기업을 발전의 발판으로 삼았고 또 그 기반이 튼튼하다는 점에서 공통점을 갖고 있다.

(2) 독일경제와 일본경제의 사례

1) 수공업의 전통이 강한 경제 : 독일

오늘날 독일경제의 경쟁력을 이해하는 데는 우선 경제사적 배경으로 중세의 공장길드(craft gild, Zunft)의 구성원과 거기서 이루어졌던 수공업적 기술의 연마와 숙련의 축적을 되새길 필요가 있다. 장인(匠人, master, 마이스터, Meister), 직인(職人, journeymen) 및 도제(徒弟, apprentice)의 세 계층으로 구성된 중세의 생산조직은 수공업자들이 예술적 긍지를 가질 만큼 도구의 개량보다 수공업적 경험과 숙련으로 우수한 제품(작품)을 제작하는 조직이었고 그 제품을 수공업자의 기량을 표시하는 지표로 삼았다.

도제는 8~10세 정도의 소년으로서 숙련된 수공업자인 장인 밑에서 일정한 기간(대륙에서는 3~8년, 영국에서는 7년) 기술을 습득하면 다음에 직인이 되었고 그 뒤 장인의 생산을 돕다가 일정한 조건을 갖추면 비로소 공장길드의 독립된 장인(수공업자)의 구성원이 될 수 있었다. 장인을 중심으로 결속되는 도제와 직인의 유기적 조직은 장인에게서 수공업적 기술을 전수받고 그것을 연마하는 생산조직이었다. 이것의 전통을 이어 받은 전통적 중소경영의 근대화 형태인 수공업(Handwerk)이 독일경제의 바탕에는 깔려 있다. 이러한 강한 수공업의 전통이 독일경제의 경쟁력과 생산력 기반이 되고 있다.

오늘날 독일의 수공업경영이 흔히 규모기준으로 말하는 수공업이나 19세기 말에 신역사학파가 몰락의 대상으로 하였던 소공업(소경영)은 아니다. 획일적인 대량생산 및 대량판매와 가격을 중시하는 대공업(공업경영, Industrie)에 대하여 주문에 따른 개별생산 및 소량생산과 융통성이 풍부한 서비스 등 품질을 중요시하는 소경영을 의미하는 것이다.

전후 독일경제의 발전과정에서 수공업 경영은 수축형, 집중형, 확산형 등 세 가지로 나뉘면서 수공업 생산의 집적·집중과 계층분화가 이루어졌다. 독일의 수공업경영은 수공업 장인을 정점으로 하는 장인제도에 바탕을 두고 발전하였지만 수공업의 발전과정에서 이 제도는 붕괴되었다. 기업가적 성격과 근로자적 성격의 두 가지 측면을 지녔던 수공업 경영은 한편에서는 자본주의적 발전을 하며 기업가적 수공업이 되었다. 다른 한편에서 정체 몰락한 수공업경영은 근로자적 성격, 즉 장인의 임금노동자화로 분해되었다.

이에 전통적 수공업의 숙련노동 중심의 생산양식에 기초를 두고 1953년에 성문화되었던 〈수공업경영조례〉도 현실에 맞추어 1965년에 개정되었다. 곧 다른 직종으로 경영을 확대하기 쉽게 하고 수공업경영에 경영 관리자 및 사무, 상업노동자의 도입이 쉽게 되었으며 수공업 유사경영의 규정에 따라 어느 직종에서는 장인자격을 갖지 않아도 영업을 할 수 있게 되었다.

장인제도적 전통의 독일 수공업경영은 1960년 이후 본래적 생산양식에서 벗어나 대공업경영의 생산양식의 한 구성요소로 편성 교체되어 본질적 변화를 보였다. 하청제도가 폭넓게 이루어지면서 수공업경영은 계층분화와 대기업과의 하청관계 심화로 이어졌다. 그러면서 수공업경영은 독립성을 상실하게 되었고 장인제도의 붕괴, 전통적 생산양식의 쇠퇴, 수공업적 숙련 중심의 해체라는 질적 변화를 보였다.

50년대 이후 고도성장기에 중소영세경영이 계층분화가 이루어졌고 다품종 부품생산과 조립 산업에서는 이들을 중심으로 하청지배 체제가 광범하게 형성되었다. 중소공업경영에 대해 상층육성, 하층도태의 차별정책이 중소기업정책으로 시행되면서 하청계열제도가 깊어졌고 이것이 이 시기 부활한 독점자본의 자본축적과 경쟁력의 기반이 되었다. 70년대 이후 하청지배체제는 질적 변화를 하였는데 개개의 경영을 대상으로 한 것에서 공업부문을 지배하는 형태로 광범한 재편성이 이루어졌다. 그러면서 대기업의 하청지배는 더욱 강화되었는데 이것이 국가독점자본주의 차원에서 진행되었다. 그러나 독일 중소기업은 그 경제적 자립성이 강하고 하청기업의 경우에도 독점전문 메이커가 많으며, 수공업경영에서도 일반 소비자에 크게 의존하여 대기업의 하청지배는 한정적이었다는 지적도 있다.

독일에서 하청제도가 광범하게 이루어졌지만 그것은 일본에서와 같은 피라미드형의 계층적 축적구조는 아니었다. 또한 모기업과 부품공급 기업이 사회적 분업을 하고 대금지불지연 등도 뚜렷이 볼 수 없다는 지적도 있다.

중소기업 정책도 자조(自助)의 원칙으로 사회적 시장경제(대기업 중심의 자유경쟁)의 틀 속에서 이루어졌다. 독점자본의 권력남용에 대한 경쟁자로서 중소기업의 중요성이 강조되었고, 정책은 어디까지나 직접 개입과 법제정보다는 자조의 원칙이었고 정책의 직접 조성(경쟁력 강화)은 최소화했다는 점에서 일본과 차이가 있다.

숙련과 기술을 바탕으로 하는 전통적인 수공업경영의 기반과 그것의 발전적 해체 위에 형성된 튼튼한 하청제도는 경쟁력을 지속하게 만들었다. 오늘날 독일경제의 경쟁력의 상징으로 들고 있는 것이 이른바 강소기업(hidden champion)이다. '히든 챔피언'은 대중에게 잘 알려져 있지는 않지만 각 분야에서 세계시장을 지배하는 우량 강소기업을 말한다.

이는 '작지만 강한 기업'을 지칭하는 것으로, 비록 규모는 작지만 틈새시장을 적절히 공략하고 파고들어 세계최강자 자리에 오른 수출형 중소기업들이다. 기술력이 앞서고 성장가능성이 큰 중소기업을 가리키는 말로도 쓰인다.

이 개념은 독일 경제학자 헤르만 지몬(Hermann Simon)이 1996년 그의 저서《히든 챔피언》에서 창안한 것이다. 독일의 중견·중소기업 2,000여 곳을 조사해 세계적인 경쟁력을 보유한 1,200여 업체를 일컬었다. 이들은 일반 소비자에게는 잘 알려져 있지 않지만, 연매출 40억 달러 이하로 세계 3위 이내 또는 한 대륙에서 1위의 시장점유율을 차지하는 특징이 있다고 하였다. 이러한 경쟁력이 있는 중소기업이 발달하고 또 그것이 독일경제의 안정과 발전을 뒷받침하는 것도 역사적으로 수공업적 전통 속에서 다져진 기술과 숙련이 아닐까 생각된다.

2) 중층적 축적구조의 경제 : 일본

독일과 마찬가지로 개량적 길을 따라 자본주의로 이행한 일본경제도 독점화 진전, 산업부문 사이의 불균형 발전과 경제적 모순의 심화, 국가자본주의적 정책의 강화 등 후발선진자본주의의 특성을 공통으로 갖게 되었다. 그 속에서 특히 독점자본의 축적 기반 강화와 대외적 진출을 위하여 다면적이고 적극적인 입법조치와 중소기업 정책을 전개한 것이 일본경제의 특징이다. 그 과정에서 일본경제의 자본축적과 생산력 기반은 다져졌고 국가경쟁력도 강화되었다. 이를 위하여 중층적 축적구조가 진전되었고 이는 중소영세기업을 바탕으로 하는 것이었다.

일본경제는 경공업 중심의 산업구조에서 급속히 중화학공업화를 추진하였다. 서구 여러 나라가 이미 제2차 대전 이전에 일정한 발전수준에 이른 공업부문(자동차, 산업용 기계 등)과 최신 공업부문(전기, 석유화학, 정밀기계 등)을 병행·발전시키려면 대규모 투자와 자본축적이 요구되었다. 그것이 진행되면서 이들 부문과 중소기업 사이에는 생산성 등 구조격차가 커졌고 지속적인 고도성장을 위해서는 그 격차를 시정할 필요가 대두되었다. 산업구조의 고도화를 추진하는 가운데 수출산업과 독과점 대기업의 하청업종을 중심으로 계층적 중층적 축적구조가 이루어졌다. 이것은 중소기업 분야에 대한 다면적 입법조치와 시책의 강구 등 독과점 대기업의 자본축적 기반을 강화하기 위한 국가자본주의적 정책의 뒷받침 속에서 진행되었다.

일본은 주요 선진경제 가운데 가장 광범위하고 적극적인 국가자본주의적 성향을 띠면서 자본축적의 기반이 마련되었다. 독점자본의 지배와 자본축적을 보완하기 위한 중소기업의 도산과 신설(scrap and build)이 반복되었다. 개방체제로 이행하면서 산업구조 고도화와 국제경쟁력 강화를 위한 구조개선 과정에서 일부 중소기업은 도태했지만, 이를 웃도는 소영세기업이 신설 창업되었다. 그리고 독과점 대기업을 정점으로 하는 피라미드형 계층적 축적기구가 중기업과 소영세기업에까지 만들어졌고, 이것이 일본경제의 안정적 성장과 경쟁력의 바탕이었으며 자본축적의 특수성이기도 하다.

1868년 명치유신(明治維新) 이후 위로부터 근대화를 위한 이른바 식산흥업(殖産興業) 정책을 추진하면서 싹트기 시작한 일본의 중소기업 문제인식의 뿌리는 오랜 역사를 갖고 있다. 더욱이 산업계에서 대기업의 우월적 지배가 전면적으로 확립되면서 중소기업 문제가 본격적으로 논의되었고, 그 시기는 대체로 1920년대 후반으로 보고 있다. 중소기업 문제는 자본주의 발전 과정에서 중소기업을 둘러싼 모순이 그 근원이 된다. 이것은 대기업과 중소기업의 자본축적 과정에서 상호관계를 반영하는 것이기도 하다.

일찍이 일본에서는 1870년대 이후 산업자본 확립기에 재래산업문제(在來産業問題)가, 1900년을 전후하여 경공업 중심의 대기업시대에 소공업문제(小工業問題)가, 그리고 1910년대와 1920년대에 걸친 중공업 확립기의 독점자본 형성기에 중소공업문제(中小企業問題)가 제기된 바 있다. 그러나 이 시기에도 중소기업 문제의 본질에는 이르지 못하였고 양적 수준의 문제의식에 그쳤다.

그 뒤 1920년대 후반(1926년 이후)무렵 공황을 거치면서 독점자본이 중소기업을 직접 지배하는 체제에 들어가게 되자 중소기업 문제가 본격적으로 주목받기 시작했다. 그것은 독점자본 단계에서 중소기업에 대한 독점의 지배제도인 하청제도(subcontracting system)가 본격화한 것을 의미한다. 이것은 독점자본 축적기반을 구축하기 위한 계층적 축적구조 형성의 시발이었다. 그 초기에는 간접적 지배구조였으나 1930년대 초 이후 하청제도가 본격화하면서 직접적인 자본축적 기구가 성립되고 독점자본이 확립 발전하면서 더욱 본격적으로 전개되었다.

2차 대전 후 일본경제는 한편으로 산업구조의 재편성과 고도화를 이루면서 다른 한편에서는 고도성장을 해야 하는 두 가지 과제를 동시에 추구하였다. 이는 국가자본주의적 정책, 즉 위로부터의 정책으로 일본경제 특유의 계층적 중층적 축적기반을 통하여 실현되었다. 독점자본의 축적기반을 정비 보완하는 계획이 지속되는 가운데 계층적 축적구조 속에서 독점적 대기업과 중소영세기업 사이에는 다른 선진경제보다 더 심한 지배종속과 광범한 상호의존 관계가 만들어졌다.

계층적 축적구조 속에서 하청제도는 1차 하청에 그치지 않고 재하청(再下請), 재재하청(再再下請)으로 이어졌다. 2차 하청 이하에서는 중소기업은 말할 것도 없고 생업적 영세경영과 가내노동까지 하청제도에 편입되었다. 이때 경제적 모순은 하층 하청기업에 더욱 많이 떠넘겨졌고 이 과정에서 이루어진 자본축적이 일본경제의 발전과 경쟁력의 바탕이 되었으며 국민경제 발전의 힘으로 작용하였는데, 이것은 일본경제의 특수성이기도 하다.

이러한 계층적·중층적 축적구조는 그 기반이 되는 중소기업에 대한 전면적인 입법조치를 통합하여 적극적인 정책개입과 지원정책이 뒷받침하였다. 계층적 축적기구의 저변인 중소영세기업이 전근대적이며 낙후된 부문으로 남아있는 한 근대적이며 선진화된 대기업과의 상호보완 관계가 순조롭게 이루어질 수 없기 때문이다. 중소기업 정책은 대기업과 중소기업의 구조 격차를 완화 해소하려는 근대화정책으로서 추구되었다. 그러나 다른 한편에서는 그 과정에서 중소영세기업의 도산에서 방출되는 노동력은 산업예비군으로서 계층적 축적기구와 대기업의 자본축적을 위한 저임금 노동력의 마르지 않는 저수지 기능을 하였다. 결국 일본경제 발전과 경쟁력의 바탕은 중소영세기업이었던 것이다.

(3) 개발도상국에서 경제자립의 과제와 중소기업

개발도상국에서 경제자립의 과제가 심각했던 것은 그들이 제2차 대전 이전에 선진국으로부터 식민지 지배를 받았기 때문이었다. 식민지 지배는 전근대적인 생산기반과 예속적인 종주국과의 관계 등 식민지적 경제구조를 정착시켰고 이것은 한국경제의 경우에도 마찬가지였다. 정치적으로 독립을 얻은 이후 경제개발을 추진하면서 가장 우선적이고 기본적인 과제는 식민지적 경제구조를 청산하는 것이었다. 그 가운데에서도 경제자립의 기틀을 마련하는 것은 경제개발 초기의 과제였다.

식민지에서는 자본주의가 전개되었지만 그것은 어디까지나 식민지 자본주의였으며, 자본주의 발전의 계기가 외생적인 것이었고 이식형(移植型)적 유형이었다. 그 결과 자본주의 전개는 내재적으로 생산력이 발전하는 자연적 질서의 과정이 아니었다. 때문에 자본주의 경제제도가 낡은 사회에 이식, 접합되는 것이었다. 따라서 한 나라 국민경제를 구성하는 여러 경제제도 사이에 상호 관련관계가 이루어지지 못하고 그에 따라 필연적으로 경제의 이중구조가 형성하게 되었다.

이러한 식민지자본주의에서는 전근대적인 봉건적 유제(遺制)가 청산될 수 없었고 그런 가운데 식민지 지배가 확대 심화되었는데, 그 결과 식민지 경제구조가 정착되었다.

전후 경제개발을 시작한 개발도상국들이 맞이한 것은 식민지 경제구조였다. 식민지 경제구조를 청산·극복하는 것은 경제개발을 시작한 개발도상국에 주어진 초기적 과제였고, 경제자립의 확립이라는 목표는 그 과제를 실현하는 중요한 방향이었다. 곧 반봉건성(전근대성)과 종속성을 갖고 있는 경제를 극복하는 길은 경제자립 내지 자립경제를 수립하고 근대적인 생산력 기반을 마련하는 것이었다.

여기서 말하는 경제자립 또는 자립경제는 봉쇄경제가 아니라 상대적 자금체계를 의미하며 따라서 대외적 분업을 거부하는 것도 아니다. 국민경제 안에 광범위한 생산력과 수요 기반이 확충되고 그것을 바탕으로 대외적 분업관계가 이루어질 때, 곧 대내적 분업체계가 주된 생산력 기반이 되고 대외적인 것은 이것을 보완하는 부차적인 것에 그칠 때 경제자립은 실현된다. 산업구조가 전자를 주된 기반으로 형성된다는 것, 즉 시장 및 원자재(소재) 관련이라는 분업체계가 국내 생산력 기반을 주축으로 하여 이루어지는 것을 말한다. 한마디로 높은 대내분업과 상대적으로 낮은 대외분업의 추구가 경제자립 추구의 구체적 방향이다.

경제자립의 실현은 균형 있는 국민경제의 구축을 그 선결요건으로 한다. 이때 균형화는 양적 기준에서 경제 부문 사이의 균형뿐만 아니라 질적 의미에서 균형을 포함한다. 양적으로 균형을 이룬 경제의 여러 부문이 서로 유기적 관련과 깊은 분업체계를 가지면서 질적 균형을 달성할 때 경제의 균형화와 자립화는 이루어진다. 이러한 경제에서 생산력 기반과 분업체계는 중소기업의 건전한 발전을 통하여 형성될 수 있기 때문에 중소영세기업은 경제자립의 바탕이 된다.

그렇게 되면 대외적으로 자본주의의 범세계화 과정, 다시 말하면 개방화와 국제분업주의가 실현되어도 선후진국 사이에 경제잉여를 둘러싼 이해의 대립 속에서 경제잉여의 불평등한 누출을 막을 수 있다. 또한 대내적으로는 전근대적이고 경제외적 규제에서 생산력을 해방하여 근대적인 생산력을 발전시킬 수 있다. 국내에서 부(富)의 축적기반을 확립하여 자생적 확대재생산을 지속적으로 전개할 수 있고 대내적으로 상호관련적 분업체계는 균형 있는 성장과 통일화된 재생산구조를 이룰 수 있다. 이런 경제자립의 추구는 중소영세기업이 바탕이 된다.

국민경제의 골격을 이루는 산업구조는 자본이 그 안에서 운동하는 틀이다. 분업체계는 산업구조 안에서 자본·소득·제품과 원자재 등이 순환하는 통로이다. 산업구조 안에는 외국자본과 민족자본, 대자본과 중소자본, 독점자본과 비독점자본, 산업자본과 상업자본 등 여러 가지 자본이 있으며, 이들 자본이 서로 대립·협력하면서 운동하고 있다. 대자본이 중소자본보다 높은 비중을 차지하면 산업구조는 대기업 편향적이 된다. 그리고 분업체계가 국내 생산력 기반보다 대외적으로 치우쳐 있으면 산업구조는 그 자립성이 낮아진다.

오늘날 자본의 범세계화 과정에서 자본은 국민경제의 영역을 넘어서 국경 없이 자유롭게 움직이고 있다. 개방화·국제화 속에서 움직이는 자본의 범세계화의 이유는 무엇일까? 그것은 그 자본이 속한 국민경제의 이익을 추구하기 때문이다. 외국자본은 자기나라의 이익을 추구하고 민족자본은 우리 경제의 이익을 대변한다는 점에서 오늘날에도 자본에는 국적이 있다고 보아야 할 것이다.

그런 점에서 외국자본과 맞서서 국민경제의 이익을 지킬 수 있는 민족자본의 육성이 필요하다. 민족자본은 국내에 주된 생산력 기반을 갖고 시장 및 원자재 관련 등 분업체계가 국내적인 것을 주로 하는 자본이다. 이런 점에서 중소영세기업은 민족자본의 성향을 갖고 국민경제의 이익을 더욱 대변한다. 또 국내적 분업체계의 기반이기 때문에 그것의 육성·발전은 산업구조 안에서 분업관련을 잘 발달시켜 산업의 구조적 단층 없이 연관성이 깊고 균형 있는 산업구조가 되게 한다. 또 분업체계의 발달은 자본배분과 소득의 분배를 원활히 하기 때문에 경제적 양극화 문제도 완화시킬 수 있다. 경제자립의 과제는 중소영세기업의 육성·발전으로 실현될 수 있고 그 결과 소득과 자원배분의 단층을 해소시킬 수 있다. 이것이 경제자립의 과제를 주장하는 큰 이유이기도 하다.

2. 경제개발과 중소기업 근대화 : 이중구조의 해소

(I) 이중구조의 성격과 공업화

우리 경제가 1960년대 이후 본격적으로 시작하는 경제개발 단계는 크게 보아 농업 중심사회에서 공업화 사회로 이행하는 산업구조 고도화의 초기단계, 곧 근대화단계라고 볼 수 있다. 이 단계에서 중소기업 정책의 초점은 바로 중소기업 근대화였다. 국민경제에서 큰 비중을 차지하고 있는 전근대적 중소기업을 개발하여 근대부문으로 전환함으로써 경제개발과 고도성장에 기여하는 것이었다.

이것은 대기업과 중소기업 사이의 발전 격차인 이중구조 해소 문제였고, 중소기업 근대화 정책의 큰 흐름이었다. 대기업을 근대부문으로 보고 중소기업을 전근대부문으로 보는 이중구조 해소정책은 공업화 단계에서 우리 경제의 중소기업 정책의 기본이었다. 그런데 오늘날 지식정보 집약적 사회에 중소기업이 선도적 역할을 하고 있지만, 다른 한편에서는 대기업과 중소기업 사이의 격차가 해소되지 않고 있다. 일부 중소기업이 경제의 후진부문으로 남아 있기에 이중구조 해소의 정책인식은 부차적이지만 아직도 지속되고 있다고 볼 수 있다.

공업화 단계 초기부터 오늘날까지도 중소기업 정책인식에서 중요한 흐름인 이중구조 해소 문제를 깊이 논의해 볼 이유가 여기에 있다. 이중구조란 무엇이며 어떻게 형성되는가?

경제발전과 관련하여 제시되고 있는 이중구조(二重構造)는 산업 사이에 발전의 불균형에 따라 한 국민경제 안에 선진 부문 또는 근대부문(자본주의적 부문)과 저개발 부문(후진 부문, 전근대적 부문, 생존 부문)이 단층적으로 병존하고 있는 구조를 말한다. 원래 이중구조란 말은 주로 인도네시아, 일본 등의 비서구 여러 나라의 사회가 서구제국과는 달리 전근대적 부문과 전통적 부문이라는 두 개의 이질적 부문으로 구성되어 있는 것을 나타내기 위해서 사용되었던 말이다. 이들 두 부문은 도시와 농촌, 서구적 산업과 전통적 산업, 대기업과 중소기업 등을 일컫기도 하는데, 양자가 기술, 사회관습, 제도 차이 때문에 자본노동비율, 노동생산성, 노동의 한계생산력, 임금, 소득 등에 현저한 격차를 보인다는 것이다.

이중구조 경제(dual economy)는 농업과 공업 사이에서 형성될 수 있고 농업부문, 공업부문 내부에서도 이루어질 수 있다. 흔히 농업부문은 후진부문(전통 · 생존부문)이라고 하고 공업부문을 근대부문이라고 한다. 그러나 농업부문도 그 안에 상대적으로 근대부문을 포함할 수 있는 한편, 공업부문도 후진부문의 특성을 갖는 많은 경제활동을 포함할 수 있다. 전자의 예로 아시아의 재식농장(plantation)과 아프리카의 일부에 정착한 유럽인 지역의 농업을 들 수 있다. 후자의 예로는 일본의 중소기업(small scale industry)을 들 수 있다. 따라서 이중구조 경제는 농업과 공업 사이, 나아가 공업부문 안에서 대기업과 중소기업 사이의 부조화와 괴리 및 그 불균형적 발전의 특성을 포함한다고 보아야 한다.

이런 이중구조는 흔히 후진자본주의 개발과정에서는 위로부터 특권적으로 창설된 대공업의 급속한 축적을 바탕으로 자본을 축적하는 특수성 속에서 이루어진다.

자본시장에서 대기업에 자본집중과 융자집중이 이중구조 형성의 주요 원인이라고 보기도 한다. 국가가 대기업 육성 방침에 따라 대기업에 보조금 및 재정자금을 우선적으로 융자 및 출자하는 경우, 그리고 은행자본이 대기업에 집중되어 재벌 및 그 계열 중심의 융자 및 출자기구를 형성하고 외자도입이 대기업에 편중되는 경우에 자본집중 기능이 촉진된다. 한편 중소기업은 과소자본 상태와 저렴한 과잉노동력의 기반 아래서 노동집약적 기술을 채용함으로써 대기업과 생산성 격차를 발생하지 않을 수 없게 된다는 것이다.

대기업에 대한 이러한 자본(융자)집중은 흔히 '뒤늦게 경제개발을 시작한 나라'가 대기업 중심의 급속한 경제개발을 이루려는 역사적 배경에서 일어난다. 이중구조는 뒤늦게 경제개발을 시작한 국가의 자본주의 전개 과정에서 형성된 구조적 모순이며 국민경제적 모순이라는 지적이다. 그 형성 과정에서 자본(융자)집중의 역사적 배경 및 그 분석의 역사적 관점을 강조하는 것은 이중구조의 특수성을 인식한 결과였다.

경제발전은 흔히 공업화를 의미한다. 단계적으로는 농업에서 공업중심으로 경제구조가 바뀌는 과정과 공업부문 가운데서도 산업구조가 경공업에서 중화학공업으로, 오늘날에는 지식·정보 집약적으로 고도화하는 과정을 포함한다. 곧 공업화를 통한 경제발전은 경제의 중심이 농업 부문에서 공업부문으로 바뀌는 과정을 의미하기도 하지만, 나아가 농업이나 공업 부문 안의 후진적 요인을 근대적 선진적으로 발전시키는 과정까지를 포함하고 있다. 또한 국민경제가 개방화를 통해 공업화하는 과정에서 형성되는 산업 사이의 단층과 연관성 결여 극복문제도 경제발전의 중요한 과제이다.

이중구조 해소를 경제발전의 과제로 삼고 그것을 이론적으로 체계화한 사람은 루이스(W. A. Lewis)였다. 그는 농업 부문과 공업 부문 사이의 이중구조 해소를 경제 발전의 일차적 과제로 삼았다. 또한 개발도상경제는 농업 부문(전통 부문, 생존 부문, 전근대화 부문)과 공업 부문(근대 부문, 자본가 부문)의 두 부문으로 이루어져 있다고 보았다. 이들 경제에서 경제개발은 국민경제를 전자 중심에서 후자 중심으로 개편 발전시키는 것을 그 과제로 하였다. 루이스는 저개발국의 농업 부문에는 생존수준의 임금으로 무제한하게 공급될 수 있는 잠재실업(disguised unemployment)이 존재한다는 것을 가정하고 있다. 낮은 임금의 이들 노동을 농업 부문에서 공업 부문으로 흡수 공급함으로써 공업 부문의 자본축적과 성장을 이루고 농업 부문의 자본제화도 이룰 수 있다고 보았다. 곧 전근대 부문인 농업 부문의 저임금 노동을 공업 부문에서 활용하여 경제 발전을 추구하는 것이다.

한편 공업 부문 안의 이중구조, 곧 대기업 부문을 근대 부문으로, 중소기업 부문을 전근대 부문으로 보고 이들 두 부문 사이에 단층과 발전의 격차가 있다고 본다. 공업 부문 안에서 후진적 요인의 해소, 곧 중소기업의 근대화로 대기업과 중소기업의 이중구조를 해소하는 것을 경제 발전과 고도성장의 과제로 보고 있다.

(2) 경제발전과 이중구조의 해소

중소기업 문제를 경제발전과 관련시켜 이중구조의 해소를 그 과제로 한 것은 1950년대 후반 일본에서였다. 1957년도에 간행된 소화(昭和) 32년도 일본의 《경제백서》(經濟白書)는 대기업과 중소기업 사이의 이중구조 해소를 경제발전의 관점에서 이해하는 계기를 마련하였다. 일본경제의 이중구조문제가 제기되면서 본격화한 이중구조 해소문제 논의는 그 뒤 '구조정책으로서 중소기업정책'과 중소기업 문제의 구조론적 인식의 기초를 제공하였다.

그리고 이는 중소기업 근대화론과 근대화정책으로 이어졌고, 우리나라 중소기업 문제와 정책 인식에도 크게 영향을 주었다. 이중구조 해소, 곧 높은 비중을 차지하면서도 전근대적 상태로 남아 있는 중소영세기업을 개발하여 근대화하는 것은, 더욱이 경제개발 초기 국면에서는 국민경제의 생산력 기반을 확충하고 가용자원을 활용하여 경제발전의 원동력을 마련하는 중요한 정책 과제였다.

이중구조론을 바탕으로 하는 중소기업 문제에 대한 구조론적
인식은 앞에서 언급한 일본 자본주의 전개의 특수성 속에서 이루
어진 것이었기 때문에 미국이나 영국 등 서구 여러 나라와는 다
른 양상이었다. 1930년대 초 이후 독점자본과 중소기업 사이의
상호협력과 지배종속관계인 하청제도가 본격화하였다. 제2차 대
전 이후에 일본 독점자본주의의 재편성과 고도성장 과정에서 중
소기업문제가 구조적 문제로 인식되었다. 독점자본의 축적기반
을 마련하려는 계층적 축적구조 속에서 형성된 중소기업 문제의
특수성이 이중구조로 파악된 것이다.

일본에서 이중구조는 구체적으로는 고도성장 과정에서 형성된
격차문제(隔差問題)였다. 《경제백서》가 격차문제를 구체적으로
지적한 것이 발단이 되었고 그 이후 본격적으로 문제가 되면서
이론적으로 이중구조 분석으로 이어졌다. 정책으로는 격차의 해
소가 경제발전과 관련하여 구조정책으로서 중소기업정책, 곧 중
소기업문제에 대한 적극적인 구조론적 정책 인식의 계기를 만들
었다.

《경제백서》가 경제의 이중구조 가운데 먼저 지적한 것은 고용
구조의 후진적 특수성이었다. 가족노동의 비중이 크며 농업과 중
소영세기업의 취업인구가 차지하는 비중도 매우 높고, 기업 규모
별 임금격차가 매우 큰 것은 일본 특유의 현상이다. 이처럼 일본
경제는 고용구조에서 '한 나라 안에 선진국과 후진국이라는 이중
구조가 존재하는 것'과 같다고 보았다.

한편에서는 근대적 대기업이, 다른 한편에서는 전근대적 노사
관계를 바탕으로 하는 소기업 및 가내경영을 하는 영세기업과 농
업이 양극에 대립하고 중간의 비중이 아주 낮다. 그 결과 극히

생산성이 낮고 노동집약적인 생산방법을 갖는 전근대적 부문이 근대적 부문과 공존한다고 보았다.

그 밖에 노동시장의 이중구조적 봉쇄성, 무역구조에서 이중구조 등이 경제의 이중구조로 지적되었다. 이와 같은 경제의 불균형적 발전과 이중구조는 소득수준의 격차를 크게 하고 나아가 사회적 긴장을 크게 만든다고 보았다. 이중구조에 대한 이러한 파악은 뒤에 그 이론적 논의에 중요한 계기를 마련하였다.

《경제백서》가 일본경제의 성장과정에서 이중구조의 역할과 관련하여 파악한 이중구조 현상은 다음과 같다.

첫째, 규모별 임금격차인데 이것은 주로 생산성 격차에 의존한다.

둘째, 취업구조에서 소규모 기업에 집중인데 이것은 전근대적 취업 형태(농업을 포함한 자영업과 가족종업원)의 비중이 높기 때문이다.

셋째, 방대한 잠재실업의 존재인데 이는 일반적 수준보다 낮은 임금으로 취업해 있는 노동자군, 곧 완전실업자가 아닌 잠재실업자(위장실업 또는 과잉취업)가 대량으로 존재하기 때문이다. 이러한 과잉인구와 잠재실업은 소규모 공장의 임금수준을 압박하여 생산성이 낮은 노동집약적 생산방법을 채택하게 하고 저임금 노동의 바탕이 된다.

넷째, 과점과 자본집중인데 이중구조가 노동력만의 현상이 아니라 고도의 자본집중과 관련되기 때문이다. 자본·융자집중은 규모별 생산성 격차의 확대를 촉진하며 대기업에 따른 수직적·수평적 계열화로 과점적 집중을 강화시켰다.

이 가운데 이중구조 형성의 중요한 요인으로 저임금 노동력의 존재를 지적한 것은 큰 의미가 있다. 루이스도 농업과 공업의 이중구조를 파악하면서 자본축적과 근대화의 계기를 잠재실업에서 찾았다. 생존 수준의 낮은 임금으로 무제한하게 공업 부문에 공급할 수 있는 농업 부문의 노동력을 근대 부문 발전의 원동력으로 보았다. 다시 말하면 이중구조의 해소는 전근대 부문인 중소영세기업이 경제발전의 원동력이 될 수 있음을 시사한 것이다.

일본경제의 이중구조가 비록 그것이 일본 자본주의 전개의 특수성 때문이기는 하지만 근대화 부문(독점적 대기업)이 전근대 부문(농업 및 중소영세기업)을 자본축적의 기반으로 활용할 때 그 원천이 저임금 노동력에 있다는 점에서 루이스적 인식과 상통한다고 볼 수 있다. 또 중소영세기업 부문의 근대화로 말미암은 높은 생산력 효과는 근대부문과 상호의존관계를 맺을 때 근대부문의 발전 기반을 강화시켜 경제발전의 원동력이 될 수 있다.

(3) 이중구조의 해소와 중소기업의 근대화

이중구조 문제를 지적한 일본의 《경제백서》는 일본경제의 최종 목표를 완전고용에 두었고, 그것은 단순히 완전실업자의 수를 감소시키는 것만이 아니라 경제의 근대화와 성장을 꾀하면서 이중구조를 해소하는 것이었다. 지속적이고 빠른 속도로 늘어나는 노동인구를 흡수하기 위해서는 상당한 경제성장이 필요했고 그런 가운데 이중구조를 해소하는 방안이 강구되어야 했다. 경제의 양적 증가와 질적 개선을 동시에 이룰 수 있는 방안이 요구되었지만 그에 대한 해답이 쉬운 것은 아니었다.

그들은 우선 늘어나는 노동인구를 흡수할 수 있는 경제성장의 속도를 실현하면서 이중구조를 해소하는 길을 택하였다. 이중구조라는 구조적 질적 문제를 양적인 경제 규모의 확대로 해결하려는 처방을 강구하였다. 결국 완전고용정책을 추구하면서 이중구조를 해소하는 데 중요한 과제는, 높은 경제성장률을 장기간 지속하면서 일정한 번영을 누리는 것이며, 이것이야말로 일본의 고용문제(고용의 이중구조)를 선진국과 공동의 기반 위에 올려놓는 것이라고 보았다. 그런데 경제의 어느 부문을 성장·발전시켜 높은 성장률과 고용흡수를 이룰 것인가에 대하여는 두 가지 방향을 제시하였다.

첫째, 대기업을 정점으로 하여 근대 부문의 급속한 성장을 꾀하고 그것을 기관차로 하여 전근대 부문을 이끌어가는 방법이다.

둘째, 전근대 부문 자체를 근대화하여 생산성을 높이는 방법이다.

그런데 일본의 경우처럼 농업과 중소기업의 비중이 높은 나라에서는 첫 번째 방법만으로는 오히려 이중구조의 격차를 크게 할 뿐만 아니라 고용흡수도 충분히 이룰 수 없다고 보았다. 더욱이 이중구조의 하층을 이루는 농업에서 소영세기업으로 노동인구가 옮겨감으로써 상층과 하층의 비중이 변하지 않는 것이 당시 일본 경제구조의 특성이었다. 이런 경제구조에서는 경제성장정책을 추진하되 '전근대 부문에 대한 특별한 고려'를 함으로써 이중구조를 해소할 수 있다고 보았다.

이와 같은 주장은 일본의 〈국민소득배증계획〉(1960)과 〈중소기업기본법〉(1963)에서 구체적 정책의 기본 방향으로 실현되었다. 이것이 '구조정책으로서 중소기업정책', '이중구조 해소 방안으로서 중소기업 근대화정책'의 원천을 이루었다. 이렇게 볼 때 중소기업정책은 완전고용을 이루기 위한 고도성장정책의 보완정책으로서 의미를 지닌 것이었다.

전근대 부문에 대한 특별한 고려를 강구하는 구조적 중소기업

정책으로《경제백서》가 제시한 것, 즉 두 번째 기본 방향의 구체적 내용이 중규모 경영의 근대화였는데 그 이유는 다음과 같다.

첫째, 수출에서의 역할이다. 중소기업 제품은 수출원재료의 대외의존도가 낮고 외화가득률이 높다. 또한 중소기업 제품 수출은 선진국을 향하는 부문이 많고 외화가득에 중요한 역할을 한다.

둘째, 대기업과 높은 상호 보완관계를 갖는다. 하청의존도를 높여 하청부품공업을 육성 강화하는 것은 대기업 자체의 발전과 근대화를 추진하는 것이 된다.

셋째, 중소기업은 자본 효율이 높다. 대기업에 견주어 중소기업은 생산성, 임금수준, 이윤율 등 여러 측면에서 열악하지만 자본생산성과 자본회전율은 대기업보다 높다.

넷째, 고용흡수력이 높다. 중소기업은 단위당 투자에 대한 고용흡수력이 대기업보다 높아서 취업인구의 반 이상을 흡수한다. 이에 견주어 대기업은 생산성이 높은 근대 설비를 설치하기 때문에 고용흡수력이 중소기업보다 높지 않다.

(4) 이중구조의 역할과 정책인식

《경제백서》에서는 중소기업부문(전근대 부문)을 특별히 배려하는 구조정책으로 중소기업을 근대화하여 이중구조를 해소하는 것이 고도성장의 길이라고 보고, 이것이 정책적으로는 고도성장정책─이중구조 해소정책─중소기업 근대화정책이라는 정책 체계를 이루었다. 이러한 정책 인식은 일본경제의 이중구조가 근대적인 부문과 전근대적인 부문이 공존하고 있다는 평면적이고 피상적 파악에 바탕을 둔 것이었다. 그러나 일본경제 이중구조의 특수성은 근대적인 부문(대기업, 독점자본)이 전근대적인 부문

(중소영세기업과 농업)을 바탕으로 이를 지배·수취하면서 형성되고 있다는 일본 특유의 자본축적 법칙 등 구조적 특징이 그 기초가 되고 있음을 인식할 필요가 있다. 이런 점에서 이중구조의 역할과 정책 인식의 당위성을 살펴볼 필요가 있다.

경제성장과 순환 과정에서 이중구조의 역할은 다음과 같이 설명할 수 있다.

첫째, 과점과 자본집중은 생산성과 임금 격차를 이루는 요인이지만, 결과적으로 대기업과 중소기업의 상호 의존적 하청관계를 바탕으로 하기 때문에 근대적 영역과 전근대적 영역으로 이루어지는 이중구조는 일체성을 가진다.

둘째, 대기업은 자본집중으로 생산성 증대를 지향하는 것과 달리, 중소영세기업은 고용흡수적 특징을 지니고 있어서 대기업 중심의 고도성장 과정에서 일어날 수 있는 상대적 과잉인구 현상인 잠재적 실업문제를 완화시켜 준다. 곧 사회적 긴장의 완화 가능성을 이중구조의 저변이 담당한다.

셋째, 대기업 중심의 성장 과정에서 끊임없이 재생산의 기초, 곧 상대적 과잉인구를 창출하여 저임금 노동력을 공급하고 중소기업 존립의 기초를 제공한다. 이것이 또한 대기업 성장의 바탕이 된다는 의미에서 이중구조적 구조관을 형성시키면서 성장과정에서 이중구조의 역할을 설명하기도 한다.

넷째, 흔히 정치경제학의 시각에서 논의되었던 일중구조론(一重構造論)에서는 근대적 부문은 처음부터 전근대적 영역을 기반으로 존립하고 그 발전 과정은 끊임없이 전근대적 영역을 재생산하는 가운데, 양자는 상호 의존적인 밀접한 관계를 지닌 표리일체의 일중구조이며 유기체를 이룬다고 보았다. 그 가운데

두 부문의 대립이 심화되지만 그것이 일본경제 성장의 메커니즘
이 되었다.

다섯째, 정치경제학에서 이중구조를 독점자본을 정점으로 이
것이 주도권을 행사하는 국민경제의 피라미드형 계층구조라고
규정한 것은 자본축적 측면에서 이중구조의 역할을 지적한 것이
다. 대기업을 정점으로 하는 계층 구성에서 중소자본과 영세경영
을 위에서부터 아래로 지배·수탈하는 잉여가치 수취구조가 이
중구조이며, 이는 자본운동법칙에서 이중구조가 잉여가치를 수
취 축적하는 기구 노릇을 하는 것으로 보는 것이다.

이때 이중구조의 밑바탕인 중소영세기업은 저생산성, 저임금,
경영난과 열악한 노동조건 등 자본주의 전개 과정에서 형성된 국
민경제적 모순의 문제를 지니고 있다. 그렇지만 이중구조 안에
있는 중소기업은 국민경제의 성장 순환 과정에서 중요한 요인이
며 큰 구실을 하고 있다. 여기에 국민경제의 구조적 모순인 이중
구조라는 중소기업문제에 대한 정책 인식의 당위성이 있는데 이
를 구체적으로 살펴보면 다음과 같다.

첫째, 이중구조에서 소득 격차와 임금 격차의 확대는 사회적
긴장을 심화시키는 문제점이 있다. 그런데 이 격차문제의 근거가
바로 전근대적 영역의 질적 후진성에 있다고 보기 때문에 이 부
문에 대한 특별한 고려와 적극적인 정책이 필요하다. 이는 중소
기업 근대화정책으로 이어졌다.

둘째, 이중구조를 이루는 대기업과 중소기업은 대립적이면서
도 상호 보완관계적 일체성을 지니고 있는데, 대기업에서 기술혁
신의 진행과 국민경제의 고도성장 과정에 중소기업의 기술이 적
응하지 못한다고 이해할 수 있다. 그 결과 경제성장이 제약받고

있으므로 이를 극복하기 위해서는 전근대 부문인 중소영세기업에 대한 적극적인 정책이 필요하다고 보는 것이다.

셋째, 그러나 국민경제적 모순의 대상인 중소영세기업을 도산시켜서 이중구조를 단기간에 해소하는 것은 오히려 경제의 성장과 발전을 어렵게 하고 경제적 혼란과 사회적 불안을 일으킬 수 있다. 따라서 점진적인 도산과 신설 과정이 필요하다.

넷째, 지나치게 대기업 중심의 성장을 촉진하면 이중구조는 오히려 강화되고 중소기업문제는 더욱 심각해지는 모순이 발생한다. 따라서 대기업 중심의 경제성장의 기반이 되는 중소영세기업을 보완적으로 병행 발전시키는 것이 필요하다는 것이 정책 인식의 기본이다.

결국 중소영세기업은 비합리적이지만 그것이 경제성장 발전에서 이바지하는 역할이 크다고 하는 두 견해가 서로 결합해 있는 것이 이중구조의 역할과 그에 대한 정책인식이다. 거기에서는 중소영세기업이 경제개발에서 중요하고 불가결한 요인이라고 보고 있다.

(5) 한국 이중구조의 특수성과 중소기업문제

한국경제는 일본경제와 다른 자본주의 전개 과정을 겪었기 때문에, 그 이중구조도 특수성을 지닐 수밖에 없다. 일제의 식민지 지배 아래에서 종주국인 일본의 식민지 자본이 민족의 중소기업 및 토착 수공업을 구축 도산시키는 과정에서 일본인 자본(기업)과 민족자본인 조선인 자본(기업) 사이에는 서로 경쟁 대립적 이중구조를 이루었다. 그리고 해방 뒤에는 귀속재산 불하, 원조물자의 특혜적 배분과 재정금융의 편중적 지원을 받으면서 성장한 관료독점자본의 성격을 지닌 독점적 대기업이 자생적 중소기업 분야를 침식하면서 양자 사이에 경쟁관계와 단층이 만들어졌다. 이러한 특수성은 그 뒤 한국경제에서 이중구조의 성격을 규정하는 근원이 되었다.

일본에서 중소기업 근대화정책의 대상이었던 이중구조문제는 고도성장 과정에서 나온 격차문제였다. 그 성격은 정체 상태에 있는 후진경제의 이중구조가 아니라 근대화과정에 진입하여 고도성장을 추구하는 경제구조의 특성을 반영하는 연속적·경사(傾斜)적 구조였다. 이러한 일본 이중구조의 현상적인 여러 특징은 한국경제의 경우에도 비슷하게 지적되었다. 그러나 1970년대 중반에 한국《경제백서》(1976년도)가 지적한 한국 이중구조의 특성은 다음과 같은 점에서 일본과 차이가 있는데, 이는 한국 이중구조 형성의 역사적 배경을 반영하는 것이었다.

첫째, 산업구조 면에서 다른 특성을 갖고 있다는 점이다. 막대한 규모의 외국자본을 도입, 정부의 경제적 지원 아래 형성된 경공업 중심의 공업구조는 전반적으로 원자재와 시설재를 수입에 의존하는 가공수출체제와 결부됨으로써 공업 부문 사이의 유기적 연관관계가 결여된 약점을 지니고 있다. 즉 경제의 고도성장 과정이 가공형 산업구조에 바탕을 두고 있기 때문에 생산재산업과 소비재산업, 수출산업과 내수산업 등이 각각 유기적 관련 아래 상승적으로 성장하는 구조적 탄력성이 부족하다.

둘째, 산업구조상의 관련성 결여와 함께 기업구조 면에서는 대기업과 중소기업 사이에 뚜렷한 발전 격차를 보이면서 기업구조가 이중적으로 만들어졌다. 더욱이 산업의 이중구조 심화 현상은 대기업과 중소기업, 근대적 기업과 전근대적 기업 사이의 상호 보완적 생산관계를 결여하게 하여, 자원의 효율적 사용과 전후방관련 효과 및 외부경제의 소멸을 불러왔다.

셋째, 공업 부문 사이 및 기업 부문 사이 발전 격차와 관련성 결여라는 이중구조의 특성은 자본축적 면에서 외국자본의 도입과 재정금융상의 정책적 지원에 그 원인이 있다는 점이다. 1950년대까지 원조물자의 가공, 1960년대 이후에는 차관자금에 의존하는 경제성장은 경제구조를 대외의존적 가공형으로 만들었다. 그 결과 원자재와 시설재를 외국에서 수입하여 가공하는 대외지향적 체제가 중심이 되는 분업체계가 정착되었다.

넷째, 원자재와 시설재를 주로 해외 수입에 의존하는 가공형 공업구조에서는 대기업과 중소기업의 연관관계는 부진할 수밖에 없다. 곧 우리나라의 하청·계열관계가 일본에 견주어 그 진전이 낮은 정도에 그칠 수밖에 없는 이유도 여기에 있다.

결국 일본의 이중구조는 하청 계열관계의 뚜렷한 진전에서 볼 수 있듯이 대기업과 중소기업 사이에 상호의존관계와 지배 종속관계 형성 속의 이중구조라는 성격을 지녔다고 볼 수 있다. 이러한 이중구조를 바탕으로 하여 고도성장 과정에서 자본축적을 이루었다는 점에서 '일중구조'라는 지적도 나왔다.

이와 달리, 한국의 이중구조는 산업 부문 사이, 또 기업 규모(대기업과 중소기업) 사이에 관련성이 결여되어 있으며, 더욱이 대기업과 중소기업 사이에는 경쟁·대립관계가 그 특징이 되었다. 경공업 중심의 이식공업적·가공업적 대기업은 자생적 중소기업 분야를 침식하면서 성장하였으며 둘 사이에는 보완성이 크게 결여되었다는 것이 1970년대 중반 한국 이중구조에 대한 평가였다.

그러나 산업구조가 고도화하고, 특히 중화학공업이 발달 성숙
되는 단계에 이르면 대기업과 중소기업 사이에 분업관계가 발전
된다. 우리나라에서도 하청 계열관계는 1980년대 이후 그 기반이
양적으로 늘어났으며 질적으로 개선되었다는 연구결과도 있다.
이와 같이 두 부문의 상호 보완관계가 높아지는 것은 국내 생산
력 기반에 분업관계가 심화되는 것이며, 산업체제의 효율성을 높
이고 관련성 결여와 대립 경쟁적 이중구조의 특성을 완화하는 데
이바지할 것이다.

3. 중소기업과 수출중소기업의 성장

(1) 중소기업의 성장과 기업규모의 확대

한국경제는 정부주도의 계획적 개발이 시작되면서 1950년대의
저성장에서 고도성장기에 접어들었다. 1962년 이후 〈경제개발5
개년계획〉이 추진되면서 한국경제는 양적 규모의 확대와 산업구
조의 질적 변화를 이룩하였다. 중소기업도 국민경제의 성장과 유
기적 관련 속에서 크게 성장 변화하면서 경제개발을 뒷받침했다.
한국경제의 높은 경제성장은 공업 부문의 고도성장이 주도한 것
이었고 그 결과 광공업의 비중이 높아지는 산업구조의 개선이 진
전되었다. 이러한 성과는 대외지향적이며 외연적 확대 기조 아래
의 공업화에 따른 것이었으며 그것은 공급 면에서 제조업의 발전
과 수요 면에서 수출신장이 주도한 것으로 볼 수 있다.

경제개발 초기에 대기업은 수입대체적 공업화 유형에 따라 기
존의 중소기업 분야를 잠식하면서 그 존립 기초를 확립하였다.

그들은 중소기업과 상호 보완적 분업관계에서가 아니라 경쟁적으로 존속하였다. 그 결과 중소기업은 경제성장 과정에서 대기업의 진출과 비례하여 정리 소멸되었지만, 한편에서는 새로운 존립기반 위에 신생 발전하여 총량 기준에서는 성장을 지속하였다.

〈표-15〉는 전 제조업과 중소제조업의 연평균 생산증가율을 나타낸 것이다. 우선 1961~1991년 동안 중소제조업의 생산증가율은 13.5퍼센트로서 모든 제조업의 생산증가율 17.3퍼센트에는 미치지 못하였지만 높은 성장을 보여주었다. 그 결과 제조업이 주도하는 경제성장에 크게 기여하였다. 다만 전체적으로 보아 모든 제조업과 중소제조업의 생산증가율 격차는 대기업에 견주어 중소기업의 상대적 생산침체 또는 낮은 성장을 의미한다.

이러한 결과를 구체적으로 보면 1960~1970년대에 심한 편이었으며 그 후 양자 사이의 격차가 줄어들었음을 알 수 있다. 그렇지만 대기업과 중소기업 사이의 성장 격차는 중소기업이 규모의 경제를 실현하는 데 성장의 제약을 받는다는 사실 이외에도 경제개발 과정에서 대기업에 대한 우선적 지원 그리고 대기업의 중소기업 분야의 침식과 중소기업의 예속적 지배 등의 요인이 겹쳐 발생한 결과였다.

〈표-15〉 연평균 생산증가율 (단위: %)

	전 제조업	중소제조업
1967~1971	23.2	11.2
1972~1976	26.5	20.5
1977~1981	13.5	11.4
1982~1986	12.1	14.4
1987~1991	11.2	10.0

	전 제조업	중소제조업
(1968~1991)	(17.3)	(13.5)
1992~1993	5.1	4.1
2000~2003	7.7	7.1

주 : 생산지수의 증가율임.
자료 : 통계청 및 기업은행

한국경제의 높은 성장은 경영전략 면에서는 양산체제를 지향하는 과정이었다. 생산규모의 확대에 따라 평균 생산비가 체감된다는 대규모 경제의 법칙(law of economies of production on a large scale)을 바탕으로 하는 양산체제는 바로 국민경제의 능률 제고를 위한 전략으로 이해되었다. 이 과정에서 중소기업도 규모이익을 추구하여 규모 확대 경향을 보였지만 대기업과 격차를 해소할 만큼 충분한 것은 아니었다. 중소기업과 대기업 사이의 이중구조 해소와 중소기업의 적정규모화 및 중견규모화 추진 등 중소기업 근대화의 방향도 중소기업의 능률 제고를 목표로 하는 것이며 능률적 경영 단위를 실현하기 위한 양산체제의 지향을 의미한다. 그 결과 기업 규모는 전반적으로 크게 확대되었다.

(2) 개방체제 아래 수출중소기업의 성장

1) 개방체제와 수출제일주의

개방경제체제란 대외경제관계의 세 가지 측면인 무역거래, 자본거래 및 외환거래에서 자유화 조치를 취하고 있는 경제체제를 의미한다. 그것은 전후에 국제자본주의의 주도국으로 등장한 미국경제가 세계경제의 중심으로 되기 위해 제도적 장치를 마련한 관세무역에 관한 일반협정(GATT)과 국제통화기금(IMF)의 규정에 따라 구체적으로 실현되기 시작하였다. 전후 국제자본주의는 전전(戰前)의 식민지 지배체제를 대체하는 새로운 형태의 자본 운동체제를 형성하였는데, 바로 미국경제를 정점으로 하는 개방 경제체제 아래의 국제 분업관계로 구체화되었다. 이것은 국제 분업의 원리를 바탕으로 하는 것이다. 따라서 한국경제가 개방경제 체제로 이행한다는 것은 미국 및 일본 자본주의와의 분업관계 그리고 미국경제를 정점으로 하면서 일본경제를 중간자로 하는 한국, 대만 및 기타 동남아 경제권에 대한 국제 분업관계 형성의 일환으로 편입된다는 것을 뜻하였다.

국제분업체제는 자본주의의 범세계화 과정을 실현하는 틀이자 세계 자본주의체제 속의 선후진국 사이의 상호협력과 지배종속적 분업관계가 관철될 수 있는 구조이기도 하다. 개방경제체제를 지향하는 것은 자본주의의 범세계화 과정에 적극적으로 참여하는 것이고, 선진경제가 주도하는 세계 자본주의체제에 편입하는 것이며, 국민경제 가운데 세계 자본주의와 관련을 맺은 영역을 확대시키는 것이었다. 이것이 경제에 대한 국가의 적극적 개입으로 이루어지는 가운데 다음과 같은 특징을 나타내었다.

대외적으로는 국민경제 가운데 세계자본주의, 더욱이 선진국과 관련되는 영역을 확대시키면서 국민경제의 대외적 관계를 심화시켰고 동시에 경제자립의 기반은 약화되었다. 대내적으로는 대기업과 독점자본의 영역이 확대되면서 국민경제의 분해가 진행되었다. 국민경제가 세계 자본주의와 연결된 부문과 그렇지 않은 부문으로 분화되면서 통합되지 못한 분업체계와 국민경제가 형성되었다. 대외적인 분업체계가 심화되면서 이와 연결된 부문의 자본축적 기반이 확충되었다. 그리고 분해되는 국민경제는 이를 위한 틀이 되었다.

개방경제체제 아래 중소기업의 수출을 증진시키고 대외분업관계를 증대시키는 것은 이와 같은 세계 자본주의체제와 중소기업의 관련을 높이는 것이었다. 개방경제체제는 구체적으로 제품의 시장, 원재료 등 소재의 공급, 자본의 조달과 나아가 기업의 대외진출 등 여러 측면을 지닌다. 이들 여러 측면의 대외관련을 높이면서 경제개발을 이루고자 한 것이 한국경제의 대외지향적 성장 전략이었다.

1960년대 이후 한국경제의 개발은 공업 생산력의 가속적 발전을 위하여 대외 지향적 개방경제체제를 추구하였는데, 이는 경제개발에 필요한 자본축적과 부존자원 및 수요기반이 취약하다는 인식을 바탕으로 한 것이었다. 기술주의적 관점에서 공업화를 달성하기 위하여 이들 제약 요인을 극복하기 위한 성장 전략은 국민경제를 개방경제체제로 전환하게 하였다. 초기에는 수입대체산업의 육성에 중점을 두기도 했으나 점차로 수출주도적 개발로 전환하였고, 수입대체산업의 경쟁력을 배양하여 그것이 비교우위를 확보하면 수출산업으로 전환시키는 정책이었다. 그렇지만 한국경제가 반드시 그렇게 전개된 것은 아니었다.

개방경제체제는 이에 더하여 수입자유화, 외국차관과 직접투자 유치 등 외자도입의 적극화 및 외환거래의 자유화로 구체화했다. 이러한 정책 기조는 새로운 국제분업체계의 형성 추이에 합치되는 것이었으며, 그 결과는 국내분업체계의 심화보다는 국민경제를 국제적 분업체계의 일환으로 편입시키도록 하였다.

이때 정책의 중점은 기존의 국내 산업을 수출산업으로 전환하고 새로운 가공형 수출산업을 이식하는 등 수출산업 육성을 당면

의 과제로 삼는 수출제일주의에 놓이게 되었다. 그래서 수출이
비약적으로 신장되었고 한국경제는 개방체제로 전환되었다. 더
욱이 공업부문에서는 국제시장에서 비교우위를 누릴 수 있는 노
동집약산업의 수출산업화를 우선적으로 추진하였으며, 이는 중
소기업을 수출산업으로 개편하는 전환점을 만들었다.

수출 증진과 수입원자재의 도입 추진 및 수입자유화의 확대,
외국차관과 직접투자 등 외국자본 도입의 적극화를 포괄하는 개
방경제체제는 중소기업 육성 방향에도 그대로 적용되었다.

2) 수출중소기업의 성장

그 결과 중소기업 판매액 가운데 수출액의 비중이 높아졌고
외국산 원자재의 사용 비율도 높아져 1980년대 중반에는 거의 30
퍼센트에 이르게 되었다. 또한 외자 도입도 적극화하면서 중소기
업의 대외 관련, 곧 세계 자본주의체제와의 관련이 깊어졌다.

더욱이 중소기업 제품의 수출은 크게 신장하여 총 수출액 가
운데 차지하는 비율도 40퍼센트에 이르게 되었다(〈표-16〉 및 〈
표-17〉). 수출률(출하액 가운데 수출액 비중)도 1980년대 중반
에는 29.7퍼센트 선에 이르게 되었는데(〈표-18〉) 이는 중소기업
이 수출산업으로 적극적인 역할을 하였음을 말해 준다.

〈표-16〉 중소기업 제품의 수출 추이 (단위: 백만 달러)

	총 수출(A)	중소기업제품(B)	B/A(%)
1963	84.4	15.7	18.6
1965	180.5	41.6	23.0
1970	1,003.8	322.9	32.3

	총 수출(A)	중소기업제품(B)	B/A(%)
1975	5,427.4	1,871.5	34.5
1980	17,504.9	5,623.9	32.1
1983	24,222.5	4,894.1	20.2
1987	47,280.9	17,812.3	37.7
1990	65,016.0	27,382.0	42.1
1992	76,631.0	30,676.0	40.0
1995	125,057.0	49,474.0	39.6
2000	172,268.0	63,509.0	36.9
2003	193,817.0	81,699.0	42.2
2008	422,010.0	130,520.0	30.9

자료 : ① 중소기업협동조합중앙회.
　　　② 〈표-10〉과 같음.

〈표-17〉 규모별·연도별 수출 추이 (단위: 백만 달러, %)

	중소기업	중견기업	대기업	기타	총수출
2009	76,782.7	57,356.5	228,275.6	1,118.7	363,533.6
	(21.1)	(15.8)	(62.8)	(0.3)	(100.0)
2012	102,872.0	72,826.3	371,220.2	951.2	547,869.8
	(18.8)	(13.3)	(67.8)	(0.2)	(100.0)

주 : 괄호 안의 숫자는 구성비임
자료 : 중소기업청

　　2009년부터 수출실적의 규모별 구분에 중견기업이 추가되면서 본래 범위의 중소기업 수출비중은 20퍼센트 선으로 감소되었고, 또 대기업의 수출비중이 높아지는 추세를 보여 2012년에는 67.8퍼센트에 이르고 있다. 그러나 '대기업 대 중소기업'이라는 역사성의 기준에 비추어 중견기업을 넓은 의미의 중소기업 범위에 포함시켜 보면 2012년에 32.1퍼센트의 수출실적 비중을 차지하고 있다. 그간의 수출주도형 경제개발에 중소기업이 적지 않은 기여를 하였음을 알 수 있다.

한편 1990년대까지 중소기업 수출제품의 유형별 특성을 구분하면 다음과 같다.

첫째, 기존의 국내시장에서 생산력 기반을 갖고 있던 전통적 소비재공업이 수출산업으로 전환한 것으로서 매리야스 직물, 고무제품, 방모(紡毛), 피혁제품 등.

둘째, 세계시장, 더욱이 선진국 시장에서 소비 수요가 증가하여 각광을 받았던 가발, 공예품, 도자기, 완구제품 등 우수한 노동력을 필요로 하면서 소비자의 기호에 크게 영향을 받는 제품.

셋째, 전자제품, 통신기기, 금속제품 등 노동집약적이지만 점차 기술노동집약적 성향을 지니는 업종에 속하여 그 비교우위가 선진국에서 개발도상국으로 이행하는 추세에 있는 제품 등. (〈표-18〉)

〈표-18〉 업종별 중소기업 제품의 수출 비율 추이 (단위:%)

	1970	1975	1980	1986	1991
음·식료품	4.5	11.7	9.7	13.5	9.4
섬유·의복·가죽공업	30.1	47.1	56.9	57.2	37.8
제재·나무제품·가구	3.2	6.8	6.9	7.6	1.9
종이·종이제품·인쇄·출판	1.8	7.7	7.7	8.8	3.8
화학·석유·석탄·고무·플라스틱	0.6	6.8	9.4	16.7	14.1
비철금속 광물제품	2.5	16.3	12.1	5.9	4.5
제1차금속·금속제품	6.0	10.4	14.8	25.2	12.0
기계·장비	10.0	9.5	21.7	32.6	18.9
기타	25.7	66.2	59.2	70.3	45.1
제조업	9.1	19.6	23.8	29.7	18.8

자료 : 상공부 · 중소기업은행 · 중소기업협동조합중앙회,《中小企業實態調査報告》

이와 같은 유형의 중소기업 제품의 수출은 수출주도형 경제개발에 크게 이바지하였다. 그러나 우리나라의 수출산업은 그것이 국내적 생산력 기반에 깊이 분업관계를 갖고 있기보다는 외국의 원료를 수입하여 그것을 가공 수출하는 가공무역 형태로 이루어졌기 때문에 그것이 국내의 다른 산업에 주는 파급효과가 높지 않았다. 막대한 규모의 외자를 도입하고 정부의 정책적 지원 아래 형성된 공업구조와 수출산업 구조는 많은 원자재와 시설재를 수입에 의존하는 가공수출체제였기 때문에 공업 부문 상호 사이에 유기적 관련 관계가 결여된 약점을 지니고 있었다. 이것은 외화가득률이 높지 않은 사실에 의해서도 증명되었다.

또한 가공무역이 주도하는 산업구조 아래에서 원자재 및 부품 공급 산업 등 관련 산업이 충분히 발달하지 못하였다. 그 결과 경제가 양적으로 성장해도 수입 유발효과 때문에 수입구성은 수출용 원자재를 비롯한 원재료와 기계류 수입 증가에 따른 자본재가 큰 비중을 차지하고 있었으며, 이에 수출용 원자재의 비중은 지속적으로 높을 수밖에 없다.

이러한 수출구조의 취약성은 산업구조가 고도화하고 중화학공업이 발달하면서 점차 개선되었다. 하지만 중소기업의 수출비중이 낮아지고 전략품목 중심의 대기업 수출비중이 현격히 높아진 것은 수출의 국민경제적 기반이 그만큼 약해진 것을 뜻한다. 수출품목의 다양화와 중소기업 제품의 수출신장으로 수출경쟁력 강화가 요구된다.

미국 스탠포드(Stanford) 대학의 마이어(G. M. Meir) 교수는 수출주도형 경제개발이 성공하기 위한 조건으로 대체로 다음과 같은 것들을 제시하고 있다.

① 수출부문의 성장률이 더 높을 것
② 고용 및 개인소득에 대한 수출 부문의 직접적 효과가 더욱 클 것
③ 수출의 신장이 생산성 향상과 새로운 기능의 배양에 더욱 큰 습
　득효과(learning effect)를 가질 것
④ 수출부문에 필요한 물자가 수입품보다는 국내 생산 투입물에
　따라 더욱 많이 공급될 것
⑤ 수출소득이 수입품보다는 국내 생산물에 대한 소비성향이 높은
　사람들에게 더욱 많이 분배될 것
⑥ 수출소득으로부터 오는 투자가 더욱 생산적일 것
⑦ 수출 부문과 관련 있는 외부경제성 및 연관성이 더욱 광범할 것
⑧ 국내에 유보되는 수출이익이 더 안정적일 것

이러한 조건이 충족될 때 수출산업이 경제개발에 크게 이바지
하고 또 경제개발을 성공적으로 주도할 수 있다고 보는 것이다.
수출중소기업은 노동집약적이며 외국산 부분품 및 원재료 사용
비율이 대기업보다 낮으면서도 외화가득율이 더욱 높다는 점에
서 볼 때 위에 제시된 조건을 대기업보다는 더욱 충족시킨다고
볼 수 있다.

4. 중소기업은 중화학공업 발전의 기반이다

(1) 중화학공업화란 무엇인가

산업구조의 변동이 산업 전반의 구성비뿐만 아니라 제2차 산
업, 특히 공업 내부에서 그 구성이 변화된다는 것을 인정하여,
경제의 공업화 단계에 따른 구조 변화에 대한 경험법칙을 제시한

것이 호프만(W. G. Hoffman)의 산업구조 발전법칙이다. 호프만
은 최초의 《공업화의 단계와 유형》이라는 저서에서 1780년대 영
국 산업혁명 이후 1929년에 이르는 150년 사이에 공업화를 행한
20개국의 자료에 기초하여 산업구조의 역사적 발전 형태를 연구
하였으며, 다시 제2차 세계대전 후에 《공업의 성장》이라는 저서
에서 새로운 통계로 이를 보완하였다.

그는 공업을 소비재산업(최종적으로 소비에 충당되는 재화를
생산하는 산업)과 자본재산업(생산수단을 생산하는 산업, 따라서
정확하게는 투자재산업)의 두 가지로 구분하였다. 그런데 공업화
과정에서 대체로 소비재 산업이 먼저 발전하지만, 곧이어 자본
재산업이 급속히 발전하여 결국에는 절대액에서 소비재산업보다
크게 된다는 것이다. 그 결과 자본재산업의 순생산액(부가가치
액)에 대한 소비재산업의 순생산액은 그 비율이 연속적으로 낮아
지는 경향을 갖는다고 하였다. 중화학공업화란 이처럼 공업 구조
에서 자본재산업(중화학공업)의 비중이 높아지는 경향을 말한다.

호프만은 이러한 공업구조의 변화를 지표화 하였으며, 소비재
의 순생산액에 대한 자본재 순생산액의 비율(이를 '호프만 비율'
이라고 한다)을 공업화 단계별로 표시하였다(〈표-19〉). 이에 따
르면 제1단계에서는 소비재산업의 비중이 압도적으로 높아 자본
재산업의 5배에 이른다. 제2단계에서는 자본재산업의 발전 속도
가 빨라 소비재산업의 우위성은 2.5배까지 하락하고, 제3단계에
서는 두 산업의 비율이 거의 같게 되며, 제4단계에서는 자본재산
업의 비율이 더욱 높아지게 된다.

한편 소비재 및 투자재산업의 구체적인 선정은 생산물의 최종
용도에 따르되, 그 산업 생산물의 75퍼센트를 기준으로 하였으며

두 산업의 업종 내용은 다음과 같다.

① 소비재산업 : ㉠식료, 음료, 담배, ㉡의류(섬유), ㉢피혁, ㉣가구
② 자본재산업 : ㉠철강, 비철금속, ㉡기계, ㉢수송용 기계, ㉣화학

이 결과 고무, 건설, 종이, 인쇄, 수도, 가스, 전력 등의 산업
은 분류에서 제외되었는데 선정된 8개 산업의 순생산액이 전체
공업의 3분의 2를 점하기 때문이라는 것이다.

〈표-19〉 호프만의 공업화의 발전 단계

	$\dfrac{\text{소비재공업}}{\text{투자재공업}}$ 의 비율
제1단계	5±1
제2단계	2.5±1
제3단계	1±0.5
제4단계	2 이상

주 : 괄호 안 숫자는 괄호 밖의 숫자를 기준으로 하여 상하의 폭을 표시함.

그런데 이러한 호프만의 경험법칙에 대하여는 다음과 같은 문
제점이 지적되고 있다. 그가 본래 의도한 부문 개념과 실제의 계
측에서 사용한 개념(구체적인 업종 분류의 내용)이 서로 다르다
는 것이다. 실제 계측에서 사용한 개념은 관행적으로 흔히 쓰이
고 있는 중화학공업과 경공업의 구분에 가까운데 이것은 '최종
용도별(economic use approach)'이라고 하는 본래의 구분 개념과
다른 것이다. 곧 그가 자본재로 분류한 업종의 생산물에는 투자
로 쓰이는 생산수단이 아닌 소비에 공헌하는 내구소비재(耐久消
費財)가 크게 포함되어 있다. 따라서 호프만의 최종 용도별(경

제적 용도별) 구분에 따른 두 부문 분류의 경험법칙이라기보다
는 업종별 산출액기준에 따른 중화학공업화의 경험법칙으로 변
질되었다.

물론 호프만이 소비재산업을 경공업과, 그리고 투자재산업을
중화학공업과 동일시한 데는 그 당시의 시대적 배경이 있다는 설
명도 가능하다. 당시에는 중화학공업의 수요가 직접투자재 및 군
수용 재화에 그 용도가 한정되었다는 발전 단계를 고려할 때 그
의 동일시는 자연스러운 것이라는 지적이다. 그러나 그 후 경제
가 발전하면서 중화학공업의 제품은 소비재로 광범하게 쓰이게
되었고, 특히 내구소비재가 크게 발전하였던 것이다.

그 결과 호프만이 계측을 위하여 정한 업종별 개념에 따르면,
호프만 비율의 저하(중화학공업화) 경향을 확인할 수 있다. 그러
나 이러한 경향은 대중소비 시대의 요구에 따라 중화학공업의 많
은 비율이 소비재(내구 소비재)로 사용되는 것을 의미할 뿐 반드
시 생산의 우회화나 생산력의 증가를 직접 의미하는 것은 아니다.

하지만 산업구조가 고도화되면서 중화학공업이 발전하면 생
산이 우회화되어 공급 면에서 우회생산의 이익이 실현된다. 우회
생산이란 최종적인 사용목적을 위하여 직접 필요한 재화를 생산
하는 대신, 그 준비 과정으로서 간접적인 기계 원재료 등의 생산
수단, 또는 생산수단의 생산을 위한 생산수단의 생산을 선행하는
것을 말하며, 이것이 전반적인 생산의 효율을 높이는 것이다. 공
업화 또는 중화학공업화는 생산의 우회화를 높이는 것으로, 더욱
이 중화학공업의 생산성상승률이 높은 것은 우회화생산의 이익
때문이라고 볼 수 있다. 이것은 해당 산업의 자본의 유기적 구성
이 높아진 결과라고 하겠다.

(2) 중화학공업 발전과 하청계열제도

생산의 우회화는 수요 측면에서 보면 중간재 수요를 확대시킨
다. 생산구조의 고도화 또는 중층화에 수반하여 생산에 필요한
직접·간접의 중간재에 대한 수요가 최종재에 대한 수요보다 그
증가율이 높아지게 된다. 생산가공도의 연장과 중간생산 과정을
길게 하여 그 과정 가운데 일부는 독립적 영역으로 발전하게 되
고, 조립가공산업의 확대는 광범한 사회적 분업을 형성하게 한
다. 곧 중화학공업 제품은 일반적으로 전후방관련효과가 높아서
산업사이, 기업사이의 관련 관계를 확대시키고 그것의 중점적 성
장은 국민경제의 높은 성장을 달성하게 한다. 그 결과 중화학공
업을 정점으로 하는 피라미드형의 산업체제를 형성시키는데 그
것은 중화학공업이 갖는 사회적 분업체제의 형성이 뒷받침한다.

중화학공업의 진전은 생산의 우회도와 조립가공산업의 발달을
통하여 산업 사이에 사회적 분업이 확충하고, 기업 사이에는 하
청·계열관계를 양적으로 확대시킨다. 일반적으로 소재공업에서
는 규모이익(scale merit)이 작동하지만, 조립가공산업에서는 단위
부품 수가 증가하고 생산과정이 다양화되어 대규모경제 이익은
일정한 한계를 나타낸다. 이에 따라 효율성이 높은 중견기업 또
는 중소기업의 조립 관련 영역이 커지고 이들 서로 간에 보완적
기업의 집적이 이루어진다. 이러한 상호 보완적 기업의 집적은
외부경제효과를 창출하고 사회적 분업을 한층 깊게 한다.

조립가공산업인 모기업과 하청·계열기업 사이의 분업관계가
성립하는 당위성이 여기에 있으며, 그 이유는 대기업과 중소기업
의 양측에서 다음과 같은 요구가 있기 때문이다. 먼저 대기업이
하청중소기업을 필요로 하는 이유는 ① 자본의 절약, ② 위험부

담의 전가, ③ 저임금의 간접적 이용 등이다. 다음에 중소기업이 대기업의 하청기업이 되는 이유는 ① 안정적 시장의 확보, ② 모기업(대기업)으로부터의 원조, ③ 과당경쟁으로부터 벗어나는 것 등을 들고 있다.

대기업과 중소기업 사이의 상호관계는 하청관계 또는 계열관계의 형태를 갖게 되는데 이것은 넓은 의미에서 사회적 분업의 형태이다. 기본적으로 대기업이 하청기업의 기술을 이용할 필요가 있고 그 생산능력을 보조적으로 이용한다는 의미에서 양자는 보완적 관계에 있게 된다. 그러나 하청관계와 계열관계를 구분하여 설명하기도 한다.

하청제도는 해당 기업보다 자본금이 큰 기업 또는 종업원 수가 많은 기업(흔히 모기업이라고 한다.)에서 위탁을 받아 이를 모기업체의 제품에 사용되는 제품, 부분품, 원재료 등을 제조하거나, 이들 모기업이 제품 제조를 위하여 사용하는 설비, 기구, 공구 등을 제조 또는 수리하는 것을 말한다. 따라서 하청은 해당 기업이 일반적으로 시장에서 판매하고 있는 제품을 다른 기업의 일반 유통과정을 통하여 구입하는 경우를 포함하지 않으며, 모기업이 해당 기업에 직접 주문하고 그때 규칙, 품질, 성능, 형상, 디자인 등을 지정하는 행위가 필요하다. 엄밀한 의미에서 하청제도는 모기업과 하청기업의 생산공정상의 관계를 말한다.

한편 계열화(articulation)를 하청관계와 구분하여 설명하기도 한다. 하청관계는 일반적으로 부동적(浮動的), 유동적 관계이기 때문에 일정의 하청관계가 지속하고 모기업의 요구에 응할 수 있는 능력을 하청기업이 지니려면 모기업이 하청기업에 대하여 자본, 경영, 기술 등의 면에서 원조를 제공하게 되고, 여기서 양자가 계열화의 관계로 된다는 것이다.

이처럼 하청관계가 계열관계로 변화하는 이유를 좀 더 설명하면 다음과 같다. 경제성장 과정에서 급격한 대기업의 생산 확대는 종래와 같은 하청기업의 이용 방법으로는 불충분하게 되는데, 그것은 다음과 같은 이유 때문이다.

① 대기업의 생산 확대는 기술 진보(기술혁신)를 필요로 하며 그 결과 정체된 낮은 기술수준의 하청기업을 이용할 수 없게 된다.

② 생산 확대 · 대량생산이라는 생산 팽창에 즈음하여 양산기능을 가지면서 일정한 품질을 확보할 수 있는 우수한 하청기업이 필요하게 된다.

③ 대기업이 생산하는 원료를 가공하는 형태의 중소기업에 대하여 대기업 사이의 경쟁이 격화되고, 대기업이 자기제품의 판매시장을 확보하기 위하여 가공중소기업을 새로 조직할 필요가 있게 된다.

그 결과 계열관계는 부동적인 모기업의 하청이용보다 자본, 설비, 기술, 경영관리의 여러 측면에서 양자의 결합을 밀접하게 하고, 자금대여, 알선 및 자본투자, 설비, 기술의 대여 및 지도, 임원의 파견 등 모기업의 생산 계열에 하청기업이 더욱 깊이 결합되는 것을 말한다.

우리나라에서 1975년에 제정된 〈중소기업 계열화 촉진법〉이나 1996년의 〈중소기업의 사업영역보호 및 기업간 협력증진에 관한 법률〉에서는 하청제도와 계열화를 구분하지 않고 이를 계열화로 표시하고 있다. 전자의 법에서는 모기업과 하청계열기업의 위탁 및 수탁행위를 도급거래(都給去來)라 하고, 후자의 법에서는 이를 수·위탁거래(受·委託去來)라 하였으며 위탁하는 자를 위탁업체, 위탁받는 자를 수급기업체라 하였다.

한편 2006년에 제정된 〈대·중소기업 상생협력 촉진에 관한 법률〉에서는 수·위탁거래를 상생협력(相生協力)으로 규정하였다. 여기서 상생협력은 대기업과 중소기업 간, 중소기업 상호 간 또는 위탁기업과 수탁기업 간에 기술, 인력, 자금, 구매, 판로 등의 부문에서 서로 이익을 증진하기 위하여 행하는 공동의 활동이라고 규정하였다. 상호의존 협력의 측면을 강조하고 있다.

그런데 하청·계열관계는 '상호의존 속의 대립관계' 또는 '대립 속의 상호 의존관계'를 그 본질로 하며 이것이 하청·계열관계가 성립하는 이유이기도 하다. 모기업과 하청계열기업 사이에는 상호의존하여 생산력을 향상시키는 측면이 있는가 하면, 서로 이해가 대립되는 지배 종속의 관계가 있기도 하다. 경영의 측면에서는 상호 의존관계가 성립하지만, 그 속에는 자본의 논리가 작용하여 상호 대립하며 부등가교환에 따른 착취관계가 작용하기도 한다. 이것이 우리가 하청 계열관계, 대기업과 중소기업의 관계를 관찰할 때 항상 유의할 점이고, 진취적으로는 지배·종속 관계를 극복하고 상호의존관계를 높이는 방향으로 노력하는 것이 그 과제라고 할 수 있다.

이와 관련, 중화학공업화가 진전되면서 생산우회도가 심화되고 조립가공산업이 발달하면서 하청계열관계를 양적으로 확대시키고 질적으로 변화시켜 그 관계가 달라진다는 지적도 있다.

첫째, 그것은 사회적 분업의존체제가 확립되기 때문이다. 조립가공산업의 확대는 산업 사이의 분업체제를 깊게 하고 하청계열기업에 의존도를 높인다.

둘째, 하청계열기업이 전문화되고 거래처가 확대된다. 사회적 분업체제의 확립은 단위부품 및 반제품 생산에서 하청기업의 생산력을 발전시킨다. 조립기술의 축적과 신종기계설비의 보급은 하청계열기업의 노동수단을 발전시키고 제품의 선택, 마케팅 능력 등의 경영자원을 축적토록 한다.

셋째, 그 결과 거래가격의 형성조건을 변화시킨다. 대기업의 수요독점과 하청기업들의 경쟁이라는 이전의 하청계열관계의 특징이 중화학공업의 발전에 따라 점차 변화한다. 독과점적 모기업의 수요독점상태가 약화되고 전문기업이 형성되면서 하청계열기업들의 경쟁상태도 완화되어 거래가격 조건이 하청기업에 유리한 방향으로 달라진다. 곧 전문화의 진전은 모기업과 하청계열기업 사이의 상호관계를 대등하게 하는 계기가 되고, 따라서 가격형성 조건도 하청기업에 유리하게 된다는 긍정적 전망도 있다.

(3) 하청계열제도의 경제적 역할

하청·계열관계의 조성은 그것이 다음과 같은 경제적 역할을 하기 때문에 국민경제적 요구에 부응하면서 중화학공업 발전의 바탕이 된다.

첫째, 대기업과 중소기업 사이에 공존체제를 확립한다. 일반적으로 대규모의 생산자가 모든 부품이나 그 공정을 자기 공장에서 제작·운영하는 것도 가능하지만, 그것이 경제적이라고 할 수는 없다. 비교적 간단한 부품의 가공 및 제작은 중소기업이 보유하고 있는 설비와 기술로써 제조할 수도 있다. 그런데 중소기업의 조직은 소규모이고 그 관리비도 저렴하며 임금수준도 대기업보다 낮아서 생산비도 낮다. 따라서 필요한 부품은 중소기업의 시설과 기술로 생산하는 것이 기술적으로 가능하고 또한 경제적이다. 그런데 하청 계열화가 형성되지 못하면 중소기업은 대기업과 격리되어 그 유지 발전이 어렵고 대기업 측에서는 불필요한 시설 투자를 하지 않을 수 없기 때문에 비능률과 자원의 낭비가 초래된다. 결국 하청 계열화의 진전은 대기업과 중소기업이 각자의 영역을 확보하여 상호 보완관계를 유지하고 기업 사이의 지나친 경쟁으로 일어나는 기업 도산의 위험을 방지한다. 또한 전문화 및 표준화로 적정규모 생산을 실현하여 대기업과 중소기업의 균형 있는 발전과 나아가 국민경제의 국제경쟁력을 배양하게 한다.

둘째, 전문화를 진전시킨다. 기업체당 생산 품목 수가 많고 생산 규모는 작은 다품종 소량생산체제는 일시적 단기적으로는 기업 유지에 도움이 되지만, 장기적으로는 기업 경영을 어렵게 하고 나아가 기술 수준의 향상이나 품질 및 성능의 개선을 불가능하게 하여 대외경쟁력을 저하시킨다. 여기서 전문화의 필요성이 대두되는데 하청계열화가 이러한 전문화체제를 확립시켜 준다. 기계공업의 예에서 보면 대기업인 모기업과 중소기업인 수급기업(受給企業)이 상호 보완관계적 분업체제를 이룰 때 수급기업은 몇 개의 제한된 품목을 전문적으로 생산하여 생산능률을 높인다. 그리고 모기업은 이를 구입 조립하여 완성품을 생산함으로써 능률적 생산이 가능하게 된다.

셋째, 기술 수준을 향상시킨다. 하청 계열화는 낮은 기술 수준을 극복하고 기술혁신을 이루게 하는 원동력이 된다. 하청 계열화가 심화되면 모기업은 부품의 생산을 하청 계열기업에 담당시키고 그 품질 향상을 위해 실험 연구 검사 및 신제품의 개발에 전념하도록 하기 때문에 기술 수준이 높아지고 기술혁신도 이룰 수 있게 된다. 이때 중소기업이 스스로의 힘으로 기술혁신이 어려울 경우 대기업이 필요한 기술 및 경영 지도를 실시할 수도 있기 때문에 타율적이기는 하지만 이것이 중소기업의 기술 향상에 도움을 줄 수 있다.

넷째, 자금 부담을 감소시킬 수 있다. 모기업이 수급기업의 기존 시설을 활용하기 때문에 모기업의 설비 투하 자금의 부담을 경감시킬 뿐만 아니라 국민경제적으로는 가용 시설을 활용하는 이득이 있게 된다. 더욱이 모기업이 기업경영에 필요한 자금 조달 능력이 부족할 때, 주요 부분에선 직접투자를 하고 보조 부분은 수급기업에 위임함으로써 자금 부담을 줄일 수 있다. 또한 모기업은 수급기업에게 기계설비의 대여, 중고 기계설비의 불하 또는 설비 투자금융의 융자 알선의 편의를 제공하여 수급기업의 설비근대화를 촉진하기도 한다. 그 결과 모기업이 직접 자기 공장을 확보하는 것보다 적은 자금으로 기업 경영을 할 수 있게 된다. 그리고 노임 부담의 경감으로 자금 부담을 줄일 수 있는데 이것은 대기업이 중소기업과의 규모별 임금격차를 활용함을 뜻한다. 곧 모기업은 자기 회사의 노동자에게 지불하는 것보다 낮은 수준의 수급기업 노동자를 간접적으로 활용하여 일정한 생산량을 확보할 수 있게 된다.

다섯째, 산업구조의 합리화에 이바지한다. 이것은 공업구조의 고도화와 생산력의 발전이 생산의 분업화와 우회화로 이루어질 수 있다는 것을 의미한다. 곧 하청 계열화는 생산의 분업화와 우회화를 촉진시키고 산업 사이의 사회적 분업과 최적 상관관계를 조성하며 합리화된 산업구조를 구축할 수 있게 한다.

제5장

중소기업과 대기업은
경제성장의 두 기둥이다

1. 새는 두 날개로 난다

(1) 균형성장이냐, 불균형성장이냐

두 날개가 다 같이 튼튼해야 새는 창공을 훨훨 날 수 있다. 사람도 두 다리가 건강해야 씩씩하게 멀리 걸을 수 있다. 대기업과 중소기업은 경제발전의 두 기둥이므로 두 산업분야가 균형 있게 발전해야 국민경제는 지속적으로 성장할 수 있다. 두 부문은 새의 두 날개나 사람의 두 다리에 비유할 수 있을 것이다. 두 산업 부문 가운데 한쪽이 너무 발전하고 다른 한 쪽의 발전이 정체하면 국민경제와 산업구조는 파행을 면치 못하고 건전한 성장과 발전을 이어갈 수 없다. 이것은 새의 두 날개, 그리고 사람의 두 다리 가운데 한쪽이라도 건강하지 못하면 훨훨 날 수 없고 튼튼한 걸음걸이를 할 수 없는 것과 마찬가지라 하겠다. 결국 대기업과 중소기업이 동반 성장해야 국민경제는 건실하게 발전할 수 있음을 말하여 준다.

경제성장에서 투자배분을 할 때 경제의 각 부문이 균형적으로 성장하도록 하는 것이 효과적이냐 아니면 개별부문별로는 과부족이 생기는 것을 허용하고 특정부문이 앞장서서 성장하도록 하는 것이 효과적인지에 대해서는 일찍이 1950년대에 균형성장 (balanced growth)과 불균형성장(unbalanced growth)의 개발전략 논쟁이 있었다.

균형성장 전략은 로젠스타인-로단(P. V. Rosenstein-Rodan) 에 이어 넉시(R. Nurkse)가 주장한 것이다. 판로부족 때문에 산업별로 시설의 과부족이 생기는 낭비를 제거하려면 시장수요력과 생산능력이 균형을 유지해야 하고, 그러기 위해서는 경제의 모든 부문이 고루 성장해서 상호수요(reciprocal demand), 다시 말하면 보완적 수요(complementary demand)를 일으켜야 한다는 것이 균형성장론의 기본 취지였다. 넉시는 오늘날 후진국들은 가난하기 때문에 또 가난하게 살 수밖에 없는 빈곤의 악순환(vicious circle of poverty)이 되풀이되고 있다고 보았다. 이 악순환을 단절하는 것이 후진국 개발문제의 핵심인데 그 타개방안으로는 시장부족의 애로를 극복해야 한다고 보았다. 시장을 넓히는 방법으로는 수출과 국내시장의 확대가 있는데 후진국이 무역을 통한 시장타개는 어렵다고 보았다. 결국 국내시장에 의존할 수밖에 없는데, 그 방법은 투자를 모든 산업에 균형적으로 분산하여 각 산업의 소득이 고루 늘도록 함으로써 다른 산업의 제품을 사줄 수 있도록 해야 한다는 것이다. 바로 보완수요에 의한 여러 산업의 동시적 성장을 주장한 것이다.

이러한 균형성장론을 비판하고 불균형성장론을 주장한 대표적인 사람은 허쉬만(A. O. Hirschman)이었다. 균형성장론에서 각 산업의 생산능력과 시장흡수력이 원활하게 맞아 떨어져야 개발이 촉진된다고 보는 견해에 대하여 비판적이었다. 오히려 공급과 수요의 불일치가 경제성장의 촉진제이며 따라서 일부러 산업 간의 과부족을 조성할 필요가 있다고 보았다. 특정산업에 중점적으로 투자해서 이 산업에 일시적인 공급과잉, 즉 시장부족을 만들고, 이 불균형요인이 다른 관련 산업을 이끌어 올려 결국 다시 균형점을 모색하게 하는 것이 경제개발의 전략이라고 보았다. 불균형적 투자로 특정부문에 수급불균형을 낳게 하고 이어서 이 불균형을 제거토록 노력하며, 다시 균형을 깨뜨려 새로운 불균형을 창조하는 과정을 우선순위산업이 선도하여 진행되어야 경제가 능률적으로 개발될 수 있다고 보았다. 우선순위산업의 선정 기준으로 소득창출효과, 생산능력 창출효과, 연관효과(linkage effect)를 들었는데, 그 중에서도 연관효과가 개발전략에서 가장 중요한 의미를 갖는다고 보았다. 연관효과를 전방연관효과(forward linkage effect)와 후방연쇄효과(backward linkage effect)로 나누어 설명한 허쉬만은 후진국 개발에서는 전자보다도 후자가 더 중요하다고 강조하면서 공업과 연관효과가 높은 산업의 우선적 개발을 주장하였다.

　이 두 주장은 정반대되는 입장인 것처럼 보이지만 장기적으로 보면 그렇지 않다. 균형성장론이 수요 쪽에 중점을 두고, 불균형성장론이 투자효율에 우선순위를 두었다는 점에 차이가 있지만 궁극적으로 산업의 각 부분이 균형을 이루도록 성장해야 한다는 점에서는 두 주장이 일치한다. 따라서 견해의 차이는 단기적인 전략상의 차이일 뿐이며 이 차이는 장기적으로 정책적 조화(policy mix)로 극복될 과제이다. 곧 균형성장의 권고대로 우선순위에 따라 중점적으로 투자하되, 불균형성장론의 권고대로 산업 간의 불균형이 크지 않도록 하고, 더욱이 중점투자산업의 판로문제를 심각하게 생각하여 장기적으로는 균형 있는 산업구조를 추구해야 한다는 것이 정책적 조화의 의미이다.

(2) 한국경제가 택한 개발전략은 불균형 성장정책이었다

　이론적 논쟁에서 제시된 두 가지 개발전략에 이어 1960년대 이후 한국경제의 개발은 다음과 같은 기초 조건의 인식을 바탕으로 그 방향이 정해졌다.

　첫째, 자본주의적 경제개발의 주체가 될 산업 엘리트로서의 민간 기업이 충분히 성장하지 못했다는 판단에서 정부가 경제개발을 주로 한다.

둘째, 저저축률→저투자율→저생산성→저소득수준→저저축률이라는 저수준균형의 함정(low level equilibrium trap)을 벗어나서 빈곤의 악순환을 단절하는 데 필요한 자본축적의 원천을 국내적으로는 저임금 기반과 정부저축 및 인플레에 의한 강제저축에서, 그리고 대외적으로는 외국자본의 적극적 도입에서 구한다.

셋째, 경제개발에 필요한 기술은 선진외국기술의 도입에 의존하며, 인적 자원은 전문기술노동보다는 양적으로 풍부한 과잉노동력을 활용한다.

넷째, 국내자원이 빈약하다고 보고 주로 수입으로 필요한 자원을 충당하며, 개발에 필요한 시장은 국내시장보다는 주로 해외시장의 개척에서 구한다.

경제개발 조건에 대한 이와 같은 인식은 다음과 같은 개발전략을 택하도록 하였다.

① 시장경제라는 자본주의 경제의 체제적 기반에 제약을 가하여 관주도적 계획경제를 정착시키고, 시장이라는 조정기구를 명령으로 대체하는 정부주도적 개발전략

② 생산력 수준을 높이기 위해 생활수준의 전반적인 상승을 최대한 억제하고, '선성장·후분배'를 지향하는 성장제일주의적 개발전략

③ 기술혁신, 기술개량, 근로자의 참여의식 제고 등 성장의 내연적(intensive) 요인 보다는 자본, 토지, 단순노동의 양적증대 등 성장의 외연적(extensive) 요인에 의존하는 외연적 성장전략

④ 분업체계 면에서는 국내적 분업을 심화하는 대내지향적 공업화

보다는 대외적 분업을 지향하는 대외지향적 공업화전략
⑤ 균형성장보다는 불균형성장 전략에 따랐다.

대외지향적 성장은 수출선도형 성장 또는 무역의존형 성장으로서 무역(수출)이 경제성장을 선도하는 경우이다. 그리고 불균형성장 정책은 산업면에서는 농업보다는 공업을, 분업관계에서는 국제분업주의를 우선하여 수입대체산업에서 수출산업으로, 그리고 기업규모면에서는 양산체제의 이익을 추구하여 중소기업보다는 대기업 편중적으로 전개되었다.

정책적 조화 없이 이러한 성장전략의 지속적 추구는 국민경제구조의 불균형과 산업구조의 파행, 대기업 편중의 경제구조를 정착시켰다. 그 결과 소득불평등의 심화와 나아가서 사회적 양극화라는 구조적 문제를 만들어 냈다.

2. 대기업 중심주의냐, 중소기업 중심주의냐

〈제1차 경제개발 5개년계획〉이 끝나고 제2차 5개년계획의 시행을 앞둔 1966년에 대기업 중심주의냐, 또는 중소기업 중심주의냐 하는 두 정책방향에 대한 대립된 정치권의 견해가 있었다. 당시 여당인 공화당과 야당인 민중당의 정책기조가 그것인데 이것이 발단이 되어 학계에서는 두 입장에 대한 찬반논쟁, 곧 '중산층 논쟁'이 이어졌다.

대공업 중심의 공업화와 부의 축적을 위하여 '선성장 · 후분배'가 필요하다는 공화당의 경제정책이 반대중적이고 반사회적인

빈부의 양극화현상을 가져온다고 비판한 민중당이 중산층의 정
당임을 자부하면서 중소기업의 보호육성과 부의 균등한 분배정
책을 제시하면서 이 논쟁은 비롯되었다. 공화당도 한국의 근대화
와 사회 안정을 위해서 중산층의 확대 보호를 주장하고 이를 위
하여 중소기업 육성이 필요하다고 강조하였지만, 그 방법에서는
서로 근본적인 차이가 있었다.

공화당의 중소기업 육성방안은 다음과 같다. 중소기업은 기간
산업(주로 독과점 대기업)과 계열화로 육성되어야 하며 대기업으
로부터 단절 내지 분리된 중소기업 자체의 단독육성 정책은 역사
에 역행하는 것이다. 또한 중소기업은 수출산업과 수입대체산업
으로 전환되어야 하며, 계열화된 중소기업을 위해 수출공업단지
를 조성하고 수출을 촉진한다는 것이다.

이에 대하여 민중당의 정책방향은 다음과 같다. 일부 국영기
업을 제외한 국영과 민영의 대규모기업 주식을 분산시키고, 신규
건설에서는 대규모 자본조성 방법보다는 중소규모에 주력하는
동시에 국가의 모든 혜택을 중소기업의 육성 강화에 집중한다.
농촌경제의 병행발전, 더욱이 세농(細農)의 중농화(中農化)에 치
중하고 공산품의 시장확대를 기한다. 자본이 영세하고 기술과 경
영능력이 미숙한 바탕 위의 대기업 건설주의는 특혜와 낭비, 그
리고 국민의 희생을 강요하지만, 중소기업주의는 우리의 기업능
력에 알맞는 동시에 기업의 소유가 많은 사람과 넓은 지역으로
확산될 수 있다. 이러한 중소규모의 노동집약적 기업 건설은 우
수하고 값싸며 풍부한 노동력이 그 성공을 뒷받침해주면서 고용
효과를 빠르게 볼 수 있다. 또한 국제시장에서 선진국을 누르고
판로를 확대할 수 있는 것은 중소기업에 의한 노동집약적 산업이

라는 것이다.

두 당의 정책기조에서 공화당은 불균형성장적 대기업 중심주의를 추구하고 있으며 민중당은 중소기업과 농업을 바탕으로 한 균형성장과 중소기업 중심주의를 지향하고 있음을 볼 수 있다.

이 두 정책방향은 학계에서 중산층(중소기업) 소멸론과 육성론의 논쟁으로 이어졌다. 먼저 소멸론은 다음과 같이 주장하였다.

첫째, 독립적인 생산수단의 소유자 가운데 하나인 중산층은 경제적으로는 중소기업의 형태로 나타난다. 이들 중소기업은 효율적인 생산단위인 대기업의 발달이 불완전하게 시장수요를 충족시킬 수 없을 때 그 부분을 공급함으로써 생존할 수 있다. 따라서 중소기업을 보호 육성하는 것은 효율적인 생산을 할 수 있는 대기업의 발전을 저해한다. 중소기업은 역사적으로 반동적(反動的) 역할을 하기 때문에 중소기업이 도태되어 시장점유가 줄어들수록 소비대중에게는 값싼 생산물이 공급될 수 있다.

둘째, 중소기업 존립의 제2조건은 저임금 노동력에 있다. 노동법의 그물을 피하여 전근대적인 노동착취를 함으로써 중소기업은 대규모 생산경제라는 이점을 가진 대기업과 대항한다. 그러나 노동자 희생이 사회정의에 비추어 오래 방치될 수 없고 역사의 흐름도 이를 오래 두지 않는다. 저임금에 발을 디딘 중소기업의 소멸이 하루가 빠르면 복지사회의 도래 역시 하루가 빨라진다.

셋째, 반동과 부정의 화신인 중소기업도 한편으로 생각하면 경제적 희생자이며, 대기업과의 계열화에 연명하는 중소기업의 제3의 조건이 이를 밝혀준다. 중소기업이 대기업과 계열화함으로써 그 사이에는 자본 및 조직 면에서 주종(主從)관계가 생기고, 경제원칙의 냉혹한 작용으로 부등가교환이라는 착취관계가 생긴다. 그뿐 아니라 경기순환의 쿠션이 됨으로써 대기업을 위하여 불황의 총알받이가 되어 쓰러진다.

이러한 이유로 한국경제의 근대화를 위해서는 중소기업의 소멸은 불가피하며 대기업 육성에 우선순위를 두어야 한다는 것이다. 이에 대하여 중소기업의 우선 육성을 주장하는 입장은 자본의 집적·집중에도 중소기업은 오히려 비대하고 있다는 각 나라의 현실을 제시하고 있다.

첫째, 자본의 집적·집중에 따라 대자본에 의한 소자본의 구축과 수탈이 이루어지고 그 결과 중소기업은 필연적으로 몰락할 운명에 있다는 것이 고전적 견해이다. 그러나 독점자본 단계에서 이러한 주장을 하는 것은 고전이론을 너무 직선적으로 해석하는 것이며 이론적 발전과 실증적 반증을 외면하는 것이다. 독점의 진전에도 오늘날 중소기업은 선진자본주의에서도 소멸하지 않을 뿐만 아니라 절대적 수가 오히려 늘어나고 업종도 다양화하고 있다.

둘째, 독점자본 단계의 중소기업문제는 좀 더 동태적으로 파악할 필요가 있다. 독점자본 그 자체가 중소기업의 잔존을 요구하는 성향이 있으며 국민경제 안에서도 중소기업이 잔존할 측면이 온존하기 때문이다. 그러나 개별자본으로서 중소기업은 매우 불리하고 취약하기 때문에 끊임없이 몰락·도태·소멸되지만, 다시 탄생한다. 독점의 진전에도 중소기업의 수적 증가라는 반대 경향이 나타나는 것은, 대기업에 의한 중소기업 구축이라는 일반적 경향이 관철되고 있음에도 그것이 중소기업의 잔존 및 새로운 탄생이라는 반대 경향과 교차하는 가운데 진행되기 때문이다. 곧 한국에서 독점이 진전되어도 중소기업은 여전히 잔존할 것이지만, 그것은 대기업의 압박 속에서 언제나 불안정한 상태로 소멸과 탄생을 반복할 것이다.

셋째, 한국의 중소기업은 독점이 고도로 진전된 뒤에 잔존하는 형태의 중소기업과는 다른 특수성을 지니고 있다. 우리나라 대기업은 중소기업이 발전하면서 형성된 것이 아니라 대부분이 정치권과 결탁하여 특혜 속에서 출현한 것이다. 한편 중소기업은 대기업과는 관계없이 국민경제의 방대한 생산부족을 충당하기 위하여 출생하였으며 거의 모든 업종에서 생산을 분담하고 있다. 곧 초기자본주의 시대의 생산형태가 아무런 유기적 관련 없이 동시적으로 공존하고 있다. 그리하여 우리나라 중소기업의 지위와 역할은 매우 크다.

넷째, 중소기업의 비중이 크지만 그 안정성은 매우 취약하여 대부분은 대기업의 발전으로 양자는 개방적인 경쟁관계에 있다. 더욱이 외국자본과의 경쟁을 피하면서 대내적으로 그 시장을 개척한다. 중소기업의 생산 담당 영역을 침식함으로써 단기간에 폭리를 추구하는 경향을 갖고 있다. 곧 외국자본에 종속된 대기업이 국내시장을 기반으로 생성된 중소기업의 영역을 침식함에 따라 경쟁관계가 형성된다.

이런 상황에서 한국의 근대화를 촉진하기 위해서는 중소기업을 육성하되, 자본이 부족하고 노동이 과잉된 조건에서 대기업과 중소기업이 상호보완적으로 성장할 수 있도록 구조를 개편하고 분화적 산업체제(分化的産業體制)를 구축할 필요가 있다는 것이다. 이어서 중소기업의 역할을 긍정적으로 보고 그 육성의 당위성을 주장한다. 경제개발 초기 상업자본을 산업자본으로 전환하기 위하여 중소기업의 산업자본으로서의 가능을 들고 있으며,

노동집약적 생산방법을 통한 유휴노동력의 흡수로 국민총생산의
극대화에도 큰 구실을 하고 있다. 또한 부족한 국민총생산의 높
은 비율을 분담하고 있으며, 독과점 진전에 따른 부의 편중과 독
점자본의 소비대중수탈로 국내시장이 파괴되는 것을 완화 시켜
주는 것도 중소기업이다. 더욱이 중소기업은 소득의 불평등 분배
를 완화하고 국내의 유효수요 창출을 조성함으로써 국민소득의
원활한 순환을 크게 돕고 있다는 점도 그 육성론의 근거로 제시
하고 있다.

3. 경제력 집중과 소득 불평등

(I) 경제력 집중과 독과점 지배체제의 강화

1) 압축성장과 독과점 구조의 정착

중산층 논쟁에서 논의된 중소기업 중심주의와 부의 균등분배
주장은 그 뒤의 정책시행 과정에서 받아들여지지 않고 대기업 중
심주의와 불균형성장 전략이 정책의 주된 흐름이 되었다. 관 주
도 아래 '선성장·후분배'를 지향하는 성장제일주의, 외연적 성
장, 대외지향적 공업화를 추구하는 수출선도형 성장과 대기업 중
심의 불균형성장 전략을 추구하였다. 70년대에 들어서면서 본격
화한 압축성장(壓縮成長)과 중화학공업 건설은 중소기업보다는
대기업 중심으로 추진되면서 경제력 집중은 가속화하고 중소기
업의 비중은 낮아졌다.

후진국은 선진국이 오랜 기간에 걸쳐 많은 비용을 들여 발전
시킨 기술과 제도를 단기간에 적은 비용으로 학습·흡수하는 후

발성(後發性)의 이점을 누릴 수 있다. 외국의 자본과 기술을 원활히 도입하고 무역시장에서 경쟁력을 추구하는 대외지향적 성장 전략은 선진경제와의 격차를 줄이는 압축성장을 수행하도록 만든다. 압축성장 정책에서는 국가가 중심이 되어 수출주도적 공업화와 수입대체 공업화를 지원하였다.

뒤늦게 경제개발을 시작한 경제가 급속하게 경제개발을 하여 선진경제를 따라잡으려는 압축성장(壓縮成長)은 대기업 중심의 성장과 자본(융자) 집중을 피할 수 없게 만들었고, 그 결과로 대기업이 발전하고 중소기업은 상대적으로 침체하는 가운데 경제의 이중성(이중구조)이 형성되기도 하였다. 후발성의 이익을 추구하는 이식자본주의의 전개 과정은 일찍이 거쉔크론(A. Gerschenkron)의 대약진(big push) 이론이 그 모형을 제시하였다. 약진단계에서 공업부문의 높은 성장과 생산재, 특히 중공업의 급속한 발전, 생산구조 면에서 기업의 대규모화 및 집중과 대기업 중심으로 성장이 이끌어진다는 방향을 지적하였다. 로스토우(W. W. Rostow)의 선행조건을 비판하면서 그는 선행조건이 결핍될 경우 외자도입과 기술·인력 수입으로 그 대체가 가능하다고 보아 후발성의 이점을 강조하였다. 후발성의 이점을 활용하여 국가가 주도하여 압축 성장을 추구한 60~70년대 한국경제의 성장과정을 이론적으로 설명하고 있다.

압축성장 정책을 구체적으로 뒷받침한 것이 중화학공업 건설이었다. 1973년 1월 〈중화학공업화선언〉 이후 본격화한 중화학공업화 정책은 철강·화학·비철금속·기계·조선·전자 등 6개 전략업종을 선정하고, 대규모 공업단지(포항·창원·여천·온산·울산·옥포 등지)를 조성하여 이에 참여하는 거대기업에게 특혜적 재정 금융지원(외자도입 포함)을 하는 것이었다. 여기서 특징적인 것은 그것이 단순한 생산재·자본재의 수입대체가 아니라 중화학공업을 수출로 특화하는 산업을 육성하는 것이었다. 중화학공업 건설의 원칙은 '최신공정'으로 '수출지향의 국제규모'를 실현하는 것이었다.

재벌기업은 특혜적 편중지원에 편승하여 중화학공업 건설에 참여하였고 이에 힘입어 비대화되었다. 국제적 규모의 중화학공업 건설이 정부 주도로 추진되었기 때문에 중소기업은 당연히 여기서 배제되는 가운데 독점재벌에 모든 특혜적 지원과 자원배분이 집중되었다. 재벌 위주의 중화학공업화가 막대한 특혜 속에 진전됨에 따라 재벌의 비대화와 독점화는 급속하게 이루어졌다.

한국 자본주의에서 독점자본주의의 확립은 여러 가지 논의가 있지만, 대체로 1960년대 이후 1970년대 중반까지를 그 전사(前史)로 하여 1970년대 후반 혹은 1980년대에 독점자본주의의 지표들이 나타난다고 보고 있다. 이는 중화학공업화 기간 중 국가의 지원과 막대한 외자도입을 통하여 생산에서 독점적 지위를 차지한 사적독점체가 산업독점체로 전환되었음을 의미한다. 1970년 후반에서 1980년대 초에 걸쳐 주요 산업에서 독점적 대기업을 중심으로 대량생산체제가 확립되었으며, 독점자본과 비독점자본인 중소기업 사이에 하청·계열관계를 통한 지배·종속관계와 상호협력·의존관계가 형성·확대·심화된 것이 독점적 자본축적의 바탕이 되었다. 곧 1980년대 들어 생산물 시장에서 독점적 지위가 확립되었고 또 생산수단 구매 과정에서 하청계열관계를 통한 독점적 지배가 강화되었다는 사실을 이 시기에 독점적 특성이 나타난 근거로 보고 있다.

독점 대기업의 지배력 강화는 재벌의 소유 집중과 중요 생산 영역 장악 및 시장지배로 나타났다. 재벌의 생산 영역 지배는 수출주도 중화학공업을 중심으로 전개되었고 그것은 시장의 지배로 실현되었다. 그 결과 독점 대기업은 소유, 생산, 유통을 통합한 경제의 모든 영역에서 그 독점적 지배력을 장악하였다. 기업 결합 또는 기업신설을 통해 독점적 대기업은 그 지배력을 강화하였고, 중화학공업 투자를 중심으로 산업생산 전반의 재편 속에서 수출주도 산업을 중심으로 그 활동영역을 재구성하면서 그 지배망을 확대하였다.

〈표-20〉 독점적 대자본의 제조업 부문 매출액 집중률(1972~1987) (단위: %)

	4대 재벌		12대 재벌	
	전 부문	중화학공업	전 부문	중화학공업
1972	7.0	24.0	14.2	43.1
1978	13.3	39.5	21.2	55.5
1981	16.2	45.9	31.5	83.7
1987	22.0	55.1	33.4	85.4

자료 : 정윤형 감수, 《한국경제론》, 백산서당, p.118

제조업 부문에서 1970년에서 1980년대까지 재벌(수많은 계열사로 구성된 독과점 대기업 집단)의 매출액 집중은 특히 1970년대 후반부터 1980년대 초반까지 크게 증가하였다. 이런 대기업의 독점적 지위는 외국자본과 기술의 도입, 그리고 정책의 특혜적 지원에 따라 육성된 중화학공업 부문에서 어마어마한 수준에 이르렀다(〈표-20〉).

2) 경제력 집중의 실태

재벌의 독점적 지배력 강화는 종적 수준에서만 그친 것이 아니었고 횡적으로는 수많은 계열사를 거느리면서 진행되었다. 경영다각화라는 명분으로 재벌은 문어발식 경영을 추구하여 계열기업체를 확충하면서 소유 집중과 시장점유율을 높였다. 상호출자, 채무보증, 내부거래를 통하여 계열기업을 늘려나갔다.

재벌형 독점자본의 성장은 그 긍정적 측면 못지않게 부정적 영향을 수반하였다. 문어발식 확장을 통해 중소기업에 적합한 사업영역에까지도 진출함으로써 중소기업이 자생력을 갖고 성장하는 것을 억제하였다. 그 결과 부품 및 소재산업의 발전이 취약해져 뿌리가 약한 경제구조를 형성하게 되었다. 막강한 자금력을 배경으로 중소기업이 개척한 시장영역에 진출하면서 이 분야에서 중소기업의 과당경쟁과 도산을 속출하게 만들었고 국민경제 속의 공룡으로 되었다. 그런 가운데 골목상권까지 침투하면서 소상공인의 생계마저 위협하였다. 무분별한 중소기업 분야 잠식으로 비대해진 독과점 대기업 집단의 행태는 국민경제의 성장력 잠식과 경직성을 초래하게 만들었다.

재벌의 이런 부정적 영향을 규제할 필요성에 따라 상호출자 제한과 출자총액 제한제도가 도입되기에 이르렀다. 서로 독립된 법인끼리 자본을 교환형식으로 출자하는 상호출자는 대기업의 경제적 집중을 억제하기 위하여 1987년부터 제한하고 있으며, 그 적용 대상을 상호출자제한 기업집단이라고 한다. 상호출자는 경제력 집중으로 말미암은 폐해뿐만 아니라 자본충실의 원칙을 저해하고 가공의결권을 형성하여 지배권을 왜곡하는 등 기업의 건전성과 책임성을 해치는 출자형태이기 때문이다.

출자총액제한제도는 회사자금으로 다른 회사의 주식을 매입하여 보유할 수 있는 총액을 제한하는 제도이다. 재벌그룹들이 기존회사의 자금으로 다른 회사를 손쉽게 설립하거나 또는 다른 회사를 인수함으로써 기존업체의 재무구조를 악화시키고 문어발식으로 기업을 확장하는 것을 방지하려는 제도이다. 〈독점규제 및 공정거래에 관한 법률(공정거래법)〉이 이 제도를 규정하고 있다.

〈표-21〉은 이러한 제한 속에서 이루어진 2000년 이후 30대 그룹 집단별 경제력 집중도 추이를 나타내고 있다. 2000년에 견주어 2011년에 경제력 집중도는 약간 낮아졌지만 역시 높은 수준을 유지하고 있다. 2011년에 4대 그룹 매출집중도는 20.7퍼센트이고 30대 그룹은 39.6퍼센트로서 상위 그룹에 경제력이 집중된 현상이다. 10대 그룹 30.4퍼센트, 20대 그룹 36.1퍼센트, 30대 그룹 39.6퍼센트로서 그 격차 추이가 완만해지고 있음을 이를 말해주고 있다. 또한 30대 그룹이 매출액의 39.6퍼센트를 차지하고 있는 높은 경제력 집중도를 반영하고 있다.

〈표-21〉 30대 그룹 집단별 경제력 집중도 추이 (단위: %)

	4대 그룹		10대 그룹		20대 그룹		30대 그룹	
	자산	매출	자산	매출	자산	매출	자산	매출
2000	21.2	28.1	33.0	36.9	39.3	41.8	42.4	44.1
2003	20.0	20.4	29.8	26.3	34.4	30.4	37.5	32.9
2006	18.7	19.1	29.7	27.3	36.9	33.0	40.5	35.8
2009	16.7	19.1	26.9	27.0	33.8	32.6	37.4	36.0
2011	20.0	20.7	30.5	30.4	37.1	36.1	40.6	39.6

자료 : 한국경제연구원

주목되는 것은 자산의 집중도인데 매출액 집중과 자산 집중이 거의 같은 추세로 변하고 있다는 점이다. 곧 매출액 집중을 뒷받침하는 것이 바로 자산집중이라는 점이다. 4대 그룹의 자산 집중이 20.0퍼센트로서 매출 집중 20.7퍼센트와 유사한 수준이고, 또 30대 그룹의 경우에도 각각 40.6퍼센트와 39.6퍼센트로서 같은 추이를 보인다.

〈표-22〉는 2012년 기준으로 규모별 사업체수 · 출하액 · 종업원 수 · 유형 자산 구성을 보여주고 있다. 사업체 수 0.5퍼센트인 500명 이상의 종업원 규모에서 출하액 비중은 49.4퍼센트로서 절반에 가까운 높은 시장집중을 나타내며, 유형 자산의 구성도 44.7퍼센트에 이르고 있다. 출하집중과 자산집중이 병행하는 앞서 30대 그룹의 경제력 집중 추이와 유사하다. 한편 사업체 비중이 1.1퍼센트인 대기업의 출하액과 유형 자산의 구성은 각각 56.4퍼센트와 52.3퍼센트로서 중소기업의 43.6퍼센트와 47.7퍼센트보다 높아서, 경제력이 출하액이나 유형 자산 면에서 거대기업과 대기업에 집중되어 있음을 알 수 있다.

경제력 집중은 〈2012년 광업 · 제조업조사〉에서 10개 품목의 출하액이 18.6퍼센트를 차지하고 있으며 15개 품목은 23.2퍼센트에 이르고 있음에서도 나타나고 있다.

경제력 집중과 관련하여 논의하지 않을 수 없는 것이 수출실적의 집중 문제이다. 2009년에 대기업 수출은 전체의 62.8퍼센트, 중견기업이 15.8퍼센트로서 비중소기업 수출 비중이 78.6퍼센트인 반면 중소기업의 그것은 21.1퍼센트에 그쳤다. 또한 2012년에는 대기업이 67.8퍼센트, 중견기업이 13.3퍼센트로서 비(非)중소기업 수출이 81.1퍼센트인 반면 중소기업은 18.8퍼센트로서 20퍼센트에 미치지 못하였다. 이것은 경제개발 과정에서 중소기

업 수출이 30~40퍼센트에 이르던 것에 견주어 보면 현격히 대기
업에 대한 수출 실적 집중이라고 하지 않을 수 없다.

〈표-22〉 규모별 사업체수·출하액·유형자산 구성―제조업 (단위: 개, %)

	사업체 수	종사자 수	출하액	유형자산
10~19명	32,202 (56.3)	15.6	6.2	7.6
20~49	21,673 (33.9)	23.5	11.6	12.9
50~99	5,971 (9.3)	14.9	9.2	9.8
100~199	2,695 (4.2)	13.4	10.8	11.3
200~299	688 (1.2)	6.0	5.8	6.2
300~499	371 (0.6)	5.0	7.0	7.6
500명 이상	307 (0.5)	21.5	49.4	44.7
계	63,907 (100.0)	100.0	100.0	100.0
중소기업	98.9	73.5	43.6	47.7
대기업	1.1	26.5	56.4	52.3

자료 : 통계청, 《2012년 기준 광업 · 제조업 조사보고서(I)》

대기업에 대한 수출실적 집중은 그 동안의 경제력집중이 수출
지향 중화학공업 중심으로 이루어진 점에서 필연적 결과일 수도
있다. 그러나 이에 대하여는 다음과 같은 문제가 제기될 수 있다.

첫째, 수출 중화학공업과 독과점 대기업 주도의 수출은 그것
이 자동차와 전자 등 소수의 전략 품목에 집중되고 있다는 점에
서 건전한 수출구조라고 볼 수 없다. 독일의 강소기업처럼 세계
적 경쟁력을 갖는 중소기업을 육성하여 다양한 수출 품목에 바탕
을 둔 수출 구조를 다질 필요가 있다.

둘째는 수출소득의 독과점 대기업 집중문제이다. 마이어 교수의 지적처럼 수출소득이 고용 및 개인소득에 직접적인 효과가 있어야 하고, 국내 생산물에 대한 소비성향이 높은 사람에게 더욱 많이 분배되어야 한다. 또 생산적인 방향으로 적극 투자되지 않고 기업 내부에 누적되는 경우 소득 불평등과 양극화의 계기가 될 수도 있다.

(2) 경제력 집중과 소득불평등의 심화

1) 자본집중이 소득 불평등의 원인이다

경제력 집중은 소득 불평등의 원인이다. 성장지상주의에 빠져 있던 한국에서 빈부격차, 소득 양극화, 소득 불평등 그리고 이를 완화·해소하려는 노력으로 경제민주화, 경제적 복지 등의 문제가 심각한 이슈로 등장하고 있다. 포괄적으로 보면 깊어진 소득 불평등과 그 완화, 해소 문제인데 그것은 그 동안의 경제발전 과정에서 가져온 경제력 집중의 귀결이라고 보아야 할 것이다.

경제력 집중은 흔히 매출액 집중과 자산(자본) 집중으로 표시한다. 전자는 시장구조에서 시장 집중도, 즉 시장에서 독과점 대기업의 지배력을 말하고, 후자는 생산수단의 집중을 의미한다. 매출액 집중이 일어나는 것은 그것을 실현하는 기반인 생산수단의 뒷받침이 있기 때문에 가능한 것이다. 따라서 경제력 집중에서 중심이 되는 것은 매출액 집중보다 오히려 자산(자본) 집중이라고 할 수 있다. 그러므로 소득이 왜 불평등해지는가는 자본집중의 원인을 밝혀야 알 수가 있다.

프랑스 경제학자 피케티(Thomas Piketty)는 그의 저서 《21세기 자본(Capital in the 21st Century)》(2014)에서 자본주의 사회에

서 성장과 분배의 움직임을 분석하고 경제적 불평등의 원인을 밝혔다. 그에 따르면 자본수익률이 경제성장률을 웃돌기 때문에 소득 불평등이 일어난다고 보았다. 그러면서 이러한 추세는 앞으로 21세기 내내 계속되어 자본주의 미래는 밝지 않다는 우울한 예측을 내놓고 있다. 그는 자본(capital)의 개념을 부(wealth)로 확장하고 비생산자산(non-produced asset)인 토지와 자원까지 포괄하여 광범위하게 정의한다. 이 자본이 스스로 증식해 얻는 소득(임대료, 배당, 이자, 이윤, 부동산이나 금융상품에서 얻은 소득 등)이 노동으로 벌어들이는 소득(임금, 보너스 등)을 웃돌기 때문에 소득 격차가 점점 더 벌어진다는 것이다. 돈이 돈을 벌기 때문에 시간이 흐를수록 부익부 빈익빈이 심해져 이른바 세습자본주의(patrimonial capitalism)가 도래할 것이라고 예언하면서 그 해결방안으로 누진적 소득세율의 인상과 세계 자본세(global capital tax)의 도입을 주장하였다.

 '분배가 잘못되어 있다'는 피케티의 호소는 세계적으로 '피케티 열풍'을 일으켰고 우리나라에서도 피케티 현상이 격렬하게 일어났다. 돌이켜 보면 대공황과 제2차 세계대전이 이어지면서 뉴딜정책과 같은 각종 진보적인 공공정책의 채택과 전비 조달을 목적으로 하는 재정 수요를 충당하기 위한 누진적 소득세 도입으로 자본수익률은 낮아지고 경제성장률은 높아졌다. 그 결과 미국에서는 소득 불평등이 크게 줄어들어 대압축(the great compression)의 시대, 그리고 '자본주의 황금기'라고 부르기도 했다.

 그러나 전후 30년 동안 세계 자본주의가 누렸던 사상 최고의 호황과 높은 성장은 30년 만에 끝나버렸고, 1980년대부터는 미국에서 레이건, 영국에서는 대처에 의한 시장만능주의의 시대가

왔다. 작은 정부를 신봉하는 레이거노믹스와 대처주의는 감세, 규제완화, 민영화를 추진하였고 정부의 역할을 최소한으로 줄였다. 그 결과 불평등이 상승하였고 이대로 두면 불평등은 더욱 깊어져 21세기 자본주의는 암울할 수밖에 없다는 것이 피케티의 예측이다.

세계자본주의가 몸살을 앓게 하는 소득 불평등을 가져온 이론적 바탕은 시카고학파를 중심으로 한 신자유주의 경제이론이었고, 이것은 한국에도 상륙하여 경제정책의 중심 틀이 되고 있다. 1930년대에서 대공황으로 신고전주의의 허술함이 드러나고, 다시 1970년대 세계경제의 위기와 혼란으로 케인즈 이론에 대한 신뢰가 무너진 이른바 경제학의 두 번째 위기를 맞아 등장한 신자유주의는 보수화한 경제학계의 흐름을 반영하는 것이었다. 그러나 레이거노믹스와 대처주의로 상징되는 시장만능주의가 가져온 소득불평등의 문제를 다룬 피케티의 저서가 신자유주의의 한계를 넘어서는 새로운 패러다임의 경제이론을 창출할 수 있을지 관심의 대상이다.

소득 불평등의 원인에 대한 피케티의 분석은 자본수익률이 경제성장률을 웃돌기 때문이라는 것이다. 이것은 국민소득증가율 가운데 자본으로 돌아가는 몫이 크기 때문에 경제적 불평등이 깊어진다는 점을 말한다. 이런 현상에 대하여 피케티는 소득분배의 측면만을 강조했을 뿐 그 원인에 대한 해답은 충분히 내놓지 않았다. 곧 소득 불평등은 그것을 일으키는 자본(생산수단)의 집중에서 오는 것이다.

소득을 창출하는 생산요소는 흔히 자본, 토지, 노동 등 세 가지로 구분하는데 피케티는 토지를 넓은 의미의 자본에 통합시켰기 때문에 생산요소는 크게 자본과 노동으로 나눌 수 있다. 이때 증가된 국민소득 가운데 자본으로 분배되는 몫이 노동으로의 분배 몫을 상회하는 것은 자본집중의 결과로 노동소득보다 집중된 자본으로 더 많은 소득이 분배되기 때문이며, 그 결과 소득불평등 현상이 일어나는 것이다. 다시 말하면 자본집중이 소득 불평등의 원인이 된다.

우리나라의 경우 2012년 기준 대표적인 자본소득(부동산, 주식, 예금 등 자산에서 발생하는 소득)인 배당소득(기업주식을 보유한 사람이 기업 이익의 일부를 분배받아 발생하는 소득)에서 상위 1퍼센트가 72.1퍼센트, 10퍼센트가 93.5퍼센트를 가져간다는 자료도 있다. 또한 이 자료에 따르면, 이자소득에서는 상위 1퍼센트가 44.8퍼센트, 10퍼센트가 90.6퍼센트를 분배받고 있다. 한편 사업소득 중심의 종합소득은 상위 1퍼센트가 22.9퍼센트, 10퍼센트가 55.6퍼센트, 근로소득은 상위 1퍼센트에 6.4퍼센트, 10퍼센트에 27.6퍼센트가 분배되고 있다. 이 결과에서 알 수 있는 것은 자본소득인 배당소득과 이자소득의 집중도가 임금 등 근로소득과 종합소득보다 그 정도가 훨씬 심하다.

자본소득의 쏠림현상은 노동소득과의 격차를 크게 하고 깊어진 소득 불평등의 원인이 되고 있다. 여기에 부동산 편중현상을 고려하면 임대소득 불평등도 심각한 것으로 추정되어 자본소득의 집중이 소득 불평등을 심각하게 만들고 있음을 알 수 있다. 김낙년 교수는 〈한국경제의 소득분배〉에서 2010년 현재 시장소득 지니계수는 0.415, 가처분소득 기준은 0.371로 추정했다. 지니계수는 소득 불평등 정도를 나타내는 대표적인 지표로 1에 가까울수록 불평등 정도가 크다는 의미이다. 이 추정결과에 따르면 한국의 소득 불평등 정도는 OECD 회원국 가운데 칠레, 멕시코, 터키, 미국에 이어 다섯 번째로 심각한 수준이다.

2) 자본집중의 실체 : 자본축적의 법칙

소득 불평등의 원인은 자본집중의 실체를 분석해야 밝혀질 수 있다. 피케티는 불평등을 상위층으로 소득 집중과 격차의 확대라는 양적인 차이로만 이해하는 등 부의 분배에만 초점을 맞춤으로써 경제적 불평등이 자본주의 생산양식 고유의 자본축적 방식에서 비롯된 것이라는 점을 지나쳐 버리고 있다. 생산수단과 노동의 분리와 대립(자본과 노동의 사회적 관계), 생산수단에 대한 독점적 지배력 행사 등 구조적 분석이 결여됨으로써 불평등의 근본원인을 직시하지 못했다는 지적이 나오는 이유이다.

자본의 집중과정은 자본주의적 축적의 일반적 법칙이 설명해 준다. 이 법칙은 자본의 집적 · 집중의 법칙과 분열 · 분산 경향으로 구체적으로 진행된다. 자본주의적 축적 과정에서는 자본의 집적과 집중 경향이 기본적으로 일어나지만, 그것은 직선적 획일적으로 이루어지는 것은 아니며, 자본의 분열 · 분산이라는 반대 경향을 수반, 제약되면서 진행된다. 전자에서는 중소기업의 '경쟁 · 도태'가, 후자에서는 '잔존 · 이용', 나아가서 존립영역의 확대 경향으로 나타난다.

먼저 자본의 집적과정은 생산과정에서 창출된 잉여가치가 자본으로 전환되어 생산수단의 확대가 실현되는 과정이다. 이때 자본은 생산된 가치를 생산과정에 투입된 자본과 노동 가운데 자본소득으로 분배를 늘리고, 노동소득으로 분배를 최소한의 수준으로 유지한다. 그 결과 자본소득의 누적적 증대와 노동소득의 상대적 감소 제한이라는 경향이 나타나고 소득 불평등이 이루어진다. 여기서는 자본가와 노동자의 대립적 사회적인 관계가 파악의 대상이 된다. 그리고 자본의 집중과정은 대자본이 소자본을 흡수하여 대자본의 집중 속에 소자본이 소멸·도태하면서 자본축적이 이루어지고 독점적 대기업에 생산수단의 집중과정이 구체화된다.

자본의 분열·분산 경향은 자본의 집적·집중이라는 기본적 경향이 언제나 소자본의 잔존·신생이라는 반대경향과 함께 진행된다는 점을 말하여 준다. 이런 두 가지 모순되는 경향은 산업자본 단계에서나 독점자본 단계에서 다 같이 이루어지지만, 후자의 단계에서 분열·분산의 경향은 더욱 강하게 나타난다. 구체적으로는 경제가 발전하면서 새롭게 다양한 중소기업의 존립 분야가 형성·발전하고 능률적 경영단위로 적정규모 중소기업과 시장구조에서 불완전경쟁적 중소기업이 존립한다. 나아가서 지식정보화 시대의 산업구조 속에서 중소기업의 적극적 존립과 역할이 커진다는 점이다.

더욱이 독점자본 단계에서는 산업자본 단계보다 대자본의 자본축적 요구가 더욱 강렬해지고 그것을 성취하기 위하여 다각적 형태를 취한다. 자유경쟁이 지배적인 전자의 단계에서 중소기업의 구축·도태의 경향은 중소기업의 신생·잔존·이용의 경향과 병행한다. 이것은 독점자본이 그들의 자본축적을 위하여 중소기업이 창출한 잉여가치를 수취하려고 하기 때문이다. 곧 독점적 대기업이 중소기업을 새로운 자본축적의 바탕으로 삼으면서 잔존·이용의 경향이 강화된다. 그 대표적인 사례가 하청·계열관계의 심화이다. 그러면서 독점 대기업과 중소기업 사이에는 상호

협력 · 의존성과 지배종속 · 대립관계라는 두 가지 특징이 진행된
다. 하청계열 관계 속에서 지배 · 종속 · 대립의 관계는 구체적으
로 하청대금의 인하, 하청대금의 지불기일 지연 등으로 나타나
고, 이 과정에서 독점 대기업에 자본집중과 중소기업의 침체 · 약
화라는 현상이 이루어진다.

자본이 집적 · 집중과 분열 · 분산이라는 자본축적 과정은 생산
수단을 집중시키고 동시에 소득을 불평등하게 하는 두 가지 특징
을 보여준다. 그 결과 이루어진 생산수단의 집중과 독점적 대기
업에 경제력 집중은 자본소득 분배를 노동소득 분배보다 크게 한
다. 나아가서 자본수익률이 경제성장률을 웃돌게 만들어 소득 불
평등을 정착시키면서 자본주의 장래를 암울하게 전망하도록 한
다. 이를 완화 · 극복하기 위한 방안으로 피케티는 세계적 자본세
라는 소득분배정책(조세정책)을 제시했다. 그러나 이것은 소득
불평등의 원인 해소 · 완화에 근본적인 해결방안은 되지 못한다.

산업(조직)정책으로 독과점 대기업에 경제력이 집중되는 것을
제한하는 처방이 필요하다. 이를 위하여는 비독점부문의 경제적
비중을 확충해야 하는데 바로 중소기업의 활동기반 강화와 육성
이 그 방안이며 소득 불평등 해소와 완화의 길이다. 소득분배 정
책과 함께 산업정책의 접근이 필요한 이유이다. 동시에 자본주
의적 축적의 법칙에서는 자본의 집적 · 집중보다는 분열 · 분산의
경향을 강화하는 방안으로 정책적 유도가 필요하다.

4. 동반성장과 '활력 있는 다수'

(I) 함께해야 멀리 간다

1) 동반성장과 적합업종

'함께해야 멀리 간다'는 것은 남아프리카 공화국 전 대통령 넬슨 만델라가 한 말이다. 마치 국민경제의 두 기둥인 대기업과 중소기업이 동반성장해야 경제가 지속적이고 건전하게 발전할 수 있다는 것, 곧 동반성장의 중요성을 함축적으로 지적한 듯하다.

동반성장(shared growth)이란 대기업과 중소기업이 함께 성장하는 것을 말하며 대기업과 중소기업의 균형발전의 필요성을 강조하는 것이다. 기업의 경쟁력과 경제의 발전은 대기업과 중소기업이 얼마나 잘 어우러져 네트워크를 형성해 가느냐에 달려 있다고 본다. 그런데 현실은 대기업에 견주어 중소기업에 불리한 여건이 많고 갈등과 문제가 많아 이를 이루지 못하고 있다는 생각에서 동반성장의 정책 이슈가 생겨났다. 대기업과 중소기업이 함께 대등한 관계에서 공정한 거래를 하고 시장에서 경쟁에 참여할 기회를 골고루 나누어가지면서 성장하는 것이 필요하다. 그러려면 기존의 대기업 중심의 승자독식에서 벗어나 중소기업이 적정한 분야에서 성장하고 경쟁력을 강화하는 것이 또한 대기업의 성장을 추구하는 길이라고 본 미래지향형 경제 패러다임이라고 할 수 있다.

대형슈퍼마켓의 골목상권 진출(대기업의 중소기업 적정영역 침투)로 이들과 소상공인 및 중소기업 사이에 마찰이 일어나고 있다. 대기업의 구두 발주, 부당한 납품대금 인하, 삭감 및 지불기일 연장, 기술탈취 등도 대기업과 중소기업 사이의 갈등요인으로 작용하고 있다. 이러한 것을 해소하고 자금 · 연구개발 · 생산 · 판매 · 경영분야에서 대기업과 중소기업 사이에 협력을 높이기 위해서 민간위원회로 동반성장위원회가 2010년 12월에 설립되었다.(⟨대 · 중소기업 상생협력 촉진에 관한 법률⟩ 제20조 2) 그 뒤 동반성장지수(win−win index, 상생협력지수, 제15조, 대 · 중소기업 상생협력의 수준을 평가하여 계량화 한 것)를 공시하였고 2012년 2월에는 처음으로 지수를 발표하기도 하였다. 이 위원회는 대 · 중소기업 동반성장의 구체적 방법으로 다음의 세 가지를 들었다.

첫째, 초과이익 공유(현행이익분배)제도이다.(성과공유제, 상생협력성과의 공평한 배분, 제8조) 대기업이 목표한 것보다 높은 이익을 올리면 그것의 일부를 중소기업에 돌려서 중소기업이 기술개발, 해외진출 또는 고용안정을 꾀하도록 하자는 것이다. 이것은 초과이익의 적지 않은 부분이 납품가 후려치기에 연유한다고 보기 때문이다.

둘째, 중소기업 적합업종[(대 · 중소기업 사이의 합리적 역할분담을 유도하기 위하여 중소기업의 형태로 사업을 영위하는 것이 적합한 분야(서비스업 포함)]를 선정하여 대기업이 더 이상 문어발식 확장을 못하도록 해야 한다는 것이다(제20조의 2). 중소기업의 사업영역을 보호하기 위해 대기업들의 신규참여 확대를 금지하는 업종을 선정하여 중소기업의 자생력을 키워주자는 취지이다.

셋째, 정부가 조달청을 통해 재화나 서비스를 조달할 때 높은 비율, 예컨대 80퍼센트 이상을 중소기업에 직접 발주하게 하는 등의 노력이 필요하다는 것이다.

'선성장·후분배'의 정책관성, 불공정한 분배관행, 양극화의 개선 없이는 성장둔화를 피할 길이 없다는 문제의식에서 시작된 동반성장은 불공정 분배의 관행을 공정하게 개선하여 지속가능한 성장을 추구하는 뉴 노말 성장전략이라는 지적이다. '함께 가는 가운데 같이 성장하자'는 의미에서 공존을 통한 성장, '함께 나누는 가운데 다같이 성장하자'는 의미에서 분배를 통한 성장을 함축하는 동반성장은 공존과 분배를 전제로 할 때 지속적인 성장이 가능하다는 메시지를 담고 있다. 21세기의 시대정신(zeitgeist)으로도 보는 동반성장은 경제력 집중의 완화를 전제로 한 중소기업 발전의 길이기도 한 점에서 주목되고 있다.

2) 적합업종제도와 고유업종제도

그런데 동반성장은 최근에 와서 부각된 성장전략이지만 그 기본취지는 새로운 것이 아니다. 경제력이 집중되고 대기업의 중소기업 영역 잠식으로 양자 사이에 대립과 갈등이 있는 곳에서 그러한 정책방향이 이미 나타났기 때문이다. 1966년 중산층 논쟁에서 중소기업 육성론자가 '분화적 산업체제'를 주장한 것도 결국은 대기업과 중소기업이 동반성장하여 산업체제의 능률을 높이자는 것이었다. 해방 후 50년대에 걸쳐 외국원조와 정책적 특혜로 발전한 관료독점자본적 대기업이 중소기업 시장 영역을 무분별하게 잠식하면서 생긴 대기업과 중소기업의 구조적 갈등을 해소하자는 방안이었다.

그 당시 중소기업은 해방 뒤 생산 공백기에 지역적 시장을 바탕으로 자생적으로 생성된 국민경제의 자립적 기반이었다. 이들이 개척한 영역을 외국원조와 정책적 특혜로 무장한 대기업들이

침투하면서 중소기업은 구축되고 과당경쟁으로 도산에 이르게
되었다. 이를 완화 해소하려는 정책대안으로 중소기업은 경공업
에, 대기업은 중화학공업 분야에 사업영역을 한정하자는 것이 분
화적 산업체제의 골격이었다.

대기업의 중소기업 분야 진출로 빚어진 도산과 과당경쟁을 막
기 위해서 1961년에는〈중소기업사업조정법〉이 제정되었다. '중
소기업의 과도한 경쟁을 공정히 조정'하려는 것이 이 법제정의
취지였다. 그런데 이 법이 제정되지 않을 수 없는 과당경쟁의 원
인은 바로 대기업의 중소기업 분야 진출에 있었고, 그 점은 실증
적 자료가 뒷받침하고 있다. 이를 반영하여 1978년에는 이 법이
개정되었는데 법의 제정 목적에 중소기업의 과당경쟁 조정과 함
께 "대기업에 의한 과도한 침투로 인하여 중소기업자의 사업위축
으로 발생하는 분쟁을 조정함으로써 중소기업 사업 활동의 기회
를 적정하게 확보"를 추가하였다.

이를 위하여 대통령령으로 정하는〈중소기업특화업종〉을 지
정하여 중소기업 사업영역을 보호하려 했다. 이어서 1982년 개정
에서는〈중소기업특화업종〉을〈중소기업고유업종〉으로 명칭을
변경하여 그 기준을 명확히 하였고, 1986년 개정에서는 이 업종
에 대한 대기업의 침투를 원칙적으로 금지하는 좀 더 강한 조치
를 규정하였다. 이 고유업종제도는 1995년에 통합 · 제정된〈중
소기업의 사업영역보호 및 기업간 협력증진에 관한 법률〉로 이
어졌다. 중소기업이 사업을 하는데 적당하다고 판단되는 업종을
법률에 명시된 일정한 기준에 따라 중소기업 고유 업종으로 지정
하여 이 사업 분야에 대기업의 신규참여를 원칙적으로 금지하여
중소기업의 사업영역을 보호, 중소기업의 시장 확보와 사업기반

을 강화시키려는 사전적 보호장치가 고유업종제도이다.

이 제도는 대기업의 중소기업 분야 진출을 직접 규제하여 중소기업의 사업영역을 보호한다는 장점이 있다. 하지만 경쟁의 제한으로 시장구조를 왜곡시켜 경제의 비능률을 초래할 우려가 있고, 중소기업을 지나치게 보호하여 스스로의 기술개발과 품질향상 등 경쟁의식을 저하시킬 우려가 있다는 점 등이 지적되었다. 그리고 해외로부터 국내시장의 진입장벽이 있는 상황에서는 실효성이 확보될 수 있지만, 국내외 시장구분이 불가능한 개방화 사회, 더욱이 WTO체제 아래에서 경쟁제한적 보호조치는 한계가 있다는 지적도 있었다. 또한 수입개방으로 수입을 허용하면서 국내 대기업만 특정업종에 사업 참여를 제한하는 것은 국내 대기업에 기회 불평등을 안겨준다는 문제점도 제기되었다.

제6차 5개년계획(1987~1991)이후 지적된 고유업종제도의 이러한 문제점은 그 뒤 '자율과 경쟁'의 기초 위에서 그 실효성이 확보되는 합리적 개편이 추구되었지만 2006년에 폐지되었다. 그 뒤 재벌 대기업들은 중소기업이 개척하여 수십 년 동안 일구어 온 전통 제조업시장뿐만 아니라 음식·숙박·소매 등 단순노동 투입 중심의 생계형 서비스업까지 무차별적으로 사업을 확장하였다. 약탈적 가격설정, 과도한 판촉행위 및 계열사 일감 몰아주기 등을 통해 중소기업 시장을 빠르게 잠식하는 가운데 우리 사회의 갈등과 양극화는 걷잡을 수 없이 악화되었다.

한국은행 발행 계간지 2014년 6월호에 따르면, 대형할인마트 1개가 시·군·구에 추가로 진입할 때마다 지역 안의 동네 슈퍼마켓 22개, 재래시장으로 상징되는 식료품 소매업체 21개가 문을 닫는다. 그리고 기업형 슈퍼마켓(SSM)도 1개 늘어날 때마다 소규모 슈퍼마켓과 식료품소매점이 각각 6.84개와 8.00개 줄어드는 것으로 나타났다. 이런 현상을 막고 골목상권, 소상공인, 중소기업을 지키기 위한 사회적 합의에 따라 동반성장의 이슈가 제기되면서 동반성장위원회가 2010년 말 꾸려졌고 2011년에 적합업종 제도가 도입되었다.

대기업의 무분별한 사업확장으로부터 중소기업의 영역을 보호하기 위해 도입된 제도라는 점에서는 고유업종제도와 유사하다. 그러나 후자가 법적으로 규정된 중소기업 영역의 사전적(事前的) 보호조치인 데 대하여, 전자는 법적규제 또는 정부 주도의 규제가 아닌 민간 차원의 자발적 합의를 거쳐 대기업과 중소기업이 상생할 수 있는 산업생태계 조성과 사회적 규범을 도모하는 제도라는 점에서 차이가 있다.

(2) 시장기능 활성화와 '활력 있는 다수'

경제력 집중과 독과점 지배의 강화가 가져오는 근본적 문제는 자본주의 경제의 기틀인 시장기능을 경직화시킨다는 점이다. 중소기업은 시장경쟁의 담당자로서 시장기능을 활성화시키는 활력 있는 다수로서 기능한다.

자본주의 경제에서 경쟁은 자원의 효율적 배분을 실현하는 기초조건이다. 일찍이 스미스(A. Smith)는 《도덕정조론》(The Theory of Moral Sentiments, 1759)에서 동감(sympathy)에 기초를 둔 개인의 자유방임적 이익추구가 사회경제의 발전을 가져온다는 자본주의 경제의 행동규범을 제시하였다. 곧 자유경쟁이 '보이지 않는 손'(invisible hand)의 예정조화적 작용으로 경제의 효율성과 합리성을 실현한다는 점을 지적한 것인데, 이는 스미스 이래 자본주의 경제의 기본원리이다.

자본주의가 독점자본 단계를 넘어선 현대자본주의에서 경쟁적 시장기능은 크게 제약받고 있으며 경쟁의 효율성도 제한을 받고 있는데 이것은 바로 경제력 집중이 가져온 자본주의의 체제적 문제이다. 자본주의 경제의 기본원리인 '보이지 않는 손'의 작용이 제약을 받고 있는 것이다. 이에 중소기업의 경쟁적 성격은 현대경제의 경직된 시장기능을 활성화하고 경제사회를 쇄신하는 기능을 한다.

1953년에 제정된 미국의 〈중소기업법〉은 다음과 같이 지적하고 있다.

첫째, 미국에서 민간기업 경제체제의 본질은 자유경쟁에 있다. 완전한 자유경쟁에 의해서만 자유시장, 기업참가의 자유 그리고 개인의 창의 및 독창성, 판단과 가치가 보장된다.

둘째, 그러한 경쟁의 유지와 확대는 경제적 복지를 위한 것일 뿐만 아니라 국가안정의 기반이 되기도 한다. 이러한 안정과 복지는 중소기업의 현실적 및 잠재적 능력을 조장하지 않고서는 실현될 수 없다.

셋째, 자유경쟁기업을 보호, 유지, 강화하기 위하여 그리고 미국경제 전체를 유지, 강화하기 위하여 가능하면 중소기업의 이익을 지원하고 보호하는 것이 중소기업 정책의 기본이다.

그 뒤 1973년에 중소기업청 창립 20주년 기념논문집에서는 미국의 소영세기업(small and little business)을 '활력 있는 다수'로 규정하였다. 이 책의 서두에서 닉슨(R. Nixon) 대통령은 다음과 같이 쓰고 있다.

첫째, 소기업은 미국의 국민적 교의(敎義, national creed)인 기

회와 자유의 자랑스런 상징이다. 그것은 모든 미국사람이 스스로
의 방법으로 어느 것이나 얻을 수 있는 기회를 갖는 것을 말한다.

둘째, 미국에서는 초기부터 소기업이 우리에게 가장 좋은 아
이디어와 발상(best ideas and inventions)을 제공하였고 산업과 과
학의 성장을 크게 가속화시켰다.

셋째, 오늘날 소기업은 이 나라에서 가장 강력한 힘의 하나로
성장하였다. 그것은 미국 인구의 반의 생계의 기초이다. 나는 언제
나 소기업의 중요성에 대하여 강력한 개인적 신념을 지니고 있다.

넷째, 소기업은 생활의 안정과 만족의 큰 원천이다. 소기업은
미국의 활력의 근거(the lifeblood of America)이다.

자유경쟁기업이라는 규정을 넘어서 중소기업의 기능을 이렇게
적극적으로 보는 것은, 그 확충이 독과점 구조에서 오는 비능률
을 막고 시장효율, 곧 자본주의 체제의 장점을 높이는 산업조직
을 이루는 데 적극적 구실을 한다는 것과 관련 있는 문제의식이
다. 중소영세기업이 원자상적 산업(atomistic industry)이고 이들의
다수 존재는 산업의 집중도를 낮출 뿐만 아니라 원자상적 시장구
조(atomistic market structure)를 이루기 때문이다.

원자상적 시장구조를 이루게 하는 중소영세기업이야말로 경직
화되어 가는 시장구조에 활력을 넣어주는 다수가 되어 자본주의
체제유지적 기능을 한다고 보는 것이다. 고도로 집중화되면서 활
력과 경쟁력을 잃어가고 있는 미국경제에 중소영세기업은 경제
활성화와 경제재건의 중요한 요소로 기대되었다.

'활력 있는 다수'라는 중소기업의 역할은 미국에서 1970년 초
에, 그리고 일본에서는 1980년대에 중소기업정책의 기본방향으
로 정해졌고, 우리나라에서도 1990년대 말, 나아가 2000년대의

중소기업정책 인식에 도입되고 있다. '국민의 정부' 경제 청사진
에서 중소기업정책의 기본을 '활력 있는 다수'로 중소벤처기업 육
성으로 정한 것이 시발이었다.

중소기업은 다양한 존재양식을 갖는다. 세계적인 일류 기술을
보유한 기업에서부터 하청계열관계의 기업, 생업적 영세기업 등
경영기반이 다른 다양한 중소기업이 존재한다. 이러한 다양한 중
소기업의 대다수는 '활력 있는 다수'로서 자금력과 기술력이 불충
분한 가운데서도 경제 환경의 변화에 대응하면서 끈질기게 존속
하고, 계층으로서 중소기업은 상향·성장·확대된다.

이러한 다수의 중소기업의 적응노력이 쌓이면서 경제의 적응
력, 높은 시장성과의 기초가 이루어진다. 또한 다수의 중소기업
은 시대의 흐름에 따라 선진적 수준에 이르는 중소기업으로 탄생
하며, 이러한 조건으로 경제사회는 진보와 활력을 갖게 된다.

높은 도산률과 신설률 속에서 신구기업이 교체되는 사회적 대
류현상이 진행되고 새로운 중소기업이 진입한다. 그리고 중소기
업은 시장에서 경쟁의 담당자가 되어 시장구조의 경직성을 개선
하고 시장기능을 활성화하면서 지배적 대기업에 자극을 주고 도
전하는 가운데 경제의 노화현상을 막고 활력을 증진시킨다. 더욱
이 지식정보집약적인 중소기업은 기술과 혁신의 원천으로서 새
로운 요소를 산업사회에 투입하면서 활력 있는 에너지를 공급한
다. 또한 중소기업은 새로운 산업과 기업 및 대기업의 양성기반
이 되기도 하는 등 활력 있는 다수로서 경제사회를 쇄신하는 기
능(regenerative function)을 한다.

제6장

중소기업은
지식산업사회의 첨병이다

1. 중화학공업화의 성숙과 탈공업화

중화학공업화가 추구하는 물적 생산제일주의의 문제점을 지적하면서 공업화 또는 중화학공업화 이후의 단계에 어떤 산업구조의 변동이 이어지느냐에 대하여는 다양한 견해가 나왔다. 고가공도산업화, 지식산업화, 시스템산업화, 서비스경제의 도래 등이 그것인데 탈공업화도 그 가운데 포함된다.

탈공업사회론(the post-industrial society theory)은 지식산업론의 전개와 함께 산업사회의 구조 분석 방법으로 적극적 의미를 지니게 되었다. 탈공업사회는 사회학자인 벨(D. Bell)이 1964년에 처음 사용한 용어이며, 발전단계론적 계보에 속하는 새로운 포괄적 사회개념이다. 산업혁명 이전의 전산업사회(pre-industrial society)에서 산업사회(industrial society)로, 다시 탈공업화(脫工業化)로 전환하는 사회의 일반적 틀 속에서, 산업사회 다음 단계의 사회의 성격과 구조를 파악하기 위해 나온 개념이다.

전산업사회가 산업사회로 전환하는 계기를 산업혁명(industrial revolution)에 찾듯이, 탈공업사회론은 그 형성의 계기를 정보혁명(revolution of information)에서 시작하는 것으로 본다. 정보혁명은 제2차 세계대전 뒤에 발달한 정보처리 분야에서 일어난 혁명적 변화를 말한다. 그것은 ① 통신, 계산, 제어 등의 여러 분야에서 기술혁신 ② 정보과학에서 비롯한 과학혁명 ③ 이들의 영향에서 나온 사회 혁신과 조직 혁신 등 세 가지 측면을 가리킨다. 흔히 제2차 산업혁명, 오토메이션 혁명, 사이버네이션 혁명, 지식산업혁명으로 불리운다.

중화학공업을 주축으로 하는 산업사회에서 정보혁명을 계기로 전개된 탈공업사회로 구조변화를 분석하는 데는 지식산업의 성장을 주축으로 하는 산업구조의 변화가 그 우선적 접근 대상이 된다. 곧 지식산업의 성장은 탈공업사회의 기본 특징이고 그것은 정보혁명이 계기가 되었다. 결국 탈공업사회는 지식·정보산업을 주축으로 하는 사회이고 동시에, 지식과 정보산업의 전개는 탈공업사회의 기본 특징이라고 할 수 있다.

이러한 탈공업화 또는 지식집약산업화는 중화학공업화의 성숙을 산업적 배경으로 하여 이루어진 산업구조의 변화이며, 이는 산업구조론적 시각을 반영하고 있다. 그러면 중화학공업화의 성숙은 어떠한 결과를 가져왔는가.

첫째, 수요 측면에서의 변동이 커졌다. 경제 발전으로 1인당 소득수준이 높아지고 수요가 다양해졌다. 수요의 질적 변화가 현저하고 그 속도도 빠르다. 일반적으로 수요 측의 변동에 따라 대량생산공업은 성장이 굴절되고 시장의 세분화 경향이 뚜렷하다. 새로운 산업 가운데 많은 수는 중소기업에서 흔히 나타나는 다품종 소량생산 분야이다.

둘째, 공급 면에서는 기술의 변동이 심해진다. 기본적인 기술의 개발은 완만한 가운데 이미 개발된 기술을 활용하는 새로운 전개가 가속적으로 이루어진다. 중화학공업화 속에서 진전한 전문화를 전제로 이제는 그것의 다양한 종합화가 진행된다. 더구나 다양한 수요에 둘 이상의 고도기술을 결합하여 대응하게 된다. 또한 정보기술 등 연성기술(soft technology)에 대한 사회적 수요가 많아진다.

셋째, 수요와 공급의 변화가 커지면서 기업 경영은 모험성이 커진다. 이에 따라 모험을 감당할 수 있는 기업가에게 기회가 확대된다. 변화에 도전하고 적극적으로 모험을 부담하면 그만큼 높은 이윤을 전망할 수 있다. 그러나 안정을 지향하는 대기업은 변화에 대한 대응이 더디기 때문에 오히려 중소기업의 신규 진입이 활발해진다. 바로 지식 · 정보집약형 혁신기업인 벤처 비즈니스가 등장한다.

넷째, 수요 동향의 파악과 연구개발에도 중소기업이 유리하다. 질적으로 빠르게 변하는 시장의 정보를 대기업은 의외로 신속하게 파악하지 못한다. 연구개발과 디자인개발도 개인의 창의력에 의존하며, 결코 조직이 개발하는 것이 아니다. 오히려 조직은 개발을 저해하기도 한다. 그래서 중소기업이 정보를 정확하게 수집하고 모험성을 최소화하면서 개발을 지속한다. 거기에 사회적 분업이 심화되면서 외부경제효과가 쌓여 가는 상황은 새로운 전문적인 혁신형 중소기업의 존립 가능성을 높여 준다.

중화학공업화가 성숙하면서 이렇게 변화하는 시대에는 일반적으로 혁신형 중소기업의 존립 분야가 확대된다.

2. 지식산업화와 산업구조의 전환

(1) 지식집약화와 지식노동

탈공업사회의 중추적 산업인 지식 · 정보집약산업에서는 산업활동을 하는 데 지식과 정보의 구실이 상대적으로 증대하며 이를 주축으로 산업구조의 변화가 진행된다.

지식집약화는 산업활동에서 인간에 체화된 지식의 작용 또는 지식으로 체화된 인간의 구실이 상대적으로 늘어나는 것을 의미한다. 일찍이 마셜도 인간성의 합리성과 지적인 향상을 바탕으로 하는 인간의 산업활동에서 지식의 작용과 구실을 산업 진보의 강력한 엔진이라고 보았다. 그러나 오늘날의 지식집약화는 마셜 시대의 그것과는 다른 성격을 지니고 있다. 현대의 지식집약화는 정보혁명에 바탕을 둔, 지식으로 체화된 인간(노동)의 구실이 늘어나는 것을 의미한다. 곧 지식정보집약적인 인간(노동)의 작용이 관심의 중요 대상이다.

좀 더 설명하면 지식집약화란 산업활동과 경영활동의 여러 측면에서 지식노동의 투입도(投入度)가 확대되는 것이다. 지식노동은 객관화된 지식을 의식적으로 활용하는 유형의 노동이다. 이때 객관화된 지식을 가지고 새로운 지식을 창조하는 것도 지식노동의 하나의 특징이다.

그런데 객관화된 지식에는 두 가지가 있다. 하나는 과학적 지식이며, 다른 하나는 경험적 사실을 정리하여 형성된 법칙적 지식이다. 따라서 지식집약화는 크게 보면 산업활동이나 경영활동에 한정된 개념이 아니며 또한 현 시점에만 그치는 것도 아닌 연속성을 갖는 개념이다.

지식노동과 대비되는 개념으로 기능노동과 단순노동이 있다. 기능노동은 숙련노동을, 단순노동은 숙련을 필요로 하지 않는 육체적 작업노동을 말한다. 공업화가 이루어지면서 노동력 부족이 심화되고 기능이 기술로 변화하면서 이들 노동도 서서히 지식노동으로 바뀌고 있다. 결국 지식산업화가 가속화되는 것이다.

지식집약화는 공업화와 함께 이루어졌고 더욱이 중화학공업화 과정에서 촉진되었다. 중화학공업화는 자본집약화가 그 특징이다. 그러나 지식집약화를 수반하지 않는 기능노동 집약적 또는 단순노동 집약적 중화학공업화는 경쟁력을 잃고 있다. 오히려 지식집약적이면서도 노동집약적인 중화학공업이 국제경쟁력을 확보하고 있다.

이처럼 공업화 과정에서, 더욱이 중화학공업화의 진전 및 성숙과 함께 지식집약화는 가속화되었다. 그런데 현 시점에서 지식집약화의 필요성을 제기하는 것은 단순히 '지식노동의 투입도의 확대' 이상의 의미를 지닌다. 중화학공업화의 성숙이 지식의 축적과 지식집약화를 가속화하는 바탕이 되었다. 그러나 중화학공업화가 지닌 여러 가지 문제를 해소하는 길이기도 하다.

중화학공업화로 자본집약 편중이 가져온 문제를 벗어나려고 축적된 지식을 창조적으로 사용하여 지식집약화가 이루어졌기 때문에 중화학공업화의 성숙과 동시에, 다른 차원의 형태로 지식집약화가 이루어진다. 이것은 '지식노동 투입도의 확대'라는 평면적 의미 이외에 정보혁명 과정에서 발달한 정보기술(information technology: IT)과 정보지식에 기초를 둔 지식으로 체화된 노동의 확대라는 의미를 지니고 있다. 곧 종래의 지식노동이 아닌 지식정보집약적인 전문적 노동의 투입인 것이다.

'지식정보집약적 노동의 투입도의 확대'라는 의미의 지식집약화에서 지식노동은 '노동의 한 측면'에 지나지 않는다. 산업 및 경영활동에서 자본이 아닌 노동에 중점을 두는 개념이다. 노동의 주체는 인간이고, 따라서 지식노동의 주체도 인간이다. 새로운 지식집약 분야에서는 지식노동자가 주된 계층이 되고 이들을 이끄는 기업가가 필요하다.

지식집약화를 위해서는 지식노동의 질을 높이고 양을 늘리는 것, 말하자면 인적 경영자원의 축적이 필요하다. 인적 경영자원을 활용하기 위해서는 조직화가 필요하다. 그러나 조직은 지식노동의 활동을 도울 뿐이며 조직이 지식집약화를 담당하는 것은 아니다. 그 담당자는 어디까지나 지식노동의 주체인 개인(인간)이다. 개인(인간)이 지배하는 조직, 곧 지식노동을 돕는 조직이 필요하다. 기업가적 경영은 이를 바탕으로 전개된다.

이때 지식집약화와 기업규모의 관계를 획일적으로 말하기는 어렵다. 대기업에 유리한 것도 아니며 그렇다고 반드시 중소기업이 유리한 것도 아니다. 그러나 기업가정신을 발휘하는 고도의 지식집약적 기업의 규모는 반드시 대기업은 아니며 오히려 중소규모의 새로운 기업이 많다고 볼 수 있다.

(2) 지식집약화와 새로운 산업 활동

지식집약화란 중화학공업화가 성숙하면서 이루어진 산업구조의 변화라는 점에서는 산업구조의 전환을 수반한다. 지식집약화로 산업구조를 전환하는 것이 계획적 정책적 유도 대상이 되는데 그 이유는 다음과 같다.

① 산업구조의 지식집약화는 자본집약적, 대량생산 지향적 중화학공업화가 가져온 문제점(자원 다소비, 공해발생 등)을 해소·완화하는 방향이기 때문이다.
② 지식집약화는 산업의 국제경쟁력을 높여 준다. 따라서 선진경제를 따라잡는 방향이기도 하다.
③ 자본 중심의 수직적, 중층적 산업조직의 경직성을 완화해 준다.

이러한 이유 때문에 지식집약화의 방향으로 산업구조 전환에 대한 적극적 평가를 하면서 나온 것이 산업구조론에서 이론적 전

환의 문제에 대한 검토이다. 지식 정보집약산업 또는 지식산업이
라는 산업부문 개념은 클라크(C. Clark)에 의한 페티(W. Petty)
의 법칙이나 호프만의 중화학공업화의 경험법칙에서 이루어졌던
산업 분류의 틀에 대하여 재검토를 요구하게 하였다.

  종래의 산업 개념은 주로 '생산과정의 유사성'을 기준으로 한
것이었다. 상품의 생산과정에 따른 전통적 산업 개념은 '유사 또
는 공통의 활동 단위'를 기준으로 구분하는 것이었다. 또한 산업
을 어느 공통의 시장에서 경쟁하는 기업의 집단으로 규정한 것은
산업을 시장과 긴밀한 관련을 갖는 분석의 단위로 보는 것이었다.

  이에 견주어 새로운 산업 개념은 생산의 유사성 또는 시장관
련에 대한 명확한 '단위의 개념'으로 구분하지 않는다. 새로운 산
업은 시스템(system)산업이라는 기능적 산업 개념을 등장하게 한
다. 곧 '기능 중심'의 산업개념이 필요하다. 공통의 시장이 아닌
여러 부문을 복합적으로 포괄하기 때문에 그것은 오히려 '활동의
형태'로 하나의 새로운 특징을 부여한다.

  따라서 종래의 산업과 새로운 산업의 개념은 이질적 차원의
개념이다. 새로운 산업은 새로운 활동의 형태를 발생시키는데 이
런 관점을 정리하면 다음과 같다.

  첫째, 산업 활동에서의 투입의 측면이다. 종래의 산업개념에
서는 투입 면의 특징으로 노동집약적 산업 또는 자본집약적 산업
이라고 표현하였다. 그러나 신산업에서는 노동과 자본이라는 두
요소와 함께 정보 지식이라는 제3의 요소가 독자적 중요성을 갖
는다. 이를 강조하여 지식 정보집약형 산업 또는 연구개발 산업
이라는 표현이 생겨났다.

  둘째, 산출의 측면이다. 산출 면에서 지식 정보라는 생산물이

교환의 대상으로서 경제적 가치를 갖는 '상품'으로 지위를 확립하였다. 종래의 산업의 생산물 외에 지식 정보라는 산출물을 주된 대상으로 하는 산업들이 발전하면서 지식산업 정보산업의 범주가 주어졌다.

셋째, 조직화의 측면이다. 기존의 분야나 새로운 분야를 불문하고 다른 종류의 여러 산업 부문이 횡단적으로 결합하는 기능보완적 또는 기능집합적 활동을 조직화하는 활동 형태의 비중이 늘어난다. 이에 주목하여 시스템산업의 개념이 나왔다.

넷째, '생산물의 특성', 즉 물적 재화 또는 서비스, 그리고 양자의 관련 측면이다. 지식 정보집약화 또는 시스템산업화 속에서 물적 재화와 지식의 관계, 나아가 물적재화의 생산과 서비스 생산의 관계 등이 문제가 된다. 이러한 변화에 주목하여 서비스경제라는 특징이 나왔다.

결국 '활동의 단위'보다는 '활동의 형태'가 새로운 산업을 이해하는 방향이 되었다. 일반적으로 중화학공업화가 성숙된 뒤 이루어진 탈공업사회의 산업구조 전환은 한마디로 지식집약화라고 할 수 있다. 그러나 활동의 형태를 일으키는 배경에 따라 좀 더 상세히 정리한 것이 위에서 설명한 네 가지 내용이다. 이는 새로운 산업구조가 갖는 다양한 기능을 나타내기도 하기 때문에 기능 중심의 개념파악이기도 하다.

3. 지식집약화와 중소기업

(1) 지식집약형 산업과 중소기업의 지식집약화

지식집약화란 지식노동의 투입도를 확대하는 것을 말한다. 기업경영이 가능한 대로 지혜를 사용하고 두뇌를 사용하는 등 지적행동의 집약도를 높이는 방향으로 이행하는 것이 지식집약화이다. 좀 더 구체적으로 설명하면 연구개발, 디자인, 전문적 판단, 각종 경영활동에서 고도의 경험적 지식의 뒷받침을 받는 기능의 발휘 등을 포함하여 경제 경영활동에 인간의 지적능력의 행사를 지향하는 것을 지식집약화라고 할 수 있다.

한편 지식집약형 산업구조란 지적 활동의 집약도가 높은 산업 (지식집약 산업)을 중심으로 이것을 뒷받침하는 기초산업에서는 말할 것도 없고, 다른 산업에서도 가능한 대로 지식집약도를 높이는 산업구조의 모습을 의미한다.

중소기업이 지식집약형 산업으로 발전하고 지식집약화하여 그 중심이 되는 산업으로 발전할 가능성이 있는지를 검토하기에 이르렀다. 지식집약적 산업의 발전은 중화학공업화 과정에서 전형적으로 이루어진 대형설비의 균질적 대량생산을 통한 비용 절하와 이윤 추구에는 한계가 있으며, 또한 중화학공업화가 가져온 문제점을 극복하려는 측면이 있다. 따라서 지식집약형 산업은 기업 활동의 규모라는 점에서는 중소 규모에 적합한 분야를 많이 제공하고 있으며, 그것이 중소기업 분야에서 현실화되었다.

지식집약형 산업에 해당하는 중핵산업(中核産業) 분야에서뿐만 아니라 그것을 뒷받침하는 관련 중소기업인 주변산업(周邊産業)에서도 지식집약화의 적응성은 확인되고 있다. 중소기업의 지식집약화는 이른바 신산업(新産業) 분야에 한정되는 것은 아니다. 기존의 중소기업 분야에서도 기업 경영이 가능한 대로 지혜와 두뇌를 이용하는 방향으로 이행하는, 곧 지적능력을 사용하여 변화하는 경영 환경에 적절히 대응하는 것도 지식집약화인 것이다.

중소기업이 지식집약화를 지향하는 경우 기업 경영의 방향으로 중점적으로 살펴야 할 점은 다음과 같다.

① 수요의 다양화, 개성화, 고급화와 이에 뒤따르는 상품수명의 단축화 경향에 적응하도록 마케팅 노력을 포함하여 시장의 동향에 민감할 것.
② 변화하는 시장 동향에 적합한 상품을, 좋은 자연환경과 노동환경을 확보하는 데 맞추어 개발하고 공급하도록 연구와 기술개발에 중점을 둘 것.
③ 상품개발은 소재, 제조과정, 제조기술 등에서 점차 시스템화의 방향으로 나아갈 것이기 때문에 다른 산업 부문 및 상품분야의 연구와 기술개발 동향에도 민감할 것.

산업구조 전환의 중심적 구실을 할 새로운 산업, 즉 지식집약형 산업은 주로 어떤 기업이 담당할 것인가를 검토할 필요가 있다. 새로운 산업에 진출하는 것은 혁신을 수반한다. 대기업이 슘페터(J. Schumpeter)가 지적한 바와 같은 존재라면, 곧 신기업과 신인(新人)의 가설에 적합한 존재라면 대기업이 새로운 지식집약형산업의 주요한 담당자가 될 것이다. 이들이 지식집약형산업의 새로운 담당 계층이 형성될 여지가 있음을 말하여 준다.

그러나 현대의 많은 대기업은 관료적(bureaucratic)이므로 '그 안에서 끊임없이 변화하는 사람이 혁신에서 혁신으로 이행하는 '외곽'이 되기에는 거리가 먼 존재여서, 대기업만을 혁신의 담당자로 기대할 수는 없다. 대기업은 명령 계통이 장애물로 작용하기 때문에 아이디어를 받아들여 혁신하는 비율이 상대적으로 낮다. 대기업의 규모나 조직구조는 그 특유의 힘이 새로운 아이디어의 현실화를 억제하는 경향도 있기 때문이다.

결국 회사의 규모가 클수록 새로운 업무보다는 규칙화된 업무 중심으로 조직을 형성하고 운영한다. 이 때문에 대기업의 중심적 업무에 반하는 활동은 규제된다. 그 결과 대기업은 막대한 기동력과 능률을 가지고 있으면서도 현상의 업무를 지속하는 데 그치기 쉬우며 새로운 사업을 시작하기는 어렵다.

대기업은 그 조직구조에 바탕을 둔 이점이 있는 만큼 기업가정신은 희생당하고 만다. 어느 정도 혁신이 움틀 수 있지만 조직의 특성 때문에 현실화하지 못한다. 지위가 확고한 대기업은 오히려 새로운 중소기업이 모험성이 큰 획기적 혁신을 하기를 기대한다. 대기업은 신제품 개발업무에 소극적이다. 그 결과 신제품의 개발업무는 소규모의 역사가 짧은 회사가 담당한다는 것이다.

이는 기업가정신이 없는 대기업뿐만 아니라 기존의 중소기업도 마찬가지이다. 모험을 수반하는 새로운 산업을 담당하는 계층은 모험을 부담하는 다음과 같은 기업가여야만 한다.

① 새로운 기업가는 개혁적인 창업자이며 동시에 경영자이기 때문에 적극적으로 모험을 할 수 있다.
② 그는 성취동기가 높고 능력을 발휘하며 자아실현을 꾀하기 때문에 기존의 조직을 떠나 스스로 기업을 창업하는 과정을 걷는다.
③ 기업가에게는 끊임없이 사고하고 변화를 관찰하면서 자기발전

의 기회를 기민하게 찾는 능력이 필요하다.

④ 여기서는 무엇인가 창조력을 갖고 그 창조력을 경영으로 펼쳐 나갈 능력이 필요하다.

⑤ 기업가는 창조적이면서도 현실적이어야 한다.

이러한 기업가가 새로운 산업에서 새로운 기업을 이끈다. 산업구조 전환에는 이러한 기업가의 활발한 등장이 필요하며 이들은 기존 기업에 큰 충격을 준다.

(2) 지식집약형 산업과 기업 규모 : 중소기업의 적합성

1) 지식집약화와 기업 규모

양산체제 지향적, 모방적, 생산제일주의적 중화학공업에서 능력을 발휘하던 대기업은 위에서 본 것처럼 관료적 조직구조에서 오는 경직성이 있다. 그래서 지식집약형산업에서 창조적 기업활동을 하는 기업이 되기 어려울 수 있다. 중화학공업화 시대에 대기업은 효율적인 기업이었으며 그 시대에 적합한 기업 규모였다. 그러나 탈공업화 시대에 이러한 대기업 규모는 다음과 같은 점에서 한계를 지닐 수 있다.

첫째, 점차 지식이 경영자원화하면서 지식의 생산과 유통에서 규모이익이 반드시 작용하지는 않는다. 대기업이 많은 정보와 우수한 기술자를 갖고 있고 많은 자금도 있다. 그 결과 강력한 마케팅 능력과 연구개발력을 갖는 것으로 보기 쉽다. 그러나 이러한 것은 잠재적 능력에 지나지 않는다. 이것을 실현하는 데는 경직화된 조직이 장애가 되고, 결과적으로 대기업은 대량의 인재와 자금을 낭비하기 쉽다. 대조직은 지속적 업무를 대량으로 처리하는 대량생산과 대량유통에는 효율적이지만 연성기능(軟性機能)에는 한계가 있다.

둘째, 연구개발은 조직이 아닌 개인의 창조력에 따라 성패가 좌우된다. 오히려 대조직은 개인의 창의력 발휘를 방해하기도 한다. 더욱이 경직화된 대조직은 새로운 것의 창조를 우려하여 개인의 창의력 발휘를 억압하기도 한다. 실험설비와 자금은 어디까지나 연구개발의 수단일 뿐이며 그것만으로 연구개발이 이루어지는 것은 아니다.

셋째, 마케팅 측면에서도 대량생산, 대량유통의 시대에는 종래 대기업의 대규모 마케팅이 효율적일 수 있다. 그러나 마케팅이 질적으로 변하는 경우에는 대기업의 시장장악력이 반드시 강력한 것은 아니다. 대기업이 갖고 있는 많은 정보가 반드시 의사결정에 적극적인 구실을 하지는 않는다. 대기업은 변화에 기민하게 반응하지 않기 때문이다. 만약 정확한 정보를 가지고 있어도 대조직의 특성이 조직 안에서 정보의 원활한 전달을 어렵게 만들기도 한다.

넷째, 대기업 중심의 산업사회는 '피라미드형의 수직적 체계를 축으로 하는 능력주의' 사회이다. 능력주의 산업사회의 기능을 활성화하기 위하여 계층적 구조를 강화하고 결국 거대한, 통합적이고 계층적인 사회를 만든다. 이러한 산업제도는 개인의 독창적, 독립적 능력발휘를 억제하면서 오히려 능력을 빼앗기도 한다. 따라서 이 속에서 성장한 개인의 능력이 스스로 해방하여 자기를 회복하려는 의식을 이룬다.

대기업 중심의 산업사회에서 성장한 개인은 그 제도의 심한 모순을 의식하고 자기 스스로를 위하여 독립하려는 욕구가 높아진다. 그러면서 대기업 경영자와는 다른 기업가가 탄생하는데 이들이 지식집약형 사회의 기업가 유형(벤처기업가)이다. 이들은 경영자일 뿐만 아니라 기업가이다. 대기업 중심의 산업사회에서 성장하였지만 대기업 체제가 지닌 모순을 극복하면서 자아실현을 추구하는 기업가이다. 이들의 모순 극복과 자아실현의 형태가 바로 이직(離職, spin off)이다.

2) 연구개발과 기업 규모

지식집약형 산업사회에서 연구개발의 추진 주체가 대기업인지 또는 중소기업인지에 대하여는 견해가 대립하고 있다. 이것은 연구개발의 성격에 따라 대기업이 유리한 경우도 있고, 중소기업이 유리한 경우도 있기 때문이다.

연구개발의 주요한 담당 주체를 대기업에서 구하는 견해를 대표하는 것이 '슘페터—갈브레이스 가설'이다. 이와 달리, 선진국에서 경험적 조사결과를 바탕으로 하여 중소기업이 연구개발의 주체로 유리하다는 견해가 제시되었는데 그것을 여기에 소개하기로 한다.

첫째, 연구개발은 무엇보다도 개인의 창의력에 의존하며 기업 규모의 크기와는 관계없다. 현실적으로 대기업이 자금력과 우수한 연구 인력을 갖고 있지만, 조직의 경직성과 수요 변화에 대한 자세 때문에 그만큼 연구개발이 어렵다. 한편 참신한 중소기업은 개인의 창의력 발휘에 필요한 자금은 부족하지만 연구개발, 더욱이 새로운 발명을 적극적으로 추진하는 경향이 있다.

둘째, 발명은 기업규모와 관련하여 말하기는 어렵다. 그러나 발명의 성공 가능성은 대량의 자원이 배분된다고 해서 그만큼 현저히 증가하는 것은 아니다. 발명이라는 창조 과정에서는 연구소의 규모보다 개인이 중요하다. 수많은 연구원과 많은 자원, 좋은 설비, 조직적 연구를 하는 대기업에도 이점은 있다. 그러나 이와 대조적으로 중소기업은 유연성, 소수정예, 강력한 동기가 있으며, 더욱이 소기업은 새로운 아이디어에 저항감이 없고 젊은 기업이라는 이점을 가지고 있다.

셋째, 대규모 조직에서는 조직이 개인을 지배한다. 이와 달리 중소기업에서는 개인이 조직을 지배한다. 따라서 개인의 능력 발휘는 이러한 중소기업에서 쉽게 이루어진다. 연구개발은 개인의 창의력에 의존하며 조직 그 자체가 연구개발을 하는 것은 아니다. 연구개발의 성공여부는 기업규모의 대소와 관계가 있는 것은 아니지만, 개인의 창의력 발휘의 가능성이라는 점에서는 중소기업이 유리하다.

넷째, 중소기업에서는 조직이 단순하여 기업 안에서 정보의 유통이 원활하고 정보 전달의 속도가 빠르다. 그 결과 연구개발도 연구→개발→제품 기획→설계→실험→재설계라는 과정이 원활하게 기능한다. 동시에 중소기업에서는 연구개발과 마케팅의 재점검 과정도 순조롭게 작용한다. 따라서 연구개발의 속도도 빠르고 그 결과 비용도 낮으며 정확하게 진행된다. 연구개발을 원활히 하려면 제품을 개발하고 그것을 확인하며 생산하는 연성(軟性) 및 경성(硬性)의 순환이 필요한데, 이러한 순환은 참신한 중소기업에서 원활하게 진행될 수 있다. 더욱이 개발 단계에서는 '기업가가 존재하는' 중소기업이 유리하다.

다섯째, 중소기업의 연구개발 담당자는 원가의식(原價意識)이 철저하다. 대기업의 기술자는 연구개발의 성패가 자신의 승진에

주는 영향이 적으므로 적극성이 없다. 이에 견주어 중소기업에서
는 기술자가 활기 있게 모험성을 갖고 적극적 자세를 취한다. 그
결과 혁신은 대기업보다는 중소기업에서 많이 이루어진다.

여섯째, 모방(innovation)에서는 대기업이 위력을 발휘한다. 그
러나 이것은 연구개발과는 다르다. 일상적 업무를 대량으로 처리
하는 데는 대기업이 효율적이다. 그러나 이러한 대기업의 조직력
은 연구개발과는 관계가 없다.

결국 연구개발집약산업의 주요 담당자로는 참신한 중소기업과
일부 중견기업이 적합하다. 여기서 연구개발의 담당자는 주로 대
기업 또는 중견기업에서 이직하여 이탈한 기술자들이 많다.

4. 벤처 비즈니스와 중소기업

(I) 벤처 비즈니스의 개념과 어원

벤처 비즈니스는 영세기업(또는 소영세기업), 중견기업, 주변
기업 등과 함께 중소기업에 비슷한 개념에 속한다. 중소기업의
한 가지 유형이며, 중소기업 분야의 범주에 속하지만, 일반의 중
소기업과 질적으로 차이가 있기 때문에 양적 기준의 중소기업 범
위로는 측정할 수 없다. 따라서 새로운 개념의 중소기업을 연구
하는 대상이 된다.

현실에서는 기술력, 인재, 경영 노하우, 마케팅, 자금력 등 총
체적으로 경영자원을 축적하면서 적극적으로 발전하는 분야에
진출하는 중소기업이 있다. 이와 달리 불황을 계기로 하여 대기
업의 모순을 떠안거나 또는 구조 변화에 적응하지 못하면서 정

체, 도산, 휴·폐업에 들어가는 중소기업도 있는 등 중소기업의 존립 형태는 다양하다. 중소기업은 이처럼 두 가지의 극단적 유형을 포함하고 있지만 그것은 다 같이 산업구조에서 중요한 구실을 하고 있다.

이때 전자, 곧 발전하는 중소기업의 대표적 유형으로 제시될 수 있는 것이 중견기업과 벤처 비즈니스이다. 이들은 독자적으로 우월한 기술과 경영 노하우를 무기로 적극적으로 경영을 확대하며 기업가정신도 왕성한 자주 독립의 기업 유형이다.

벤처 비즈니스는 흔히 '연구개발 집약적 또는 디자인개발 집약적 능력 발휘형의 창조적 신규기업'이라고 정의한다. 그러나 이러한 개념은 어느 정도 불충분하다는 지적이 있기 때문에, 다양하게 제시되는 벤처 비즈니스의 개념을 여기서 정리하면 다음과 같다.

첫째, 최근에 등장하는 새로운 유형의 중소기업을 벤처 비즈니스라고 부르는데, 신기술을 기업화하고 전문지식에 기초하여 새로운 독자적 영업 방법을 개발하는 등 다른 기업에 앞장서서 창조적으로 활동하는 개척자적 기업(pioneer)을 말한다. 이는 단순히 투기적이 아니며 혁신적 기업(innovator)이다.

둘째, 벤처 비즈니스는 현대적이고 혁신적이다. 그것은 신기술을 기업화하고 새로운 경영 방법을 개발하여 기존의 기업에 도전하는 창조적 기업이다. 그렇지만 벤처 비즈니스는 자본주의 역사에 나오는 낡은 혁신적 기업 일반이 아니고, 지식집약적인 현대적 비즈니스로서 혁신적 기업이다. 높은 전문지식에 의존하는 창의력을 비즈니스로 전개하고 모험을 부담하는 기업가가 추진하는 기업이다.

셋째, 벤처 비즈니스는 연구개발집약적 또는 디자인개발집약적인 능력 발휘형의 신규 창업 기업을 말한다. 그것은 소기업으로 출발하지만 종래의 신규 소기업과는 다르다. 독자적 존재 이유를 갖고, 경영자 자신이 고도의 전문 능력과 재능을 가진 창조적 인재를 모아 매력 있는 사업을 조직할 수 있는 기업가정신을 갖고 있으며 사업의 수익성도 높다. 그래서 급성장하는 기업이 많이 나타난다.

넷째, 벤처 비즈니스는 연구개발형·디자인개발형의 신기업이며 기존 기업으로는 채워지지 않는 새로운 수요, 새로운 사업 기회를 붙잡는 새로운 기업이다. 그래서 그 가운데는 고수익사업, 고성장사업이 많고 경영자에게는 단순한 이윤 동기만으로는 설명할 수 없는 다양한 성취동기가 있다.

다섯째, 벤처 비즈니스는 새로운 기술, 디자인 등 개발 능력의 집약적 발휘를 지향하는 창조적인 신규개업 기업이라는 설명도 있다. 벤처 비즈니스는 1970년대에 와서 등장한 개념으로 일본의 나카무라 교수와 기오나리 교수가 만들어 냈는데 그 기원은 미국의 연구개발·디자인개발형의 소기업이라는 해설도 있다.

여섯째, 벤처 비즈니스의 벤처(venture)는 '위험한 것으로 생각하는 것을 감행한다.'는 의미와 '투기·투기적 사업'이라는 의미가 있는데 여기서는 모험을 수반하는 혁신 기업을 말하는 전자에 해당한다.

공통성이 많은 여러 개념을 여기에 제시하는 것은 이것들이 거의 동일한 사람들이 규정한 것이면서도 그 내용이 조금씩 다른 특성을 포함하고 있기 때문이다. 그것들은 뒤에 설명하는 벤처 비즈니스의 경영자 및 경영적 특징에서 정리될 것이다.

벤처 비즈니스라는 말은 1970년대 초에 일본에서 만들어
졌다. 구미에서 다양하게 부르고 있는 지식집약형의 신기업
(small technology firm, new technology based firm, small business
venture, new research based enterprise, new venture, small and high
technology business, start-up business)을 벤처 비즈니스라고 정의
한 것으로서 법률상 행정상의 정의와는 관계없이 새로운 시대의
하나의 기업 유형의 이상형으로 제시한 것이다. 최초로 이 용어
가 일본에 소개된 것은 1970년 5월에 벤처 비즈니스에 관한 제2
회 보스턴 대학 경영세미나(Boston College Management Seminar)
에 참가한 통산성(通産省)의 한 관료인 츠쿠다(佃近雄)에 의해
서였다. 기오나리 교수 등이 그 특징을 받아 그것의 사회경제적
의의를 적극적으로 평가한 것은 1970년 말에서 1971년에 이르러
서였다.

일본에서 만들어진 영어[和製英語]이기 때문에 영문으로
venture business라는 표기 자체를 반대하는 견해도 있지만 반드시
그렇게 생각할 필요는 없다고 본다. 이 용어를 만든 사람들도 그
렇게 표기하고 있다. 구체적으로 이 용어는 1970년에 일본에서
간행된 《도시형 신규개업 실태조사》(都市型新規開業實態調査)
의 해설에 처음으로 등장하였다. 곧 최근에 출현한 중소기업에
벤처 비즈니스라는 이름을 붙이고 그 특징을 설명하였는데 이때
나카무라와 기오나리 교수가 이 조사에서 주도적 역할을 하였다.

벤처 비즈니스를 우리나라에서는 흔히 벤처기업이라고 부른
다. 일본에서도 벤처형 기업 또는 벤처기업이라고 하기도 한다.
더욱이 우리나라는 1997년에 〈벤처기업 육성에 관한 특별조치
법〉을 제정하였다. 이 법은 기존 기업의 벤처기업으로의 전환과

벤처기업 창업을 촉진하여 산업의 구조조정과 경쟁력 제고에 이바지할 목적으로 만들어졌는데, 제정 당시에는 2007년까지의 시한법이었다. 이 법이 정한 벤처기업은 다음과 같다.

① 〈중소기업기본법〉 제 2조의 규정에 따른 중소기업으로서
② 〈중소기업창업지원법〉에 따른 중소기업 창업투자회사 및 중소기업창업투자 조합의 투자기업
③ 〈여신전문금융법〉에 따른 신기술사업, 금융업자 및 신기술사업투자 조합의 투자기업
④ 특허권, 실용신안권, 또는 의장권(意匠權)등의 권리와 기술을 주된 부문으로 사업화하는 기업
⑤ 〈공업발전법〉으로 기술개발성과를 사업화하거나 신기술을 사용 또는 지식을 집약화 하는 사업 등
⑥ 제4조의3에 따라 설립된 한국벤처투자조합
⑦ 제4조의8에 따라 설립된 '전담회사'
⑧ 중소기업에 대한 기술평가 및 투자를 하는 금융기관으로서 대통령령으로 정하는 기관
⑨ 투자실적, 경력, 자격요건 등 대통령령으로 정하는 기준을 충족하는 개인 등

(2) 벤처 비즈니스의 등장과 그 경영자 및 경영의 특징

1) 벤처 비즈니스의 등장

새로운 기술과 제품을 개발하고 새로운 경영기법을 택하는 등 창조적 활동을 하는 지식집약적인 새로운 유형의 중소기업은 1950년대 이래 미국에서, 그리고 그 뒤 영국이나 일본 등 선진국에서도 꾸준히 발전하였다. 그 산업적 배경은 중화학공업화의 성

숙이며 그 결과 새로운 혁신형의 중소기업이 나타났다.

여기서 일본의 실태를 보면 다음과 같다.

1965년 이후 고도경제성장에 수반하여 여러 분야에 많은 소기업이 신설되었는데 소기업의 이러한 급증 현상에 대하여는 두 가지 견해가 나왔다.

하나는 소기업의 뚜렷한 증가는 저임금 노동에 의존하는 전근대적 기업의 증가이며, 대기업과 중소기업 사이의 부가가치 생산성과 임금 격차를 나타내고 이중구조가 더욱 확대 강화된 것이라는 견해이다. 다른 하나는 노동력 부족으로 말미암아 고임금경제로 이행하는 과정에서, 이중구조가 해소된 것은 아니지만, 이런 상황에서 소기업의 증가는 지금까지와 다른 유형의 기업 발생이라고 보는 견해이다.

후자의 견해를 뒷받침하기 위해 실태조사를 한 결과 새로 개업하는 기업의 많은 수는 높은 생산성을 이루고 높은 임금을 지불하는 기업이며, 이전에 낮은 생산성과 낮은 임금에 바탕을 둔 소기업과는 전혀 다른 기업군이었다. 새로운 도시형(都市型) 산업에서는 연구개발, 디자인개발 등의 새로운 기업이 생겨나고 있다. 그들 경영자의 많은 수는 대기업에서 이직한 높은 학력의 소유자이며, 대기업에서 경험한 고도의 전문 능력을 발휘하기 위하여 주체적인 길을 택한 사람이라는 사실을 1970년의 실태조사에서 확인하였다. 이들을 벤처 비즈니스라고 규정하였다.

이러한 벤처 비즈니스의 등장은 바로 중화학공업화의 성숙을 산업적 배경으로 한 것이었다. 수요의 다양화에 따른 시장의 세분화, 공급 면에서 기술의 전문화와 그것의 종합화 그리고 연성 기술에 대한 사회적 수요의 증가, 사회적 분업의 심화와 외부경제 효과의 축적 등 산업사회의 변동은 벤처 비즈니스의 신설을 가능하게 한 배경이 되었다.

2) 벤처 비즈니스 경영자의 특징

첫째, 벤처 비즈니스는 무엇보다도 그 주체가 경영자이면서 기업가이다. 기업가로서 사회적 변동에 도전하고 적극적으로 모험성을 가지며, 변동에 대한 예견력과 창조력을 갖는다. 그리고 창조력을 현대적 경영으로 이루어가는 능력을 지닌다.

둘째, 일반적으로 높은 학력을 갖는다. 그들의 학력은 높은 편이고 대학 졸업자가 많으며, 구미에서는 대학원 졸업자도 적지 않다. 현대적인 혁신적 기업의 경영자는 고도로 지식집약적이기 때문에 스스로 높은 학력을 지니는 것이 일반적이다.

셋째, 대기업에서 이직한 자가 많다. 이들은 대기업 안에서 일류제품 생산자(product champion)로 활약했던 자들이다. 모험에 매력을 느끼고 활력이 넘쳐 기존 조직에 도전하려는 사람들이 자유로이 창조력을 발휘하려고 독립한다.

넷째, 비교적 젊은 계층이다. 창업할 때 나이는 일본과 구미에서 보면 30대가 압도적이다. 일정한 전문지식과 경영 능력을 갖고 활기가 넘치는 30대의 전문기술자 계층(technostructure)이 독립한 것이다.

다섯째, 새로운 기업관과 산업사회관을 지닌다. 그들은 대기업체제의 모순을 충분히 의식하고, 거기서 벗어났기 때문에 이를 극복하는 데서부터 출발한다. 그래서 종업원이 창의력을 발휘하도록 하고 공공성을 존중하며 수요자 및 제휴하는 기업의 이익도 배려하는 새로운 사고를 갖는다. 자본을 가지고 다른 기업을 지배하지 않는 점에서 그 행동은 대기업과 결정적으로 다르다.

3) 벤처 비즈니스의 경영적 특징

첫째, 독자적인 기업 특성을 갖는다. 벤처 비즈니스는 혁신적 기업으로서 기존의 기업에 도전하는 등 독자적 기업 특성을 갖고 산업사회에서 합리적 존립 기반을 확보한다. 또한 개성 있는 전문기업이다.

둘째, 시장지향적이다. 수요의 변화에 적극적으로 적응하는 자세를 갖는다는 점에서 수요를 계획하고 유도하는 기존의 대기업과 대조적이다. 그들은 어디까지나 수요자의 처지에서 마케팅을 한다. 일반적으로 신기술이 기업화하는 과정은 마케팅 지향형과 기술개발 지향형이 있다. 전자는 시장의 수요에 맞추어 고급 기술의 개발을 추진하는 유형이다. 후자는 기술적 관점에서 개발을 추진하여 결과적으로 시장의 수요를 이에 맞추는 유형이다. 벤처 비즈니스는 전자의 경우가 압도적이다.

셋째, 고도로 지식집약적이며, 특히 연구개발 집약적 또는 디자인개발 집약적이다. 벤처 비즈니스는 고도의 전문지식을 집약하여 연구개발 및 디자인개발 등을 바탕으로 창조성을 발휘한다. 시장의 수요를 정확하게 파악하여 둘 이상의 고급 기술 및 전문기능을 결합한다. 그래서 연성기능(soft function)이 강하다.

넷째, 인적 경영자원이 축적된다. 창조성이 풍부한 전문가 집단이 바로 벤처 비즈니스이다.

다섯째, 동태적 조직을 가진다. 벤처 비즈니스는 각 개인이 충분히 창조력을 발휘할 수 있는 동태적 조직을 갖추려고 한다. 대기업의 조직처럼 조직이 개인을 지배하는 것이 아니고 개인이 조직을 지배한다. 주체성을 가진 개인을 우선하는 조직이다.

여섯째, 시스템적 사고를 갖는다. 벤처 비즈니스는 외부경제 의존형 기업으로서 사회적 분업을 활용한다. 모든 기능을 자기완결적으로 지니는 것이 아니고 외부의 전문기업을 네트워크(network)로 엮는다. 상호 보완적인 많은 기업이 모여서 이른바 시스템을 이룬다. 개별 기업은 전문 기능을 판매하고 그 결과 전문 기능이 여러 산업에 걸치면서 퍼진다.

(3) 벤처 비즈니스의 성장과 벤처 캐피탈

발전하는 중소기업의 대표적 유형으로 벤처 비즈니스가 등장하는 배경을 객관적으로 경제 환경의 변화에서 찾을 수도 있다. 그러나 적극적으로는 구체적인 경영능력을 발휘하여 크게 성장할 수도 있는데 그것을 정리하면 다음과 같다.

① 뛰어난 개성을 가진 경영자가 강한 동기와 경영 이념을 확립하고 유연한 대응과 발전력으로 기업가정신을 충분히 발휘한다.
② 전략적으로 시스템적 경영을 중요시하고, 소수정예의 신속한 결단과 행동을 충분히 발휘한다.
③ 중소기업의 장점을 유지하면서도 독자성과 이질성을 추구하여 차별화하는 등 진입 장벽을 만들면서 경쟁이 적은 환경을 만든다.
④ 제품, 기술, 시장개척력, 인재등용력, 자금조달과 운용력이 균형을 이루며 일반관리, 문제해결, 의사소통, 교섭력을 높이는 등 종합적인 경영능력을 충실히 한다.
⑤ 최고경영자는 성장 단계까지 착실히 성장하지만, 동시에 그 과정에서 스스로 탈피하면서 변화한다. 종업원이 의식을 변화하도록 필요한 경영자원을 투입하며 경영의 질적 전환을 꾀하고 때

때로 일어나는 성장 위험에 대처한다.

⑥ 자기 회사의 장점과 단점을 확인하고 대기업과도 제휴하며 경우에 따라서는 다른 벤처 비즈니스와도 합병·결합하는 등의 전략도 거부하지 않으면서 실패와 성공의 학습을 통하여 성공의 기초를 닦는다.

⑦ 연구개발과 마케팅의 유기적 결합, 실용기술 분야로 개량·개선을 중요시하여 목표에 집중하는 깊은 연구개발, 혁신적 업적과 체계적 측정 등 혁신, 신제품, 기술, 생산에 구체성과 현실성을 실현한다.

⑧ 시장지향적 관점에서 수요자의 정보를 수집 분석하여 구체적이고 명확한 시장 목표를 정하고 사장을 포함한 경영진이 전력하여 수요자를 자기 회사로 끌어들이는 마케팅전략을 펴 나간다.

⑨ 충분한 자금 준비 속에 창업하고 자금의 용도를 통합, 현금 흐름의 관리 등 재무관리 능력을 강화하는 한편, 좀 더 새롭고 빠른 개발을 추구하며 금융기관과 거래하는 방법을 연구하는 등 자금조달력을 높이는 데 주의를 집중한다.

⑩ 발전 단계에 따라 기동적이고 유연한 대응을 할 수 있는 조직을 편성하고 인간존중의 기업풍토 조성, 의사소통의 원활화, 정확한 업적평가 방법을 만들어 종업원의 자발적 참여와 능력을 높일 수 있는 조직을 연구·분석한다.

이러한 요건을 갖추면 벤처 비즈니스(벤처기업)는 활기찬 발전과 성장을 할 수 있다. 그러나 벤처기업은 그 성장의 가능성 못지않게 실패와 도산의 비율도 높다. 그것을 단계별로 보면 다음과 같다.

첫째, 창업시기이다. 벤처기업의 창업 단계에 일어나는 경영문제는 매우 많다. 자금 부족, 생산설비의 부족, 인재확보의 어려움, 판로의 확보난, 기술력 부족, 경영정보능력 등의 부족문제가 그것이다. 아이디어와 의욕이 충분해도 실용화 초기 단계에서 자금과 기술 부족, 판로의 확보난 등으로 실패하는 경우가 많다.

둘째, 성장 초기에 직면하는 위기이다. 창업이 목적한 대로 이루어져서 급히 판매가 늘어나는 경우에도 양산화기술이 부족하고 제품의 불량률이 높으면 거래처의 신뢰를 잃는 경우가 생긴다.

셋째, 성장 후기에 오는 위기이다. 금융기관과 벤처 캐피탈(venture capital)에서 대출을 충분히 받아 자금이 풍부해지면 여러 가지 신규 사업을 일으킨다. 토지에 투자하는 등 본 사업 이외에 투자하여 실패하는 경우가 생긴다. 자금이 풍부할수록 경영 자세와 자금계획을 철저히 할 필요가 있다.

넷째, 새로운 공장이 가동하여 생산능력이 늘어나지만, 다른 한편에서는 기존 상품의 판매가 혼미해질 수도 있는데, 이것이 새로운 상품의 판매 부진과 겹치면 다시 도산 위기를 맞는다.

이처럼 벤처기업은 자주 도산 위기를 맞는다. 이를 막으려면 재무체질을 강화하고 경영 내용을 충실히 해야 한다. 예를 들어 주식공개의 기회를 얻게 되면 낮은 비용으로 풍부한 자금을 직접 외부에서 끌어올 수도 있다.

그러나 벤처 비즈니스가 이 단계까지 성장하면 그것은 큰 고비를 넘긴 것이 된다. 벤처 비즈니스는 새로운 산업 분야에서 다양한 수요를 채우기 위해 특정의 전문 기능을 제공하는 기업이기 때문에, 그 진출 분야도 그만큼 다양하다. 기존의 산업 분야에 진출하는 경우에도 독자적인 경영기법을 전개한다. 거기에 산업의 지식집약화에 따라 이루어지는 새로운 산업 분야와 기존 산업의 틀을 넘어서는 분야가 압도적으로 많다.

또한 벤처 비즈니스는 수평적 또는 수직적 관계에서 산업단위
의 활동을 하던 기존 산업의 틀을 넘어서 둘 이상의 산업에 걸쳐
활동하기도 한다. 고도의 전문기술을 가진 기능집약형 횡적산업
을 이루기도 하고, 또한 지금까지 산업화되지 않은 분야에도 진
출하면서 성공과 쇠퇴를 거듭한다.

이러한 벤처 비즈니스에 자금 공급을 뒷받침하는 것이 벤처
캐피탈이다. 벤처 캐피탈이라는 용어는 미국에서 자연발생적으
로 생겨났고 1960년대에 거의 일반화되었다. 이것은 모험성이 큰
새로운 사업을 시작하는 기업에 출자하여 그 기업이 성장한 뒤에
주식을 매각, 자본이익(capita gain)을 얻는 것을 목적으로 하는 기
업이다.

주로 첨단기술산업 등에서 신제품이나 신기술의 개발 또는 기
업화를 지향하는 창업 단계나 초기 성장 단계의 기업인 벤처기업
등을 그 대상으로 한다. 높은 위험부담을 각오하면서도 높은 자
본이득을 얻고자 이들에 투자와 경영 자문 등을 하는 투자가, 투
자가 그룹, 또는 투자회사를 벤처 캐피탈이라고 한다. 이는 원래
높은 모험성(high risk)과 높은 수익(high return)의 비즈니스에 도
전하는 기업가에게 대출하는 융자자금을 의미하였으나, 포괄적
으로 그 과정에서 이루어지는 경영 자문 및 그것을 뒷받침 해주
는 주체까지 의미하게 되었다.

따라서 벤처 캐피탈은 기업을 개발하는 기업이며, 투자 대상
기업의 자유로운 창조성 발휘를 적극적으로 꾀하면서 스스로 창
업자 이윤을 얻는다. 벤처 캐피탈은 투자 대상 기업의 모험성을
부담한다는 점에서 은행의 융자와 다른 성격을 갖는다. 따라서

벤처 캐피탈은 새로운 사업(벤처 비즈니스)의 동반자이면서도 그 자체가 일종의 벤처 비즈니스라고 할 수도 있다. 이러한 벤처 캐피탈은 새로운 혁신적 사업에 자금을 공급해주고 또 경영 자문 등에 응하고 있어서 벤처 비즈니스의 성공과 쇠퇴 과정을 공유하게 된다.

제7장

산업체제의 전환과
중소기업 정책과제

1. 산업체제의 전환과 중소기업정책

(I) 산업체제의 전환이란 무엇인가

산업은 사회에 필요한 각종 생산물과 용역을 산출·공급하는 경제적 활동 부문이며, 동시에 각 활동 부문의 사회적·경제적 관련체계를 말한다. 곧 산업은 생산의 사회적 분할이면서 동시에 분할된 각 부문 사이의 관련체계라는 두 가지 의미를 포함한다. 이러한 의미의 산업은 그 실체에서 국민경제의 생산력 수준과 생산관계 측면의 상호작용 그리고 기업 사이의 관계를 반영한다.

산업 안에는 자본과 노동, 자본제 요소와 비자본재 요소, 생산재와 소비재, 독점자본과 비독점자본, 외국자본과 민족자본, 그리고 기업규모에서는 대기업, 중소기업, 소기업, 영세기업 등의 실체적 요인이 포함되어 있다. 이들 요소가 작용하여 국민경제의 생산력 수준을 결정하고 그 발전을 규정한다.

흔히 산업은 산업구조와 산업조직의 두 측면에서 파악한다. 산업구조는 산업부문별 구성과 같은 의미로 쓰이는데, 산업구조 고도화 등의 경우처럼 공업화, 중화학공업화, 지식집약화 등의 개념이 여기에 해당한다. 산업조직은 산업 내부에서 판매자인 기업 사이에 맺는 시장적 관계를 말한다. 산업조직으로는 완전경쟁, 불완전경쟁, 과점, 독점의 유형 등이 있다.

정책시행에서 이들 개념이 정책기준으로 중요하게 되는 것은 자원배분의 상태와 그 특징을 말하여 주기 때문이다. 예컨대 산업구조에서 중화학공업화란 산업 사이의 자원배분이 중화학공업이라는 산업집단에 치우친 상태를 의미한다. 산업조직에서 과점화는 어느 산업에서 자원배분이 소수 기업에 집중되어 있는 상태를 의미한다. 그러기 때문에 산업구조와 산업조직을 어느 상태에 중점을 두고 정책을 시행하느냐는 것은 바로 국민경제의 생산력 수준과 발전의 방향을 결정하는 것이 된다.

여기서 말하는 산업체제는 산업구조와 산업조직을 포괄하는 개념이다. 산업체제의 전환은 산업구조와 산업조직을 발전지향적 방향으로 바꾸는 것을 의미한다.

산업구조의 발전지향적 방향으로 제시된 산업구조 고도화는 초기에는 경공업에서 중화학공업으로 구조변화를 일컬었다. 그러나 최근에는 저기술·저부가가치 산업으로부터 고기술·고부가가치 산업으로 변화하고 그 과정에서 산업의 지식정보 집약적인 혁신활동이 이루어져 생산성을 높이고 경제전체의 성장을 확대하는 현상으로 보고 있다. 산업조직의 발전지향적 방향으로는 오늘날의 경제에서 독과점 구조가 자본주의 시장기능을 경직화시킬 수준에 이른 점을 지적하며 독과점 규제와 경쟁적 시장구조의 지향에 두고 있다. 이를 위해서는 공정한 시장질서의 확립이 그 과제이다.

(2) 중소기업정책과 산업체제의 전환

중소기업정책은 자본주의 발전과정에서 만들어지는 구조적 문제인 중소기업문제를 완화·해소하고 경제발전에서 그 역할을 높이는 방안이다. 중소기업은 산업구성의 한 부문이기 때문에 중소기업정책은 산업정책의 일환이다. 산업정책은 크게 산업구조정책과 산업조직정책으로 나누어지기 때문에 중소기업정책도 두 유형으로 나누어질 수 있다.

먼저 산업구조정책의 범위에 들어가는 중소기업정책 대상으로

는 성장촉진형으로

① 경쟁력을 갖추어 비교우위가 있는 부문
② 산업구조 고도화 정책에 따라 중화학공업화에 기여하는 부문
③ 수출주도형 개발정책에 부응한 수출중소기업 부문
④ 국민경제의 유기적 관련성과 상호보완성을 높이기 위한 하청
   계열화 부문
⑤ 지식정보집약적 산업구조의 실현을 위한 혁신형 중소기업

그 밖에 전근대 부문에 대한 중소기업정책과 보호주의적 중소
기업 정책을 들 수 있다.

다음에 산업조직정책은 경쟁촉진과 경쟁규제의 두 유형이 있
는데, 전자가 큰 흐름이며 그 범위에 들어가는 중소기업정책 대
상으로는 다음과 같은 것이 있다. 더욱이 대기업의 압박으로부터
중소기업을 보호해 주는 독점금지법의 규제 대상으로는

① 부당한 시장독점의 배제(카르텔 및 트러스트)
② 시장지배력의 남용 방지, 대기업과 중소기업의 거래에서 대기업
   이 우월적 지위를 이용하여 중소기업의 사업 활동 등에 제약을
   가하는 행위
       ㉠ 차별적 거래의 금지
       ㉡ 배타적 조건의 거래 금지
       ㉢ 부당한 제약 조건의 거래 금지
③ 경쟁질서를 교란하는 경쟁방법의 금지, 예컨대 부당한 고객유인
   행위, 부당한 경품행위, 부당한 광고와 표시의 방지 등
④ 하청거래 등에서 지배력 남용, 예컨대 하청대금의 지불지연 등
   의 금지

그 밖에 대기업이 우월적 지위를 이용하여 부당하게 중소영세기업 영역을 침투 하는 것도 규제대상이 될 수 있을 것이다.

그 동안 꾸준히 발전해 오던 우리 경제는 오늘날 저성장·저고용과 함께 사회적 불평등과 양극화라는 늪에 빠져 있다. 이는 바로 재벌·대기업 중심의 경제개발이 한계에 이른 것을 말한다. 산업체제 전환이라는 과제는 이러한 구조적 함정에서 벗어날 수 있는 방안을 모색하는 데 있다.

1970년대 중반 중화학공업화를 본격적으로 시작한 이후 산업구조 고도화가 이루어졌고, 특히 2000년대 이후 기업활동을 둘러싼 혁신역량이 높아져 지식 기술집약적인 산업으로 구조전환이 진행되고 있다. 중소기업도 이러한 추세에 맞추어 노동집약적 산업에서 기술 자본집약적 산업으로 고도화를 도모하고 있다. 이과정에서 중소기업은 선도자적 구실을 하기도 하지만 반면에 후발자의 위치에 머무르는 이중의 기능에 직면하여 있기도 하다.

여기서는 우리 경제가 성장을 지속하는 데 중소기업이 후발자적 위치를 벗어나면서도 선도자적 역할을 하도록 산업체제를 전환하는 데 필요한 정책과제를 제시하고자 한다.

2. 공정한 시장질서의 확립
: 공정거래위원회의 기능 강화

(1) 경제력 집중과 시장질서 왜곡

우리 경제가 성장의 한계에 이른 것은 무엇보다 지나치게 편중된 재벌·대기업 중심의 독과점 체제에 근본 원인이 있다. 독과점 구조의 정착은 1970년대 진행한 압축성장과 중화학공업 건설로 본격화했다.

후진국은 선진국이 오랜 기간에 많은 비용을 들여 발전시킨 기술과 제도를 단기간에 적은 비용으로 학습 흡수하는 후발성의 이점을 누릴 수 있다. 외국의 자본과 기술을 원활히 도입하고 무역시장에서 경쟁력을 추구하는 대외지향적 성장전략은 선진경제와의 격차를 줄이는 압축성장을 수행하도록 만들었다. 압축성장 정책에서는 국가가 주축이 되어 수출주도의 공업화와 수입대체 공업화를 지원함으로써 가능하였다.

뒤늦게 경제개발을 시작한 후진국 경제가 급속한 경제개발로 선진경제를 따라잡기 위한 압축성장은 대기업 중심의 성장과 자본(융자) 집중은 피할 수 없게 만들었고, 그 과정에서 대기업은 크게 발전하였지만 중소기업은 상대적으로 침체하는 가운데 그 나라 대기업과 중소기업 사이에 발전의 격차와 경제의 이중구조가 형성되기도 하였다.

재벌 · 대기업은 국가 또는 정권의 특혜에 편승하여 중화학공업 건설에 참여하였고 이에 힘입어 비대해졌다. 국제적 규모의 중화학공업 건설이 정부 주도로 추진되었기 때문에 중소기업은 여기서 배제되는 가운데 독점재벌에 특혜적 지원과 자원배분이 집중되었던 것이다. 대기업 위주의 중화학공업화는 막대한 특혜 속에 진전되었고 이에 따라 이들의 비대화와 독점화는 급속하게 이루어졌다.

중화학공업화 기간 동안 국가의 지원과 막대한 외자를 도입하여 생산에서 독점적 지위를 차지한 산업독점체제가 형성되었다. 1970년대 후반에서 1980년대 초에 걸쳐 주요 산업에서 독점적 대기업을 중심으로 대량생산체제가 확립되었으며, 독점자본인 대기업과 비독점자본인 중소기업 사이에 하청계열관계를 통한 지배종속 관계와 상호협력 · 의존관계가 형성 · 확대 · 심화되었고 이것이 독점적 자본축적의 바탕이 되었다.

독점적 대기업의 지배력 강화는 재벌에 소유 집중과 생산영역의 장악 및 시장지배로 나타났다. 재벌의 생산영역 지배는 수출주도 중화학공업을 중심으로 전개되었고 그것은 시장의 지배로 실현되었다.

독점자본의 성장과 구조는 긍정적 측면 못지않게 부정적 영향을 수반하였다. 문어발식 확장을 통해 중소기업에 적합한 사업영역까지 진출하였고, 중소기업이 자생력을 갖고 성장하는 것을 억제하였다. 그 결과 부품 및 소재산업의 발전이 취약해져 뿌리가 약한 경제구조를 형성하였다. 대기업은 막강한 자금력을 배경으로 중소기업이 개척한 시장영역에 진출하면서 이 분야에서 중소기업의 과당경쟁과 도산을 속출하게 만들었다. 이들은 골목상권까지 침투하면서 소상공인의 생계까지 위협하였다.

독과점 구조가 가져오는 시장질서의 파괴와 중소기업의 생존위협은 전체 산업체제의 능률을 저하시켜 경제성장의 한계를 노출하게 만들었다. 곧 지나친 독과점 구조는 성장한계의 근원이 되고 있으며 자원배분을 왜곡시키고 혁신을 가로 막는 원인이 되기도 한다.

(2) 공정한 경쟁질서 확립과 대기업의 부당한 시장행동 규제

정부 주도의 경제성장과 압축성장으로 높은 성장성과를 올릴 수 있었던 것이 지난날의 우리 경제의 경험이었다. 그러나 그것이 가져온 부정적 결과는 공정한 시장질서의 확립이라는 과제를 제기하게 한다.

앞에서도 나왔듯이, 일찍이 스미스는 그의 《도덕정조론》에서 개인이 자유방임적 이익을 추구하는 것이 사회경제의 발전을 가져온다는 자본주의 경제의 행동규범을 제시하였다. 곧 자유경쟁이 '보이지 않는 손'의 예정조화적 작용으로 경제의 효율성과 합리성을 실현한다는 점을 지적한 것인데, 이것이 스미스 이래 자본주의 경제의 기본 원리가 되었음은 모두가 익히 아는 바이다.

경제력 집중과 독과점 구조는 이런 자본주의의 체제적 원리에 역행하여 경제의 효율성과 자본의 합리적 배분을 그르치게 한다. 지나친 정책의 시장개입과 독과점으로 말미암은 경쟁적 시장질서가 왜곡되면 경제의 지속적 발전과 혁신이 악화된다. 산업구조 고도화가 필연적으로 가져온 대기업 중심체제와 독과점적 시장구조는 경쟁배제적, 경쟁제한적 경향을 심화시켜 경제사회를 경직화한다. 이로 인한 대기업 중심 독과점 체제의 성장한계는 무엇보다도 공정한 시장질서와 경쟁적 시장구조의 확립으로 극복되어야 한다.

독점의 폐해를 시정하고 경제를 건전하게 발전시키려면 자유경쟁적 성격의 중소기업 역할이 중요시되어야 한다. 경쟁의 뿌리이며 시장 경쟁의 담당자인 중소기업이 더욱 큰 구실을 해야 한다. 경쟁을 촉진하는 담당자인 중소기업은 시장의 산업조직을 활성화함으로써 자원의 효율적 배분과 혁신을 촉진하는 기능을 한다. 그 결과 공정한 시장질서를 확립하는 기초가 된다.

공정한 시장질서에는 경쟁적 시장구조만이 아니고 독과점 대기업의 부당한 중소기업 영역의 침투가 방지되어 대기업과 중소기업의 균형 있는 발전의 시장적 틀이 실현되는 것이 포함되어야 한다. 독과점 대기업이 막강한 자본력을 이용하여 중소영세기업 영역을 침투하고 하청계열관계에서 공정한 상생 · 협력관계를 파괴하는 등 대기업의 우월적 지위로 빚어지는 건전한 산업생태계의 파괴행위를 막아야 한다. 이러한 것들이 경쟁적 시장 질서를 경직화하여 성장의 동력을 약화시키기 때문이다.

공정한 시장질서의 확립은 우리 경제의 능률과 혁신 그리고 발전의 기본체제이기 때문에 이것을 실현하도록 경제 경찰인 공정거래위원회의 기능과 구실을 강화하는 것이 필요하다.

3. 균형성장과 중소기업 중심으로 정책 전환

(I) 서로 다른 두 가지 정책 방향

균형성장이냐 불균형성장이냐 또는 중소기업 중심주의냐 대기업중심주의냐의 정책방향에 대한 쟁점은 우리 경제가 본격적인 개발에 들어가는 단계에서 심각하게 논의되었다. 경제성장에서 투자배분을 할 때 경제의 각 부문이 균형적으로 성장하도록 하는 것이 효과적이냐, 아니면 개별부문으로는 과부족이 생기는 것을 허용하고 특정 부문이 앞장서서 성장하도록 하는 것이 효과적인지에 대하여는 일찍이 1950년대에 균형성장과 불균형성장의 개발전략 논쟁이 있었다.

균형성장의 주장은 판로부족 때문에 산업별로 시설의 과부족이 생기는 낭비를 제거하려면 시장수요력과 생산능력이 균형을 유지해야 하고, 그러려면 경제의 모든 부문이 고루 성장해서 상호수요, 다시 말하면 보완적 수요를 일으켜야 한다고 보았다.

앞에서 자세히 살폈듯이, 넉시는 오늘날 후진국이 가난하기 때문에 가난하게 살 수밖에 없는 빈곤의 악순환을 되풀이하고 있다고 보았다. 이는 후진국 개발문제의 핵심이며, 그 타개방법으로 시장부족의 어려움을 극복해야 한다고 지적한 것이다. 시장을 넓히는 방법으로는 수출과 국내 시장의 확대 두 가지가 있는데, 후진국이 무역으로 시장을 타개하기는 어렵고 결국 국내시장에 의존할 수밖에 없다. 따라서 투자를 모든 산업에 균형적으로 분산하여 각 산업의 소득이 고루 늘도록 해야 하고, 그렇게 해야 다른 산업의 제품을 사 줄 수 있다는 것이다. 바로 상호수요와 보완수요에 따른 여러 산업의 동시적 성장을 주장한 것이다.

이를 비판하고 불균형성장론을 주장한 사람은 허쉬만이다. 그는 산업의 생산능력과 시장흡수력이 원활하게 맞아 떨어져야 개발이 촉진된다는 주장을 비판하였다. 오히려 공급과 수요의 불일치가 경제성장의 촉진책이므로 일부러 여러 산업 사이의 과부족을 조성할 필요가 있다고 보았다. 어떤 산업에 중점적으로 투자해서 그 산업에 일시적인 공급과잉, 곧 시장부족을 만들고 이 불균형 요인이 다른 관련 산업을 끌어올려 결국 균형점을 모색하게 하는 것이 경제개발의 전략이어야 한다고 본 것이다.

불균형 투자로 특정부문에 수급불균형을 낳게 하고, 다시 불균형을 제거하도록 노력하며, 또다시 균형을 깨뜨려 새로운 불균형을 만드는 과정을 우선순위 산업이 선도해야 경제가 능률적으로 개발될 수 있다고 여겼다. 우선순위 산업 선정기준으로 소득창출효과, 생산능력 창출효과, 연관효과를 들었는데, 그 가운데서도 연관효과가 개발전략에서 가장 중요한 의미를 갖는다고 보았던 것이다.

한국에서 대기업 중심주의냐 중소기업 중심주의냐의 대립되는 정책방향에 대한 논쟁은 1966년으로 거슬러 올라간다. 앞에서도 언급했지만 당시 여당인 공화당의 정책기조는 전자였고, 야당인 민중당의 정책기조는 후자였는데, 이것이 발단이 되어 학계에서는 유명한 '중산층논쟁'으로 이어졌다. 두 정책 방향을 다시 한번 간추려 보기로 한다.

대공업 중심의 공업화와 부의 축적을 위하여는 '선성장 · 후분배'가 필요하다고 공화당은 주장하였다. 이에 대하여 민중당은 이 정책이 반대중적이고 반사회적이며 빈부의 격차와 양극화현상을 가져온다고 비판하면서 중소기업의 우선적 보호육성과 부의 균등한 분배정책을 제시하였다.

공화당의 중소기업 육성방안은 기간산업과 대기업을 우선 발전시키고 그 계열 기업으로 중소기업을 육성해야 한다고 보았다. 대기업으로부터 단절 분리된 중소기업 자체의 단독 육성 정책은 뒤떨어진 방향이라는 것이다.

이와 달리, 민중당은 일부 국영기업을 제외한 국영과 민영의 대규모기업 주식을 분산시키고 신규 건설에서 대규모 자본조성보다는 중소규모에 주력하는 동시에 국가의 모든 혜택을 중소기업 육성 강화에 집중해야 한다는 것이었다. 자본이 영세하고 기술과 경영능력이 미숙한 바탕에서 대기업 건설주의는 특혜와 낭비 그리고 국민의 희생을 강요하지만, 중소기업주의는 우리의 기업능력에 알맞은 동시에 기업의 소유가 많은 사람과 넓은 지역으로 확산될 수 있다. 이러한 노동집약적 기업건설은 우수하고 값싸며 풍부한 노동력이 그 성공을 뒷받침해주면서 고용효과를 빠르게 볼 수 있다. 또한 국제시장에서 선진국을 누르고 판로를 확대 할 수 있는 것도 노동집약적 산업인 중소기업이라는 것이다.

(2) '선성장·후분배'와 대기업 중심에서 성장성과의 균점과 중소기업 중심으로 정책전환

이렇게 개발 초기에 제기된 서로 다른 두 가지 정책방향에서 우리 경제는 불균형성장 전략과 대기업 우선주의를 택하였고 반세기 이상 그 정책기준은 지속되었다.

시장경제라는 자본주의 경제의 체제적 기반에 제약을 가하여 관주도적으로 경제개발을 시행하고 생산력 수준을 높이기 위해서는 생활수준의 전반적인 상승을 억제하고 '선성장 · 후분배'를 지향하는 성장지상주의 개발전략을 택하였다. 또 분업체계 면에서는 대내적 분업체계보다는 대외적 분업체계에 중점을 두는 대외지향적 공업화를 추구하였다. 이러한 정책방향은 당연히 균형성장보다는 불균형성장, 중소기업보다는 대기업 우선 정책을 따르게 하였다.

대외지향적 성장은 수출선도형, 무역의존형 성장인데 무역(수출)이 성장을 이끄는 방향이며 불균형성장은 산업면에서 농업보다는 공업을, 분업체계에서는 국제 분업주의를 우선하여 수입대체산업에서 수출산업으로, 그리고 기업규모 면에서는 양산체제의 이익을 추구하여 중소기업보다는 대기업 편중적으로 전개되었다.

정책적 조화 없이 이러한 성장전략의 지속적 추구는 국민경제구조의 불균형과 산업구조의 파행, 대기업 편중의 자원배분과 산업구조를 정착시켰다. 그 결과 소득불평등의 심화와 나아가서 사회적 양극화라는 구조적 문제를 만들어 냈다. 대기업 중심의 불균형성장 정책이 가져온 구조적 파행성은 성장의 동력을 약화시켜 지속적 성장의 한계를 가져왔다. 이를 극복하려면 불균형성장·대기업 중심주의 정책기조를 균형성장·중소기업 중심주의로 전환할 필요가 있다. 산업구조에서 생산력의 지나친 집중을 억제하면서 동시에 '선성장·후분배'의 성장지상주의의 전환도 요구된다. 성장성과의 균점으로 분배정의를 실현하게 하여 수출과 함께 국내 수요 기반 강화가 성장을 뒷받침하도록 해야 한다.

4. 대기업과 중소기업의 격차 해소와 성장잠재력 확충

(1) 대기업과 중소기업의 격차 : 이중구조의 해소

대기업과 중소기업의 격차 해소 문제는 우리 경제의 개발 초기부터 계속하여온 정책인식의 대상이었다. 경제개발과 관련하여 이중구조의 해소는 중소기업의 근대화 문제였다. 국민경제에서 큰 비중을 차지하는 중소기업이 전근대적 낙후부문으로 남아 있는 한 국민경제의 근대화와 근대부문인 대기업도 지속적으로 발전할 수 없기 때문이었다. 흔히 이중구조는 대기업과 중소기업의 격차 문제였고 지표상으로는 두 부문 사이에 생산성, 소득과 임금에 큰 차이가 있는 것을 의미한다. 여기에 우리나라의 경우는 두 부문 사이에 연관성이 결여되어 있다는 특성이 더해졌다.

그동안 대기업 중심의 불균형성장을 지속하였기 때문에 이러한 두 부문 사이의 격차문제는 해소되지 않았고, 이것이 소득불평등과 양극화, 나아가서 경제의 성장잠재력을 약화시키는 결과를 가져왔다. 경제성장의 두 기둥인 대기업과 중소기업의 격차를 완화하는 것은 우리 경제가 안고 있는 구조적 문제를 해결하고 성장잠재력의 바탕을 확충하는 길이다. 더욱이 그 동안 개발과정에서 상대적으로 침체하여 후진부문으로 남아 있는 중소영세기업을 개발해야 하는 정책인식의 당위성이 여기에 있다.

우리 경제에서 중소영세기업 부문은 경제발전 과정에서 적극적으로 선도자적 역할을 하여 경제발전의 원동력 기능을 하였다. 하지만 아직도 대기업과 큰 격차를 갖는 후발자라는 이중적 성격을 갖고 있다.

〈표-23〉에서 보면 2000년대에 와서 대기업에 견주어 중소기업의 부가가치 생산성은 30퍼센트 선에 그치고 있고 그 증가율도 극히 부진한 수준에 있다. 다른 자료에서도 1980년대 이후 대기업과 중소기업의 부가가치 생산성과 임금격차가 오히려 확대되고 있는 부정적 측면을 보인다. 그간 소영세기업의 수와 고용이 양적으로는 늘어나 그 지위가 상승했고 창업의 활성화로 산업조직에 활력을 증가시켰다. 하지만 질적으로는 기업 규모의 격차가 해소되지 않은 채 여전히 구조적 문제를 남겨두고 있다. 저임금 노동에 의존하는 전근대적, 후진적 중소영세기업이 광범하게 존립하고 있다는 사실이다.

그러나 아직도 후진적, 전근대적 부문으로 남아있는 중소영세기업이야말로 경제의 선도적 역할을 하는 중소영세기업과 함께 새로운 성장잠재력이 될 수 있다는 점이다. 사업체 수, 고용, 부가가치 비중으로 볼 때 막대한 경제자원의 기반인 중소영세기업을 개발하는 것은 그로 말미암은 생산력 증가와 새로운 성장자원의 제공이라는 점에서 성장잠재력이 될 수 있다.

〈표-23〉 중소기업의 생산성 관련 지표 변화 (단위: %, 천 원)

	2004	2009	2012	2013	2014
부가가치생산성	70,453	92,165	101,212	100,382	102,785
대기업 대비 중소기업 비중 (대기업=100, %)	31.3	30.7	28.2	28.4	30.6
부가가치생산성 증가율	9.7	3.8	−0.9	−0.8	2.4

자료: ① 중소기업청 · 중소기업중앙회, 〈중소기업실태조사결과(제조업)〉, 각 연도
　　　중소기업청, 〈중소기업관련통계〉, 각 연도
　　② 산업연구원,《정책토론자료》(2017.3.15.) 참조

(2) 중소기업 개발과 성장잠재력 확충

중소영세기업 부문의 개발은 두 가지 측면에서 성장 동력을 강화한다. 하나는 중소영세기업 부문이 개발 · 발전됨으로써 국민경제의 생산력과 활력이 증가하는 측면이다. 다른 하나는 낙후된 중소영세기업 부문을 개발하면서 그 부문이 보유한 막대한 경제자원을 새로운 성장잠재력으로 활용할 수 있다는 점이다.

중소기업 개발이 국민경제의 성장잠재력을 확충할 수 있다는 정책적 인식은 경제개발 초기에 적극적으로 추진되었던 이중구조 해소 방향에서 찾을 수 있다. 따라서 여기에서는 그 내용을 다시 한 번 살펴보기로 한다.

중소영세기업 개발의 이론적 정책적 모형은 일본의 이중구조론에서 찾을 수 있다. 경제발전과 관련하여 제시되고 있는 이중구조는 산업간 발전의 불균형에 따라 한 국민경제 안에 선진부문 또는 근대부문(자본주의적 부문)과 저개발 부문(후진부문, 전근대 부문, 생존부문)이 단층적으로 병존하는 구조를 말한다. 이때 근대부문을 공업, 전근대 부문을 농업으로 보아 그 개발이론을 전개하기도 한다.

이중구조의 해소, 곧 전근대 부문의 근대화 문제를 경제개발의 과제로 삼고 그것을 이론적으로 체계화한 사람은 1950년대 초 루이스였다. 그는 농업부문과 공업부문 사이의 이중구조 해소를 경제발전의 일차적 과제로 삼았다. 그는 저개발국의 농업부문에 생존수준 임금으로 무제한하게 공급할 수 있는 잠재실업이 존재한다는 것을 가정하고 있다. 낮은 임금의 이들 노동을 농업부문에서 공업 부문으로 흡수 공급함으로써 공업부문의 자본축적과 성장을 이루고 농업부문의 자본제화도 실현할 수 있다고 보았다.

중소기업 개발과 관련하여 일본에서 이중구조 논의는 공업부문 안에 이중구조, 곧 대기업을 근대부문, 중소기업을 전근대 부문으로 보고 이 두 부문 사이에 단층과 발전의 격차가 있다고 본다. 공업부문 안에서 후진적 요인의 해소, 곧 중소기업의 근대화를 통해 대기업과 중소기업의 이중구조를 해소하는 것을 경제발전과 고도성장의 과제로 삼았다. 이것은 1950년대 후반 일본경제를 대상으로 한 논의에서 활발하게 이루어졌다.

루이스의 이론체계가 일본에서 벌어진 이중구조론과 관련성을 갖고 있다는 점을 실증하기는 어렵다. 다만 근대부문(독점 대기업)이 전근대 부문(중소영세기업)을 개발하면서 자본축적의 기반으로 삼았으며 그것이 저임금 노동력을 활용하고 있다는 점에서 같은 생각이었음을 짐작할 수 있다.

그를 위하여 일본경제는 중소기업 부문(전근대 부문)을 '특별히 배려'하는 구조정책으로 중소기업을 근대화하여 이중구조를 해소하고 고도성장의 길을 추구하였다. 곧 이중구조 해소정책—중소기업근대화정책—고도성장정책이라는 정책체계를 이루었다. 다시 말하면, 전근대적인 중소기업 부문을 개발·근대화하는 정책으로 국민경제의 고도성장의 길을 모색했다는 것이 일본경제의 경험이었다.

대기업과 중소기업의 격차, 곧 이중구조를 해소하고 중소기업을 개발하는 것은 소득과 임금격차를 줄여서 불평등과 양극화를 극복하는 길이며, 새로운 성장동력의 바탕을 마련하는 방도이다. 또한 일본경제의 경험에서 볼 수 있듯이 성장잠재력을 배양하는 방안이기도 하다. 또한 중소영세기업의 개발은 산업조직을 활성화시킨다는 점에서 성장동력에 활기를 줄 수 있다.

(3) 산업의 뿌리와 산업조직의 활성화

일찍이 마셜은 그의 유명한 〈숲의 이론과 유기적 성장론〉에서 중소기업은 산업의 뿌리라는 점을 분명히 했다. 산업이 유기적으로 성장하는 과정에서 소기업은 신구기업이 교체하면서도 지속적으로 잔존 성장한다고 보았다. 소기업은 독창성과 융통성을 기르는 등 경제활동과 산업의 진보와 성장의 주요원천으로서 역할을 한다는 점을 지적하였다.

당시 영국 산업의 대부분이 성장하는 소기업에 의존하고 있으며 그들이 산업에 제공하는 힘과 탄력성은 경제의 모든 분야에서 발생하고 있다는 마셜의 지적은 바로 소기업이 산업의 뿌리임을 말하여 주고 있다. 소기업이 유기적으로 성장하는 경제에 활력을 주고 산업발전의 원동력이며 바탕이라고 본 것이다.

국민경제의 성장동력이 약해지고 성장이 한계에 부딪쳤다는 것은 무엇을 의미하는가? 마셜의 이론에 따르면, 국민경제에서 산업을 상징하는 숲이 생기를 잃고 있다는 것이며, 이것은 국민경제에 힘과 에너지를 공급하고 전국민경제가 크게 의존하는 중소영세기업이 활력을 잃었기 때문이다. 푸른 숲은 발전하는 산업의 모습이며, 그것을 구성하는 무수한 수목(중소영세기업)이 생기를 가질 때 가능하다. 몇 그루의 거목(대기업)이 우뚝 솟았다고 해서 숲(산업)이 푸르른 것은 아니다.

그렇듯이 소수의 대기업이 크게 발달한다고 해서 전체 산업이 건전하게 발전하는 것은 아니라는 것이 마셜이 주는 교훈이다. 또한 유기적으로 성장하는 산업에서 대기업은 중소기업의 튼튼한 기반 위에서만이 성장을 지속할 수 있다. 그간 우리 경제는 대기업 편향적 정책으로 자원이 대기업에 편중 배분되면서 국민경제의 성장 원동력인 중소영세기업은 상대적으로 침체하고 발전이 그에 따르지 못하였다.

그 결과 대기업 중심의 성장동력이 약화되고 그 한계에 이르렀다. 그 동안 국민경제의 뿌리요 푸른 숲을 구성하면서 대기업 중심의 발전을 뒷받침한 중소기업의 역할이 한계에 이른 것이다. 이를 극복하는 길은 성장잠재력을 지니면서도 시들해진 중소영세기업을 개발하여 울창한 숲, 곧 발전하는 산업의 모습을 되찾는 것이다.

결국 독과점 대기업 구조의 성장한계를 극복하고 지속적으로 발전할 수 있는 동력의 길은 국민경제에서 성장잠재력과 활력의 기반인 중소영세기업 부문의 적극 개발에서 찾을 수 있다. 경제발전 과정에서 개발의 원동력이었고 지식집약사회에서는 혁신의 선도자로 구실하는 것도 중소영세기업이다. 대기업 중심의 경제운영이 가져온 불평등과 양극화, 그리고 성장동력의 약화와 그 한계는 성장잠재력을 지닌 중소영세기업 부문의 개발로 극복의 길을 찾아야 한다.

5. 중소기업은 경제자립의 기반이다

(1) 개방화시대에 요구되는 경제자립의 과제

오늘날은 개방화·국제화의 시대이다. 세계적인 무한경쟁의 역풍 속에서 동요 없이 국민경제가 그 이익을 실현하면서 성장하려면 그 뿌리가 튼튼하게 발달해야 한다. 바로 국민경제의 생산력과 수요기반이 견고하여 경제자립의 기반이 확립되어 있어야 한다는 것을 말한다. 곧 국민경제의 뿌리인 중소영세기업이 발달해야 한다. 경제발전은 다시 말하면 중소영세기업의 육성으로부터 출발해야 한다는 의미이다.

우리는 중소영세기업이 국민경제의 뿌리임을 이미 마셜의 이론에서 검토 확인하였다.

우리 경제의 역사적 과정에서도 중소영세기업이 국민경제의 뿌리임을 검증할 수 있다. 일제 식민지 지배 아래에서 민족구성원의 생존기반인 민족경제의 생산력 기반이 된 것은 조선인 자본을 중심으로 하는 중소영세기업이었다. 해방 뒤 남북분단과 혼란기에 생산 공백을 메워주면서 기아선상에 허덕이는 민생의 삶을 지탱해 준 것도 중소영세기업이었다. 또한 1950년대 공업화의 기반이었으며, 1960년대 이후 경제개발 과정에서 광범하고 무수하게 신생·도태·발전하면서 경제개발을 뒷받침하고 그 뿌리가 된 것도 중소영세기업이었다. 이러한 뿌리는 바로 경제개발의 원동력이 되었다.

경제개발은 원래 국민경제의 뿌리이면서 발전의 원동력인 중소영세기업 육성에서 시작해야 했다. 하지만 실제로는 그러하지 못했다. 앞에서도 보았듯이, 일제 식민지 자본주의 아래에서 정착되고 해방 뒤 50년대의 종속적 자본주의 아래서도 개선되지 못한 의존적이며 파행적 경제구조 속에서 개발의 초기 기본 과제는 중소영세기업의 육성 발전으로 경제자립의 기초를 다지는 일이었다. 그러나 관료독점자본주의, 그리고 그 뒤에 이어지는 대기업 편향정책은 그런 당위적 과제를 실현하는 것이 아니었다. 경제개발은 경제자립의 기초요 국민경제의 뿌리를 튼튼히 하는 데서 출발해야 했지만, 불행히도 해방 뒤 60년대 이후의 개발과정은 그러하지 못하였다. 오늘날에도 경제자립의 과제가 새삼스럽게 논의될 수밖에 없는 이유가 여기에 있다.

우리 사회의 경제자립의 필요성은 오랜 역사적 배경을 가지고 있다. 선진자본주의가 그들의 국민경제 영역을 넘어서 후진지역에 진출하고, 다른 한편에서는 후진경제의 개방이 요구되었다. 이에 맞서 자립적 국민경제를 수립하고 그것을 지탱하려는 정책의 기본 방향이 바로 경제자립의 기초를 다지는 일이었다. 왜냐하면 선진 서구 자본주의가 후진지역에 진출하면서 후진경제는 제국경제의 외압으로 산업구조가 파행되었고 그러면서 경제자립의 필요성은 강조되었다.

그 뒤 경제자립이 더욱 절실한 과제로 된 것은 식민지 지배세력에 대항하는 단계에서였다. 민족경제의 확립으로 민족생존권과 식민지 민중의 경제생활의 기초가 되는 경제권을 만들면서 이를 지켜내는 과제와 같은 뜻으로 생각되었다. 곧 식민지 종주국들의 자본이나 그에 동조하는 자본에 대항하는 민족자본을 육성하는 것이 경제자립을 다지는 마땅한 방향이라고 생각하였다.

식민지 지배로부터 정치적 독립을 얻은 단계에서는 식민지 자본주의 아래서 정착된 반(半)봉건적이며 예속적인 파행적 경제

구조를 타파하고 이를 개선하는 것이 경제개발의 초기적 과제이
면서 경제자립의 길이었다. 한국경제의 경우 해방 뒤 혼란기와
1950년대 원조경제에서 외형적으로는 공업화가 진전되었지만,
본래적 의미에서 경제자립의 확립이라는 과제를 경제개발의 기
본방향으로 추진하지 못하였다. 이것은 해방 뒤 지역적 시장을
바탕으로 자생적으로 생성 전개된 중소영세기업보다 관료독점적
대기업을 우선한 정책에서 알 수 있다.

그 결과 60년대 이후 경제개발 단계에서 무엇보다 먼저 제기
된 과제는 바로 올바른 경제자립의 실현이었고 그 기초가 되는
것이 중소영세기업의 육성 발전이었다. 그러나 경제개발 과정은
대기업 중심이었고 국내분업 지향적이기보다는 대외분업 지향적
이었다. 대외지향적 경제개발은 외국자본을 도입하고 수입원자
재를 가공해서 수출하는 가공형 무역에 의존하는 바가 컸다. 그
과정은 국내 중소기업 등이 생산한 원자재보다 손쉬운 선진국 부
품과 원자재에 의존하였기 때문에 국내기업이 아닌 외국기업과
의 분업관계가 깊어졌다.

막대한 규모의 외자를 도입, 정부의 대기업 편중 정책적 지원
아래 형성된 공업구조는 원자재와 시설재를 수입에 의존하는 가
공형 수출체제와 결부되었고, 공업부문은 상호 유기적 연관관계
를 갖지 못하였다. 가공형 산업구조는 산업 사이뿐만 아니라 대
기업과 중소기업 사이에도 뚜렷한 발전격차를 가져왔고, 양자 사
이의 상호보완관계를 형성하지 못하였다는 지적이 있었다.

(2) 국내 생산력과 수요 기반의 확충

그동안의 산업구조 고도화와 중화학공업화의 진전, 지식기반

산업의 발전, 중소영세기업의 진전 등으로 이러한 문제점은 크게 완화되긴 하였다. 그렇다고 오늘날 제기하는 경제자립의 필요성 이라는 화두가 진부한 것일까? 오히려 이것은 국제화 시대의 무 한경쟁 속에서 국민경제의 이익을 지키는 기본적 과제라고 할 것 이다. 원래 경제자립은 국민경제의 상대적 자급체계를 의미하였 다. 이를 분업체계 면에서 보면, 대내적 분업이 주된 것이 되고 대외적 분업은 부가적인 것이 되는 것이다. 이를 위하여 공급 면 에서 국내의 생산력 기반을 확충하고, 수요 면에서는 국내 수요, 곧 내수기반을 강화해야 한다. 국내에서 소득창출 원천을 크게 하고 생산력을 늘리는 것이며 이를 바탕으로 성장이 이끌어져야 한다. 지금까지 경제개발은 '선성장·후분배'의 성장지상주의와 대기업 편중적이며 지나치게 대외 지향적 정책이었기 때문에 튼 튼한 경제자립의 기반을 구축하지 못했다. 그 결과 성장잠재력도 약화되었다. 균형성장과 중소기업 중심으로 정책 전환은 이를 바 로잡기 위한 길이다.

6. 분화적 산업체제와 동반성장의 실현

(I) 분화적 산업체제와 고유업종제도

최근에 동반성장이라는 성장전략이 부각되고 있지만 그 기본 취지는 새로운 것이 아니다. 경제력이 집중되고 대기업의 중소기 업 영역 잠식으로 양자 사이에 대립과 갈등이 있는 곳에서 그러 한 정책방향이 나타났기 때문이다.

1966년 '중산층 논쟁'에서 중소기업 육성론자가 분화적 산업체제를 주장한 것도 결국은 대기업과 중소기업이 동반성장하여 산업체제의 능률을 높이고 자원배분의 적정화와 낭비를 줄이자는 취지였다. 해방 뒤 1950년대에 걸쳐 외국원조와 정책적 특혜로 발전한 관료독점자본적 대기업이 중소기업 시장영역을 무분별하게 잠식하면서 생긴 대기업과 중소기업의 구조적 갈등을 해소하자는 방안이었다.

그 당시 중소영세기업은 해방 뒤 생산공백기에 지역적 시장을 바탕으로 자생적으로 생성된 국민경제의 자립적 기반이었다. 이들이 개척한 영역을 외국원조와 정책적 특혜로 무장한 대기업이 침투하면서 중소기업은 밀려나게 되고 과당경쟁으로 도산에 이르게 되었다. 이를 완화·해소하려는 정책대안으로 중소기업은 경공업에, 대기업은 중화학공업 분야에 사업영역을 한정하자는 주장이 분화적 산업체제의 골격이었다.

분화적 산업체제로 중소기업을 육성하려는 시도는 일찍이 대기업의 중소기업 분야 침투로 빚어진 도산과 과당경쟁을 막기 위한 1961년 〈중소기업사업조정법〉의 제정에서 시작되었다. 이 법은 '중소기업의 과도한 경쟁을 공정히 조정'하려는 것이 법제정의 취지였다. 그런데 이 법이 제정되지 않을 수 없는 과당경쟁의 원인은 바로 대기업의 중소기업 분야 진출에 있었고 그 점은 실증적 자료가 뒷받침하고 있다. 이에 1978년에는 이 법이 개정되었는데, 그 법의 제정 목적에 중소기업의 과당경쟁·조정과 함께 "대기업의 과도한 침투로 말미암은 중소기업자의 사업위축으로 발생하는 분쟁을 조정함으로써 중소기업 사업 활동의 기회를 적정하게 확보"를 추가하였던 것이다.

이로써 대통령령으로 정하는 〈중소기업특화업종〉을 지정하여 중소기업 사업영역을 보호하려 했으며, 이어서 1982년에는 〈중소기업특화업종〉을 〈중소기업고유업종〉으로 명칭을 변경하여 그 기준을 명확히 하였고, 1986년 개정에서는 이 업종에서 대기업 침투를 원칙적으로 금지하는 좀 더 강한 조치를 규정하였다. 1982년의 고유업종제도는 1995년에 통합·제정된 〈중소기업의 사업영역보호 및 기업간 협력증진에 관한 법률〉로 이어졌던 것이다. 중소기업이 사업을 하는데 적당하다고 판단되는 업종을 법률에 명시한 일정한 기준에 따라 중소기업 고유업종으로 지정하였으며, 이 사업 분야에 대기업의 참여를 원칙적으로 금지하여 중소기업의 사업영역을 보호하고 중소기업의 시장확보와 사업기반을 강화시키려는 사전적 보호 장치였다.

(2) 동반성장과 적합업종제도의 확충·강화

고유업종제도는 대기업의 중소기업 분야 진출을 직접 규제하여 중소기업의 사업 영역을 보호한다는 장점이 있다. 하지만 경쟁의 제한으로 시장구조를 왜곡시켜 경제의 비능률을 초래할 우려가 있고, 중소기업을 지나치게 보호하여 스스로의 기술개발과 품질향상 등 경쟁의식을 저하시킬 우려가 있다는 점 등이 지적되었다. 그리고 해외로부터 국내시장의 진입장벽이 있는 상황에서는 실효성이 확보될 수 있지만, 국내외 시장구분이 불가능한 개방화 사회, 더욱이 WTO 체제 아래에서 경쟁제한적 보호조치는 한계가 있다는 지적도 있었다. 또한 수입개방으로 수입을 허용하면서 국내 대기업만 특정 업종에 사업 참여를 제한하는 것은 국내 대기업에 오히려 기회 불평등을 안겨준다는 문제점도 제기되었다.

제6차 5개년계획 이후 지적된 고유업종제도의 문제점은 그 뒤 '자율과 경쟁'을 바탕으로 실효성을 확보하는 합리적 개편을 추구하였지만 2006년에 폐지되고 말았다.

그 뒤 재벌 대기업들은 수십 년 동안 중소기업이 개척하여 일구어 온 전통 제조업 시장뿐만 아니라 단순노동 투입 중심의 생계형 서비스업까지 무차별적으로 사업을 확장하고, 약탈적 가격 설정, 과도한 판촉행위 및 계열사 일감 몰아주기 등으로 중소영세기업 시장을 빠르게 잠식하여 우리 사회의 양극화는 걷잡을 수 없이 악화되었던 것이다.

이런 현상을 막고 골목상권, 소상공인 중소기업을 지키기 위한 사회적 합의에 따라 동반성장의 이슈가 제기되면서 동반성장위원회가 2010년 말 꾸려졌고 2011년에 적합업종제도가 도입되었다.

앞에서 살핀 대로, 동반성장이란 경제발전의 두 기둥인 대기업과 중소기업이 함께 성장하는 것을 말한다. 대기업과 중소기업의 균형발전의 필요성을 강조하는 이 말은, 기업 경쟁력과 경제발전은 대기업과 중소기업이 얼마나 잘 어우러져 네트워크를 형성해 나가느냐에 달려 있다. 그런데 현실은 대기업에 견주어 중소기업에 불리한 여건이 많아 갈등과 문제가 많다는 생각에서 동반성장 이슈가 생겨났다.

대기업과 중소기업이 서로 대등하게 시장에서 공정한 거래를 하고 경쟁에 참여할 기회를 골고루 나누어 가지면서 성장해야 한다. 그러려면 기존의 대기업 중심의 승자독식에서 벗어나 중소기업이 적정한 분야에서 성장하고 경쟁력을 강화하는 것이 대기업의 성장도 추구하는 것이라고 본 경제 패러다임이 동반성장이다.

동반성장을 위하여 도입된 적정업종제도는 고유업종제도와 비슷하다. 그러나 후자가 법적으로 규정된 중소기업 영역의 사전적(事前的) 보호조치임에 대하여, 전자는 법적 규제 또는 정부 주도의 규제가 아닌 민간 차원의 자발적 합의를 통해 대기업과 중소기업이 상생할 수 있는 산업생태계 조성과 사회적 규범을 도모하는 제도라는 점에서 차이가 있음을 알 수 있다.

대기업과 중소기업이 분화적 산업체제를 이루는 방향은 적합업종제도를 광범하고 철저하게 시행하여 이루어질 수 있고 그것은 양자의 동반성장과 산업체제의 능률성을 높이는 길이기도 하다.

7. 건전한 상생·협력관계의 수립

(1) 하청계열제도는 대기업과 중소기업 사이의 효율적 분업관계이다

대기업과 중소기업 사이의 상호관계는 하청관계 또는 계열관계의 형태를 갖는데, 이는 넓은 의미에서 사회적 분업의 한가지 형태이다. 우리나라 실정법에서 1975년에 제정된 〈중소기업 계열화 촉진법〉은 계열화로 이루어지는 위탁 및 수탁 행위를 도급거래라고 하였고, 1995년의 통합법인 〈중소기업의 사업영역보호 및 기업간 협력증진에 관한 법률〉에서는 이를 수·위탁거래라고 하였다. 2006년 제정된 〈대·중소기업 상생협력 촉진에 관한 법률〉에서는 제조업뿐만 아니라 판매업자인 유통업자까지 포함하여 상생협력이라고 규정하였다.

산업구조 고도화로 발달하는 중화학공업에서는 우회생산의 이익 때문에 산업 간, 기업 간 관련관계가 확대되고 하청 · 계열관계가 진전하면서 국민경제의 높은 성장을 달성하게 한다. 이 때 대기업과 중소기업은 서로 경제적 이익이 있기 때문에 하청계열관계를 성립시킨다. 대기업은 ① 자본전략 ② 위험부담의 전가 ③ 저임금의 간접적 이용 등의 이익이 있기 때문에 하청중소기업을 필요로 한다. 또한 중소기업은 ① 안정적 시장확보 ② 모기업(대기업)으로부터 기술 · 자금 등 원조 ③ 과당경쟁으로부터 벗어날 수 있기 때문에 대기업과의 관계를 요구한다.

곧 대기업이 하청기업의 기술과 노동 등 생산능력을 이용할 필요가 있고 그 생산능력을 보조적으로 이용한다는 의미에서 대기업과 중소기업은 보완적 관계에 있다. 이 관계는 분업관계가 깊어지면서 하청관계에서 계열관계로 변화한다. 하청관계는 일반적으로 불안정한 부동적(浮動的), 유동적 관계이지만, 일정한 하청관계가 지속하고 모기업의 요구에 응할 수 있는 능력을 하청기업이 지니려면 모기업이 하청기업에게 자본, 경영, 기술 등의 면에서 원조를 제공하게 되고 여기에 양자의 관계가 깊어지면서 계열화의 관계로 발전한다.

중소기업은 생산 활동을 하면서 여러 가지 형태로 다른 기업과 관계를 맺는데 하청 계열화도 그 가운데 한 가지이다. 그것이 갖는 능률성 때문에 건전한 하청계열 관계를 발전시키는 것은 산업체제 및 산업조직의 효율성을 높이고 국민경제의 생산력을 늘리는 데 크게 기여한다. 경제는 경쟁으로만 발전하거나 효율성을 유지하는 것이 아니며, 상호보완적인 협력이 경쟁력을 높이는 유력한 수단이 되기도 하기 때문이다.

(2) 지배종속 관계에서 상호협력 의존관계로

앞에서도 살핀 대로, 하청·계열관계는 '상호의존 속의 대립관계' 또는 '대립 속의 상호 의존관계'를 그 본질로 하며, 이것이 하청 계열관계가 성립하는 이유이기도 하다. 모든 기업 사이에는 모기업과 하청계열기업이 서로 의존하여 생산력을 향상시키는 측면이 있는가 하면, 서로 이해가 대립되는 지배·종속관계가 있기도 하다. 이것은 하청계열 관계가 상위자본(기업)과 하위자본이 맺은 중소기업의 존립 형태이기 때문이다.

곧 경영의 측면에서는 상호의존하여 생산력을 높이는 측면이 있지만, 그 속에는 자본의 논리가 작용하여 서로 대립하고 부등가교환에 따른 착취관계가 작용하기도 한다. 이것이 우리가 하청계열관계, 대기업과 중소기업의 관계를 관찰하면서 항상 유의할 점이고 진취적으로는 지배종속 관계를 극복하고 상호의존 관계를 높이는 방향으로 노력하는 것이 그 과제이다.

하청계열제도의 성격에 대하여는 일찍이 일본에서 논쟁이 있었다. 이에 대하여 먼저 후지다(藤田敬三) 교수는 하청관계를 상업자본 성격의 지배적 자본이 하청업체인 공업자본을 지배하는 형태라고 보고, 모기업과 하청기업의 관계를 지배종속관계로 규정하였다. 이에 대하여 고미야마(小宮山琢二) 교수는 하청계열관계를 생산공정에서 유기적 결합으로 보았다. 모기업과 하청기업 사이에 사용가치적 관계(생산력적 관계인 상호협동관계)가 전면에 나타난다고 보고 생산자적 시각에서 등가교환이 이루어진다고 하였다. 곧 모기업이 생산자의 지위를 확보하고 생산자의 양심에 따라 하청공장의 기술을 고려하여 합리적 단가를 결정한다는 것이다. 다만 작업의 기술적 성격 때문에 생기는 기술적 지배종속만이 남는다는 것이다. 그러나 기술적 관계에서도 양자의 원조와 협력, 나아가서 상호의존관계가 이루어질 수 있다고 보기 때문에 생산력적 시각에서 설명하고 있다.

하청기업이 기술개발, 경영개선 등으로 생산력을 높이면 기술적 관계에서 오는 지배 종속 문제를 극복할 수 있다는 점을 시사한 것이다. 오늘날 전문중소기업의 발전으로 하청계열 거래에서 대등한 거래조건이 형성되는 경향이라는 일본학계의 지적은 이를 말하는 것으로 볼 수 있다.

실제 하청계열 거래에서 상호협력적인 요인을 모기업 측에서 보면 다음과 같다. 먼저 모기업이 도급거래를 하는 이유는 수급기업의 전문기술 이용, 부품의 국산화율 제고, 수요 급증, 생산시설 불비, 저렴한 가격 등이다. 그리고 모기업이 수급기업 선정기준으로 들고 있는 수급기업의 설비 및 기술의 우수성, 가격의 저렴성, 제품의 품질향상, 납기관리의 확실성, 사업주의 경영능력, 수급기업의 재무상태, 지역의 인근성, 연구개발력, 다품종 소량생산도 여기에 포함된다.

한편 수급기업의 거래동기에서 원자재 조달의 안정, 자금조달의 원활, 기술수준 향상, 판로의 안정, 전문화의 진전, 거래의 계속성, 대금지불의 확실성 등이 협력적 요인이다. 이어서 수급기업에 대한 모기업의 지원으로 이루어지는 기술 및 경영지도, 자금지원, 원자재 제공, 설비 대여 융자 보증 등도 상호협력적 요인이라고 볼 수 있다.

이에 대하여 도급거래의 경쟁 · 대립적 관계로는 다음과 같은 것을 들 수 있다. 모기업 측에서는 수급기업 제품의 품질 조악, 납기 불이행, 적정한 업체의 부족, 물량 확보의 어려움, 수급기

업의 불안정한 경영 등 요인을 들 수 있다. 한편 수급기업 측에
서는 모기업의 까다로운 품질검사, 저렴한 주문단가, 대금 회수
기간 장기화, 불안정한 발주, 납품기일 촉박, 원자재 가격 상승
분 납품단가 미반영, 거래선 변경시도, 대기업의 비용인상 전가
등의 애로사항이 여기에 포함된다고 볼 수 있다.

더욱이 모기업의 납품단가 후려치기나 납품대금의 결제문제
는 수급기업의 자금사정에 결정적 영향을 미치고 있다. 납품대금
결제기일이 장기화하고 어음할인료(납기 후 60일 초과어음)를 미
지급하며, 물품 영수증 교부를 장기화하는 것은 수급기업의 자금
원활화에 큰 장애 요인이 되고 있어서 대표적인 대립 요인이라고
하겠다.

이런 요인 가운데 상호협력적 요인은 장려하고 대립경쟁적 요
인은 완화하도록 꾸준히 노력하여 모기업과 수급기업 사이가 건
전한 상생협력 관계로 발전하는 것은 국민경제의 생산력 향상의
길이다.

(3) 중층적 축적구조 속의 상생협력 관계

개량적 길에 따라 자본주의로 이행한 일본경제는 독점자본 축
적기반을 강화하려고 적극적인 입법조치와 중소기업 정책으로
생산력 기반을 다졌고 국가경쟁력도 강화하였다. 이를 위하여 중
층적 축적구조가 진전되었는데 그 바탕이 된 것이 중소영세기업
이었으며 그것을 가능하게 한 것이 하청계열제도였다. 제 2차 세
계대전 뒤 일본경제는 산업구조의 재편성과 고도화를 이루면서
고도성장을 달성해야 하는 두 가지 과제를 추구하였다. 이것은
국가자본주의적 정책, 곧 위로부터의 정책으로 일본경제 특유의

계층적, 중층적 축적 기반을 만들어 실현하였고 이것이 일본경제의 튼튼한 골격을 만들었다.

독점자본의 축적기반을 보완하는 계획이 지속되는 가운데 계층적 축적구조 속에서 독점적 대기업과 중소영세기업 사이에는 다른 선진경제보다 더 심한 지배종속과 광범한 상호의존 관계가 이루어졌다. 계층적 축적구조 속에서 하청제도는 1차 하청에 그치지 않고 재재하청으로 이어졌다. 2차 하청 이하에서는 중소기업은 말할 것도 없고 생업적 영세경영과 가내노동까지 하청제도에 편입되었다. 이렇게 하여 이루어진 자본축적이 일본경제의 발전과 경쟁력의 바탕이 되었으며 국민경제 발전의 힘으로 작용하였는데 이것은 일본경제의 특수성이기도 하다.

계층적 축적구조의 저변인 중소영세기업이 전근대적이며 낙후된 부문으로 남아있는 한 근대적이며 선진화된 대기업과 상호보완적 관계가 순조롭게 이루어질 수 없다. 중소기업 정책은 대기업과 중소기업의 구조 격차를 완화하려는 중소기업 근대화정책으로 추구되었지만 그 과정에서 방출되는 노동력은 산업예비군으로서 계층적 축적구조에서 대기업의 자본축적을 위한 '저임금 노동력의 마르지 않는 저수지' 구실을 한다. 결국 일본 경제 발전과 경쟁력의 바탕은 중소영세기업이었으며 그 경제적 제도는 하청계열제도였다. 그리고 오늘날 일본경제를 굳건하게 한 근간이 된 것도 중층적 축적구조와 건전한 하청계열 제도였다. 우리 경제에서도 대기업과 중소영세기업 사이에 건전한 상생 협력관계가 실현되어야 할 이유이기도 하다.

이것은 공정한 거래질서가 확립되어야 이루어질 수 있다. 대기업과 중소기업 사이에 상생 협력관계가 실현되려면 먼저 모기

업이 납품단가 후려치기, 납품대금 결제기간 장기화 등 막강한
자금력을 배경으로 우월적 지위를 이용한 하청계열기업의 지배
관계를 생산자의 양심에 따라 배제해야 한다. 동시에 하청계열기
업은 경쟁력을 강화하고 전문기업화 등으로 기술력을 향상시켜
모기업과 대등한 거래 조건을 형성하여 상호협력 관계를 조성하
도록 노력해야 한다.

8. 강소·중견기업의 집중적 지원

(I) 새로운 기업유형 : 강소기업(히든 챔피언)육성

강소기업(强小企業)은 강한 중소기업(small giants)의 의미인데
잘 알려져 있지 않지만 각 분야에서 세계시장을 지배하는 중소기
업을 말한다. '작지만 강한 기업'을 일컫으며 이들 기업은 기업규
모는 크지 않아도 틈새시장을 적절히 파고 들어 세계 최장자의
자리에 오른 회사들이다. 높은 시장점유율을 기록하는 잘 알려지
지 않은 수출 중소기업을 말하기도 한다. 국내에서는 기술력이
앞서고 성장 가능성이 큰 중소기업을 가리키는 말로도 쓰인다.

규모는 작지만 대기업과 비교해도 경쟁력이 뒤지지 않는 기업
이며 대기업에 못지않은 복리후생과 특별한 기술 경쟁력을 가진
회사인 경우가 많다. 이처럼 추상적인 개념규정에 대하여 고용노
동부가 정하는 강소기업의 기준은 다음과 같다. 중소기업으로서
① 임금체불이 없을 것, ② 고용유지율이 높을 것, ③ 산업재해
율이 낮을 것, ④ 신용평가 등급 B이상일 것 등이다. 좀 더 포괄
적으로 다음과 같이 규정되기도 한다.

① 중소기업 가운데 규모는 작아도 틈새시장을 적절히 공략하고 기술력과 성장가능성이 큰 기업
② 성장가능성이 높고 기술력을 확보하고 있으며 연 매출 50억 원 이상의 기업
③ 영업이익률 10퍼센트 이상, 부채비율 150퍼센트 이하의 일반인에게 잘 알려져 있지 않은 기업
④ 연구개발에 투자를 아끼지 않아 기술력이 뛰어나고 적절한 시장공략으로 성장성과 수익성이 높은 기업
⑤ 기술력으로 승부하는 수출 5,000만 달러 이상, 40억 달러 이하의 한국형 수출 중소기업을 일컫기도 한다.
⑥ 종업원규모 10인 이상(건설업 30인 이상)이며 기타서비스업이 아닌 기업이라는 규모 기준도 있다.

앞에서도 자세히 언급했지만, 강소기업은 흔히 독일에서 일컫는 '히든 챔피언'과 같은 의미로 쓰여지기도 한다. 숙련과 기술을 바탕으로 하는 전통적 수공업 경영의 기반과 그것의 발전적 해체 위에 형성된 튼튼한 하청제도는 독일 경제의 경쟁력의 기반이었다. 여기에 오늘날 독일 경제의 경쟁력의 상징으로 들고 있는 것이 이른바 '히든 챔피언'(강소기업) 이다. 이것은 대중에게 잘 알려져 있지는 않지만 각 분야에서 세계시장을 지배하는 우량 강소기업을 말한다.

대중에게 알려져 있지 않지만 높은 점유율을 기록하는 수출형 중소기업을 가리킨다. '작지만 강한 기업'을 일컫는 것으로, 비록 규모는 작지만 틈새시장을 적절히 공략하고 파고들어 세계 최강자 자리에 오는 회사들이다. 기술력이 앞서고 성장가능성이 큰 중소기업을 가리키는 말로도 쓰인다.

독일 경제학자 헤르만 지몬이 1996년 그의 저서 《히든 챔피언》

에서 창안한 개념인데, 독일의 중견·중소기업 2,000여 곳을 조사해 세계적인 경쟁력을 보유한 1,200여 업체를 분석해서 나온 것이다. 그는 히든 챔피언의 기준으로 다음의 세 가지를 제시하였다.

① 시장점유율에서 세계 시장 1위, 2위, 3위 또는 해당 기업의 대륙에서 1위인 기업
② 매출액이 40억 달러 이하인 기업
③ 대중적 인식이 낮은 기업

이러한 중소기업이 발달하고 또 그것이 독일 경제의 안정과 발전을 뒷받침하고 있는데 그것은 역사적인 수공업 전통 위에서 다져진 기술과 숙련이 그 바탕이었다고 본다.

지몬이 히든 챔피언을 선정할 때 기준은 6가지였다.

① 전 세계의 시장을 지배한다.
② 눈에 띄게 규모가 성장하고 있다.
③ 생존능력이 탁월하다.
④ 주로 대중에게 잘 알려지지 않은 제품을 전문적으로 생산한다.
⑤ 진정한 의미에서 다국적 기업과 경쟁한다.
⑥ 성공을 거두고 있지만 결코 기적을 이룬 기업은 아니다.

그러면서 그는 히든 챔피언들이 주는 교훈 8가지를 들고 있다.

① 최고가 되고자 하는 리더의 강한 의지와 목표
② 높은 성과를 올리는 직원들로 구성되어 있기에 이직률도 낮다.
③ 자체 생산 비율이 높고 아웃소싱은 어느 정도 소극적이다.

④ 더 커지고 복잡해진 시장구조에서 힘을 보유할 수 있는 수단은 분권화이다.

⑤ 자신이 가진 자원에 집중할 때 야심찬 목표를 달성할 수 있다.

⑥ 예상치 못한 성장의 기회를 열어 놓는 세계화와 직원들의 국제화

⑦ 고객과의 관계는 경쟁의 우위를 갖게 한다.

⑧ 혁신은 경쟁에서 이기기 위한 필요하고 효과적 수단이며 창의력과 품질향상의 길이다.

독일에서 지몬이 지적한 교훈은 우리의 강소기업 경영과 육성에도 도움이 될 것으로 본다.

(2) 지식정보 집약사회와 글로벌시대 중견기업 육성

한편 일찍이 일본에서는 중소기업 근대화정책을 추진하면서 '중규모 경영의 근대화' 방향도 제시하였는데, 강소 · 중견기업의 지원시책에도 시사 하는 바가 크다. 중규모 경영의 생산성을 높이는 데 정책의 중점을 둔 이유를 다음과 같이 들었다.

① 수출에서의 역할이다. 중소기업 제품은 수출원자재의 대외의존도가 낮고 외화가득율이 높으며 그 제품이 선진국을 향하는 부문이 많다.

② 대기업과 높은 상호보완관계를 갖는다. 하청의존도를 높여 하청부품공업을 육성 강화하는 것은 대기업의 발전과 근대화를 추진하는 것이 된다.

③ 중소기업은 자본 효율이 높다. 중소기업은 대기업에 견주어 생산성, 임금수준, 이윤율 등에서 열악하지만 자본생산성과 자본회전율은 대기업보다 높다.

④ 고용흡수력이 높다. 중소기업은 단위당 투자에 대한 고용흡수력

이 대기업보다 높아서 취업인구의 반 이상을 흡수한다. 이에 견주어 대기업은 생산성이 높은 자본집약적 근대 시설을 설치하기 때문에 고용흡수력이 중소기업보다 높지 않다.

이상은 경제개발 초기에 일본에서 논의된 중규모 기업의 역할이었다. 강소기업의 특징은 세계시장 지향적이라는 점에 있다. 그와 함께 전략적으로 중점 육성의 기업유형으로 중견 중소기업을 들 수 있다.

중견기업은 일본의 나카무라 교수가 처음으로 그 개념을 규정하였다. 생산력의 급격한 발전은 대규모생산의 발전을 촉진하고 생산의 전문화를 촉진하면서 특정 분야를 전문화하고 시장점유율을 확대하여 스스로 진입장벽을 확대하면서 주체적 행동을 유지할 수 있는 기업을 출현하게 했다는 것이다. 이 기업규모는 대기업과 중소기업의 중간에 발전된 별도의 기업범위이다. 하지만 중견기업도 그 형성의 역사성에 비추어 대기업에 대한 중소기업의 범주에서 넓은 의미로 중소기업의 범위에 포함된다고 볼 수 있다. 강소기업과 함께 중견기업 육성의 정책적 전략성이 강조되는 것은 그들이 국민경제의 허리이기 때문이다. 그것을 튼튼히 하는 것은 경제의 자립성과 대기업 편중성장이 가져온 성장동력의 한계를 극복할 방안이기 때문이다.

나가무라 교수는 지식정보 집약화 시대에 중견기업은 새로운 혁신형 모습을 갖게 된다고 보았다. 그 방향으로 ① 연구개발 집약적 기업, ② 디자인 개발 지향적 기업, ③ 다산업 전개형 기업, ④ 다종 다량 생산형 기업, ⑤ 국제적 전개형 기업, ⑥ 산업 시스템화 시대의 선구자인 시스템 조립형 기업 등을 들었다. 중견기업이 지향할 방향으로 주목할 내용이다.

〈표-24〉중소기업과 대기업의 수출비중 변화 추이 (단위: 억 달러, %)

	중소기업	대기업	총수출액
2009	768 (21.13)	2,867 (78.87)	3,635 (100.0)
2015	962 (18.26)	4,306 (81.74)	5,268 (100.0)

자료 : ① 중소기업중앙회, 〈2016년 중소기업위상지표〉, 2016.5
② 산업연구원, 《정책토론자료》(2017.3.15.) 참조

우리나라에서는 중소기업이 중견기업으로, 중견기업이 글로벌
전문기업으로 원활하게 성장하여 선순환 산업생태계를 구축하고
일자리 창출에도 기여하는 정책방향을 모색하고 있다. 중견기업
이 강소기업과 함께 우리 경제의 바탕을 튼튼히 하도록 집중 지
원과 육성이 요구된다. 수출지향의 강소·중견기업이 발전하면
수출기반을 강화하는 데도 크게 이바지할 것이다. 수출이 대기업
중심의 특정 전략품목(〈표-24〉)에 집중되는 현상에서 벗어나 강
소·중견기업의 수출비중이 높아지면 수출품목이 다양화하여 안
정적 수출구조를 형성할 것이다.

9. 혁신형 중소기업의 지속적 지원 강화

(I) 혁신형 중소기업의 출현과 벤처기업

혁신형 중소기업의 본격적 출현은 중화학공업화의 성숙을 그
산업적 배경으로 한다. 산업사회는 산업혁명 이전의 전산업사회
에서 산업사회로, 그 뒤 중화학공업화가 진전되고 그것이 성숙하

면서 탈공업화로 전환하는 것으로 본다. 탈공업화가 형성되는 계기는 정보혁명에서 시작하였다. 중화학공업을 주축으로 하는 산업사회가 정보혁명을 계기로 산업구조의 변화가 일어났는데 바로 지식과 정보산업을 주축으로 하는 사회로의 전환이 그것이다.

일찍이 마셜은 19세기 말에 산업발전에 지식의 역할을 강조한 바 있지만 이것은 소박한 지적에 그쳤다. 중화학공업화가 성숙하면서 전개된 산업구조의 변화는 지식산업과 정보산업의 발달을 그 특징으로 하는 것이다. 지식 정보집약적 산업에서는 지식과 정보의 구실이 중대하며 이를 주축으로 산업구조의 변화가 진행된다.

산업구조에서 이러한 변화를 반영하여 중소기업 영역에서 실증·검출된 기업유형이 벤처 비즈니스였다. 흔히 연구개발 집약적 또는 디자인개발 집약적 능력 발휘형의 창조적 신규기업이라고 정의된다. 이것은 독자적으로 우월한 기술과 경영 노하우를 무기로 적극적으로 경영을 확대하며 기업가 정신도 왕성한 자주독립의 기업유형이라고 본다.

새로운 기술과 제품을 개발하고 새로운 경영기법을 택하는 등 창조적 활동을 하는 기업유형의 중소기업은 1950년대 이래 미국에서, 그리고 그 뒤 영국이나 일본 등 선진국에서 꾸준히 발전하였다. 중화학공업의 성숙을 산업적 배경으로 한 것이며 새로운 혁신형의 중소기업이 나타났는데 일본의 경우에는 다음과 같다.

1965년 이후 고도성장에 수반하여 여러 분야에 많은 소기업이 신설하였는데 급증하는 소기업 가운데, 저생산성, 저임금 노동에 의존하는 전근대적 중소기업과 다른 새로운 유형의 중소기업이 나타났다. 높은 생산성과 높은 임금을 지불하는 연구개발, 디자인 개발의 새로운 기업이 나타났다. 1970년대《도시형 신규개업 실태조사》에서 확인하였고 이들 기업에 '벤처·비즈니스'라는 이름이 붙여져 새로운 시대 새로운 기업유형으로 제시되었다.

우리나라에서 이러한 혁신형 중소기업이 실증적으로 검증된 것은 1980년대 중반이었다. 이 시기 나타난 소영세기업의 증가 등 구조변화에 대하여 대도시 지역을 중심으로 실시한 통계조사의 결과는 앞에서도 인용했지만, 여기서 다시 간추려 설명한다.

첫째, 대도시에서 창업하는 중소기업자는 학력이 높은 층이며 그들은 오랜 경험을 토대로 이상을 실현하거나 능력을 발휘하려고 창업한다.

둘째, 경제환경 변동에 적극적으로 적응할 수 있는 것으로 생각되며 그들의 기업은 대체로 근대적 체질을 갖추고 있다.

셋째, 이들 청년 기업가들은 새로운 시대에 맞는 감각을 지니고 전문기능이나 지식을 활용해서 높은 생산성을 이룬다.

넷째, 이들은 청년들에게 이상실현과 능력발휘의 마당[場]을 제공한다.

다섯째, 이러한 중소기업의 활발한 진입은 중소기업의 근대화와 경제전체의 활력을 증가시킨다.

그 뒤 혁신형 중소기업은 점차 늘어났고 드디어 '벤처기업'이라고 부르게 되었다. 이런 현상을 반영하여 1997년에는 〈벤처기업 육성에 관한 특별조치법〉이 제정되었다.

(2) 벤처기업의 발전과 그 선도적 역할

〈표-25〉에서 그 이후 벤처기업의 성장추이를 볼 수 있다. 법제정 이후 2001년까지 급속하게 증가하다가 벤처 버블기인

2002~2003년 기간 동안 큰 폭으로 감소하였다. 2004년부터 경기
회복세와 함께 다시 증가하기 시작하여 2010년에는 2만 개를 넘
어섰으며 2016년 11월 기준 33,137개를 기록하고 있다.

〈표-26〉는 벤처기업의 연도별, 산업별 추이와 비중을 보여 준
다. 약간의 비중 증감이 있지만 제조업 부문의 기업수와 비중이
가장 높고 다음으로 정보처리 · SW연구개발 서비스업 순이다.
2009년 이후 벤처기업 가운데서 지식집약 산업인 정보 · SW산
업 및 연구개발 서비스업의 비중이 증가한 것은 지식집약 벤처기
업의 증가를 뜻한다. 또 2009년 이후 그 비중이 감소하긴 했지만
기술집약적 업종인 제조업에서 70퍼센트 이상의 비중을 유지하
는 것은 벤처기업의 기술집약과 함께 지식정보 집약적 특성을 반
영한 것으로 보인다.

〈표-25〉 벤처기업 수의 변화 (단위: 개)

연도	벤처기업 수	연도	벤처기업 수
1998	2,042	2008	15,401
1999	4,934	2009	18,893
2000	8,789	2010	24,545
2001	12,392	2011	26,145
2002	8,778	2012	28,193
2003	7,702	2013	29,135
2004	7,967	2014	29,910
2005	9,732	2015	31,230
2006	12,218	2016.11	33,137
2007	14,015		

자료 : ① 중소기업청 ② 산업연구원,《정책토론자료》(2017.3.15.) 참조

〈표-26〉 벤처기업의 연도별·산업별 비중 변화 추이 (단위: %)

	제조업	정보처리 SW	연구개발 서비스	건설 운수	도 소매업	농림, 어업, 광업	기타	합계
2000	5,363 (61.0)	2,925 (33.2)	213 (2.4)	144 (1.7)	74 (0.8)	28 (0.3)	51 (0.6)	8,798 (100.0)
2004	5,487 (68.9)	1,783 (22.4)	323 (4.0)	133 (1.7)	146 (1.8)	24 (0.3)	71 (0.9)	7,967 (100.0)
2009	14,303 (75.7)	2,526 (13.4)	206 (1.1)	303 (1.6)	309 (1.6)	47 (0.2)	1,199 (6.4)	18,893 (100.0)
2016	23,426 (70.2)	5,462 (16.4)	369 (1.1)	516 (1.5)	685 (2.1)	78 (0.2)	2,824 (8.5)	33,360 (100.0)

자료 : ① 벤처기업협회
　　　 ② 〈표-24〉와 같음

산업구조의 고도화는 산업구조가 저(低)기술산업 중심으로부터 고(高)기술산업 중심으로 전환해서 경제 전체의 생산성과 성장능력이 높아지는 현상을 말한다. 이러한 산업구조 고도화 추이에 맞추어 중소기업 부문도 노동집약적 산업에서 기술·정보와 지식 집약적 산업으로의 구조전환을 도모하는 과정에서 벤처기업은 선도적 구실을 하고 있다.

앞으로 제4차 산업혁명(the fourth industrial revolution) 과정에서도 중소·벤처기업의 선도적 구실은 더욱 강화될 것으로 본다. 제4차 산업혁명은 정보통신기술(ICT)의 융합으로 이루어질 혁명적 시대를 말한다. 18세기 초기 산업혁명 이후 네 번째로 중요한 산업 시대이다. 이 혁명의 핵심은 인공지능, 로봇공학, 사물인터넷, 무인운동수단(무인 항공기, 무인 자동차), 3차원 인쇄, 나노기술과 같은 6대 분야에서 새로운 기술 혁신이다. 지식정보집약 사회를 넘어선 새로운 기술혁명 시대이지만, 그것을 바탕으로 하고 있기에 지식 정보, 기술집약 사회를 이끄는 혁신형 중소기업, 곧 3만 개에 이르는 벤처기업은 4차 산업혁명 시대에도 선도적 역할을 담당할 것으로 본다. 혁신형 중소영세기업에 대한 육성과 자원의 당위성이 여기에도 있다.

10. 창업과 소기업 · 소상공인의 집중적 지원

(1) 창업의 촉진 : 산업조직의 활성화

산업구조가 고도화하고 중화학공업이 성숙하면서 지식정보 집약적 산업사회가 전개되었다. 이에 소영세기업을 포함한 전반적인 중소기업의 존립영역이 다양화하고 늘어나면서 그 비중이 증가추세를 보였다. 이러한 소영세기업의 증가추세는 일방적인 방향으로만 진행되는 것이 아니고 그 안에서 지속적인 구조변화를 수반하면서 진행된다. 중소영세기업이 경제 환경의 변화에 적응력이 강하다는 것은 신설률이 높으면서도 도산률도 높다는 이른바 다산다사를 그 특징으로 한다는 것을 말한다. 그렇기 때문에 산업사회가 급격히 변화하는 구조 변동기에는 중소기업 구조 안에 여러 가지 특징의 변화가 나타난다.

우선 중소기업, 더욱이 소영세기업의 수가 현저히 증가한다. 그 안에서는 신구기업의 교체, 즉 사회적 대류현상이 뚜렷하게 진행된다. 그러면서 경영자의 세대교체도 진전되고 중소기업 간 규모 격차로 확대된다. 그리고 새로운 유형의 높은 생산성을 지닌 혁신형 중소영세기업이 증가하고 성장한다.

경제가 동태적으로 발전 · 변동하는 과정에서 구조변동이나 기

술변화에 적응하지 못하는 중소기업은 도태되고 새로운 유형의
중소기업이 증가하며 결국 신구기업의 교체가 진행된다. 우리 경
제의 개발과정에서 중소기업의 비중변화와 계층 분화는 큰 틀에
서 다음과 같은 구조 변화의 특징 속에서 진행되었다.

① 대기업과 경쟁적 대립 속에서 중소영세기업의 도태
② 대기업의 하청 계열기업으로 중소기업의 존립 형태 변화
③ 개방경제체제 속에서 수출산업 등 대외분업 지향적 중소기업의
    성장
④ 대기업의 지배력이 미치지 못하는 분야 및 저임금 노동력의 활
    용 가능한 분야에서 중소기업의 존립
⑤ 새로운 수요유형, 즉 소득수준의 상승에 따른 수요 패턴의 다양
    화에 적응하는 중소기업의 신설과 존립
⑥ 산업구조의 지식정보기술 집약화에 맞추어 새로운 혁신형 중소
    영세기업으로 존립 · 발전 등이다.

그러면서도 전체적으로 소영세기업은 수적으로 증가하였고 신
구 기업의 교체 속에 새로운 형태의 중소영세기업이 신설 · 증가
하였다.

중소영세기업은 그 창업이 활성화되면서 증가하였다. 정책적
으로는 1980년대에 들어와서 〈중소기업기본법〉을 개정하여 소
기업 범위를 규정, 소영세기업 지원체제의 법적 기초를 마련하였
다. 여기에 발전 가능성이 높은 새로운 창업사업체 등 유망 중소
기업을 발굴 지원하는 정책도 시행하였다. 또한 〈중소기업창업
지원법〉(1986)을 제정하는 등 정책지원이 소영세기업의 활발한
창업과 증가에 긍정적 작용을 한 것으로 보인다.

이처럼 창업이 촉진되는 것은 산업사회에 새로운 중소영세기업이 진입하여 산업조직을 활성화하고 또 고용문제 해결에도 도움을 준다. 곧 경제가 활력을 갖고 일자리 창출 및 신성장산업으로 구조가 고도화하려면 지식 기술집약적인 신생기업의 활발한 창업과 그 성장이 필요하다.

우선 신설법인 수의 변화로 2000년대 이후 창업의 실태를 살펴본 것이 〈표-27〉의 내용이다. 2004년에 48,585개였던 신설법인 수가 2009년에는 56,830개로 늘어나 2004년보다 17퍼센트(8,245개) 증가하였으며, 2016년에는 96,155개로 2004년에 견주어 97.9퍼센트(47,570개) 증가하는 등 2000년대 들어 창업이 활성된 것으로 나타났다. 업종별로는 서비스업이 가장 높아 60퍼센트 이상을 차지했고 다음이 제조업, 건설 및 설비업 순이었다.

이 자료는 신설법인을 대상으로 한 것이지만 그 구조적 특징은 전체적인 중소영세기업의 창업 추이의 구조를 살피는 데도 도움을 줄 것으로 생각된다. 전반적으로 서비스업에서 창업이 활기를 띠는 것은 창업조건이 쉽다는 산업적 특성도 있지만, 산업구조 변화의 큰 흐름에서 탈공업화 시대에서 이른바 서비스경제 도래의 특징을 반영한 것으로 보인다. 어쨌든 2000년대 이후 서비스업과 제조업을 중심으로 창업기업 수가 증가하는 추세를 보이는 것은 그것이 경제의 활력을 높이는 점에서 바람직한 것이며 지속적인 정책 지원의 필요성이 강조된다.

〈표-27〉 창업기업(신설법인)의 산업별 변화 추이 (단위: 개, %)

	농림어업	제조업	건설 및 설비업	서비스업	기타	합계
2000	528 (1.1)	11,078 (22.8)	7,124 (14.7)	29,730 (61.2)	125 (0.2)	48,585 (100.0)
2004	1,087 (1.9)	14,047 (24.7)	7,351 (12.9)	34,345 (60.4)	0 (0.0)	56,830 (100.0)
2009	2,391 (2.5)	19,037 (19.8)	11,313 (11.8)	63,414 (65.9)	0 (0.0)	96,155 (100.0)

주 : 괄호 안은 전체에서 차지하는 산업별 비중(%)임
자료 : ① 중소기업청, 통계DB
　　　② 〈표-24〉와 같음

(2) 소기업·소상공인 지원
: 산업저변 확충과 '활력 있는 다수'

소상공인은 창업과 도산의 주된 흐름을 형성한다. 그러면서 산업의 바탕이며 국민의 생활의 터전이면서 많은 일자리를 창출하기도 한다. 그러기에 소상공인의 건전한 육성 발전은 국민경제와 사회적 안정에 크게 기여한다. 전체적으로 보면 소상공인은 신설률과 도산률이 높다. 산업구조가 격변하고 신구 기업이 교체하는 사회적 대류의 흐름 속에서 많은 소상공인은 부침(浮沈)을 거듭하지만, 꾸준히 자기의 존립영역을 지키면서 안정적 위치를 지속하고 있는 소상공인도 있다.

끈질기게 푸르름과 생명력을 유지하고 있는 잡초처럼 이들은 그들만이 보유한 경쟁력과 존속의 노하우를 갖고 있음에 틀림없다. 부침을 거듭하는 소상공인과 달리 이들이야말로 소상공인의 산업적인 안정적 기반이 되고 있다. 2000년 12월에 제정된 〈소기업 및 소상공인 지원을 위한 특별조치법〉은 소기업 가운데서도 규모가 더 작고 영세한 기업을 소기업과 구분하여 지원체계를 강

구하도록 한 것이다.

소상공인은 제조업, 광업, 운수업의 경우 상시근로자 수 10인 미만의 사업자, 기타 업종의 경우 상시근로자수가 5인 미만의 사업자를 의미한다. 이 법 제정은 1997년 이후 경제위기로 실업증가와 중산층, 서민의 생활안정 문제가 심각한 사회경제적 문제로 대두되면서 일자리 창출과 산업저변 확충이라는 두 가지 과제에 직면한데서 비롯되었다. 이들의 창업과 경영개선은 생산적 복지형의 일자리 창출시책이 되기도 한다. 도소매업, 유통업, 서비스업 등 비제조업은 제조업에 견주어 창업절차가 간단할 뿐만 아니라 창업 때 초기 투자 비율이 낮고 특별한 기술과 노하우가 없어도 가능하여 그 창업이 활성화될 수 있는 특징을 갖기 때문이다.

1973년에 미국 중소기업청 창립 20주년 기념 논문집 서문에서 당시 닉슨 대통령이 미국의 소영세기업을 '활력 있는 다수'라고 규정하면서 다음과 같이 쓰고 있다.

앞에서 자세하게 언급했기에 간추려 요약하면

첫째, 소영세기업은 미국의 국민적 교의인 기회와 자유의 자랑스런 상징이다. 둘째, 미국에서는 소영세기업이 가장 좋은 아이디어와 발상을 공급하였고 산업과 과학의 성장을 크게 가속화시켰다.

셋째, 오늘날 소영세기업은 이 나라에서 미국 인구 반의 생계의 기초로 성장했다.

넷째, 소영세기업은 미국의 활력의 근거이다.

소영세기업이 미국적 교외인 기회의 자유, 좋은 아이디어와 발상의 공급, 국민의 생계의 기초, 활력의 근거라고 지적한 것은 바로 우리의 소기업과 소상공인을 적극적으로 지원·육성해야 할 이유를 설명하는 것이기도 하다.

중소기업은 여러 계층으로 이루어져 있는데 중기업, 소기업, 소상공인 등이 그것이다. 이 가운데 소기업, 더욱이 소상공인은 대기업을 정점으로 하는 계층적 기업구조 속에서 전가되는 경제적 부담을 크게 받은 가장 낮은 계층이다. 노동집약적이며 가내노동을 중심으로 하는 생업적 소상공인은 낮은 임금을 기초로 그 부담을 떠안을 수밖에 없는 위치에 있으면서 이른바 골목상권과 자영업자의 주축을 이룬다.

최근 프랜차이즈 제도가 광범하게 도입되면서 기존의 소상공인 업계를 휩쓸고 있고 소상공인이 그 가맹점 형태로 신설된다. 이때 본부회사(franchisor)와 소상공인인 가맹점(franchisee) 사이의 불공정거래의 문제가 소상공인 보호의 정책 대상이 되고 있다. 건전한 소상공인 지원 육성 차원에서 이는 중요한 정책과제가 아닐 수 없다.

소상공인은 경영의 불안정이 심하여 도산률과 신설률이 높으면서 시장질서에서 심한 불공정 거래의 대상이 된다. 이들이 공정거래 실현의 중심적 대상이 되는 이유이다. 하지만 산업구조가 지식집약화하면서 혁신적인 새로운 기업유형의 진입이 높은 계층이기도 하다. 두 가지 측면, 곧 불공정거래 방지로 보호의 대상이면서 혁신형 기업유형으로 육성의 대상인 계층이다. 더 나아가 이 계층은 일자리를 창출하는 보고가 되어 사회 안정과 소득 창출의 바탕이 되기도 한다.

11. 중소영세기업은 일자리 창출의 보고이다

(l) '일자리의 마르지 않는 저수지'와 지식노동

'노동력의 마르지 않는 저수지'라는 말이 있다. 초기 경제개발 과정에서 중소영세기업 부문이 안고 있는 저임금 노동인 상대적 과잉인구 또는 산업예비군을 말한다. 이것이 자본축적의 바탕이 며 중소기업 존립의 객관적 조건이 된다는 것이다. 이 지적은 자본주의적 축적의 법칙을 설명하면서 나온 것이지만 구조적으로 중소영세기업 부문에 상대적으로 많은 노동력이 집중되고 그로 말미암은 저임금이 중소기업의 경쟁력을 유지시켜 준다는 의미 이기도 하다.

흔히 대기업은 그 생산방식이 자본집약적, 노동집약적임에 대 하여, 중소기업은 노동집약적이면서 자본절약적이라는 말이 있 다. 그렇기 때문에 경제개발 초기에는 과잉 노동력이 부존한 후 진경제에서는 노동집약적인 중소기업을 우선적으로 육성해야 한 다는 주장이 나온다. 이것은 중소기업부문에서 일자리가 많이 창 출될 수 있다는 의미이기도 하다.

경제개발이 진행되어 중화학공업이 성숙, 지식정보 집약화 단 계에 이른 우리 경제에서도 영세기업(종업원 규모 1~5명)이 차지 하는 종업원 비중은 28.5퍼센트이며 소기업(종업원규모 5~29명) 의 그것이 36.5퍼센트인지라, 소영세기업 부문(종업원 규모 1~49 명)에 65퍼센트에 이르는 고용이 집중되어 있다. 그리고 여기에 중기업(종업원 규모 50~299명) 고용 21.0퍼센트를 합치면 전체 종업원의 86퍼센트를 중소영세기업 부문이 제공하고 있는 것이 다. 결국 중소영세기업이 일자리 창출의 보고임을 알 수 있다.

양적으로 보아 이러한 실증적 검토 외에 우리가 주목하는 것은 지식정보 집약화 사회에서 중소영세기업 부문에는 질적으로 수준 높은 지식 노동이 창출된다는 점이다. 지식집약화는 산업 활동에서 인간에 체화(體化)된 지식의 작용 또는 지식으로 체화된 인간의 역할이 상대적으로 늘어난다는 것을 의미한다. 정보혁명에 기초를 두고 지식으로 체화된 인간(노동)의 역할이 늘어나는 것이다. 곧 지식정보집약적인 인간(노동)의 작용이 오늘과 내일의 사회에서 중요한 기능을 하는 것이다.

좀 더 설명하면 지식집약화란 산업과 경영활동의 여러 측면에서 지식노동의 투입도가 확대되는 것이다. 지식노동은 객관화된 지식을 의식적으로 활용하는 노동이다. 이때 객관화된 지식을 가지고 새로운 지식을 창조하는 것도 지식노동의 특징이다.

지식노동과 대비되는 개념으로 기능노동과 단순노동이 있다. 우리가 다 아는 바와 같이 기능노동은 숙련노동을, 단순노동은 숙련이 필요 없는 육체적 작업노동이다. 공업화가 이루어지면서 노동력 부족이 심화하고 기능이 기술로 변화하면서 이들도 서서히 지식노동으로 바뀌고 있다.

지식정보 집약화는 중화학 공업화가 성숙되는 과정에서 이루어졌다. 흔히 중화학공업화는 자본집약론의 근거가 된다. 그러나 지식정보 집약화를 수반하지 않는 기능노동 집약적 또는 단순노동 집약적 중화학공업화는 경쟁력을 잃고 지식집약적이면서도 노동집약적인 중화학공업화가 경쟁력을 확보하고 있다.

이러한 경향은 중화학공업 부문뿐만 아니고 모든 산업부문에서 진행되고 있다. 이것은 지식정보집약적 사회의 큰 흐름이다. 이때 정보혁명에 기초를 둔 지식에 체화된 노동은 노동의 생산성을 높이고 산업발전의 기틀이 된다. 중소기업이 이 시대에 선도적 구실을 하면서 지식노동 창출의 보고가 되고 있다.

(2) 광범한 노동력 풀 : 생산적 복지의 바탕

광범한 노동력 풀(pool)인 소기업 및 소상공인의 창업 발전과 함께 강소기업과 중견기업의 지원 육성도 좋은 일자리를 창출하는 길이다. 소영세기업은 경제의 모세혈관으로서 산업발전의 저변을 형성하고 경제활성화와 쇄신 기능을 한다. 또한 중산층과 서민층의 생활안전문제 등 사회문제도 소영세기업의 고용창출 기능으로 해소할 수 있다.

미국에서는 1980년대 제조업 분야의 자동화, 정보화 등으로 발생한 대량 실업을 서비스업과 소영세기업 부문의 고용기회 창출로 흡수하여 경제성장과 사회안정을 유지한 경험이 있다. 소매업과 서비스업을 영위하는 소상공인의 활발한 창업과 건전한 발전은 경제의 저변을 확충하면서 일자리를 창출하여 중산층과 서민층의 생활 안정의 기초가 된다.

일찍이 스타인들은 소기업의 공급은 탄력적이지만, 대기업의 그것은 비탄력적이라고 지적한 바 있다. 대기업은 새 주식회사 설립이나 합병으로 생기는데 전자는 부의 집중을 전제로 하며 후자는 관련회사가 그 산업에서 과점적일 때 가능하다고 하여 대기업의 공급은 극히 제한적이라고 보았다. 이에 견주어 소영세기업은 그 설립이 쉽기 때문에 그 공급이 원활하다고 하였다. 대기업과 중소기업의 설립, 공급에 대한 이러한 견해는 일자리 창출에도 시사하는 바가 크다.

대기업의 공급이 비탄력적이라는 것은 그 부문의 고용창출이

제한적이어서 고용의 획기적 증가를 기대하기 어렵다는 것을 말한다. 설령 대기업이 계열회사의 확충 등으로 비대화하더라도 그것은 대체로 중소기업 영역을 잠식하는 것이기 때문에 산업 전체로는 고용증대가 아니다. 또 대기업은 그 경영방식에서 중소기업보다 강한 노동절약적 전략을 택하기 때문에 고용창출이 제한적일 수밖에 없다.

그렇지만 중소영세기업은 그 창업이 손쉬워 그 공급이 탄력적이다. 더욱이 소영세기업의 창업활성화와 발전을 광범한 고용기회 창출과 함께 중산층·서민의 생계 안정의 길이기도 하다. 따라서 강소·중견기업과 함께 소영세기업의 활발한 창업과 그 건전한 발전은 획기적인 일자리 창출의 길이다.

12. 중소기업 육성이 불평등과 양극화 해소의 길이다

(I) 소득불평등과 '피케티 열풍'

소득 불평등과 양극화는 경제력 집중이 그 원인이다. 이를 해소하려면 중소기업을 육성하여 경제력과 자본집중을 완화해야 한다. 그 동안 한국 경제는 '선성장·후분배', 대기업 중심주의 그리고 불균형성장을 바탕으로 하는 성장지상주의를 추구하였다. 그 결과가 가져온 것이 빈부격차와 소득 양극화 등이었는데 이를 완화 해소하려는 노력으로 경제민주화, 경제적 복지 등의 문제가 심각한 이슈가 되고 있다. 포괄적으로 더 깊어진 소득불평등과 그 완화 해소 문제인데, 그것은 바로 그 동안의 경제발전 과정에서 대기업에 경제력이 지나치게 집중한 결과라고 보아야 할 것이다.

경제력 집중은 흔히 매출액 집중과 자산(자본) 집중으로 표시한다. 전자는 시장구조에서 시장집중으로, 곧 시장에서 독과점 대기업의 지배력을 말하고 후자는 생산수단의 집중을 의미한다. 매출액 집중이 일어나는 것은 그것을 실현하는 기반인 생산수단의 뒷받침이 있기 때문에 가능하다. 따라서 경제력 집중에서 중심이 되는 것은 매출액 집중보다 오히려 자산(자본) 집중이라고 할 수 있다. 그렇기 때문에 소득이 왜 불평등해지는가는 자본 집중의 원인을 밝혀야 알 수가 있다.

앞에서도 소개한 대로, 프랑스 경제학자 피케티는 그의 저서 《21세기 자본》에서 자본주의 사회에서 성장과 분배의 움직임을 분석하고 경제적 불평등의 원인을 밝히면서 이러한 추세는 앞으로 21세기 내내 계속되어 자본주의 미래는 밝지 않다는 우울한 예측을 내놓았던 것이다.

그는 자본이 스스로 증식해 얻는 소득이 노동으로 벌어들이는 소득을 웃돌기 때문에 소득 격차가 점점 더 벌어진다고 분석했다. 돈이 돈을 벌기 때문에 시간이 흐를수록 부익부 빈익빈이 심해져 이른바 세습자본주의가 도래할 것이라고 예언한 것이다. 그러면서 그 해결방안으로 누진적 소득세율의 인상과 세계 자본세 도입을 주장하였던 것이다.

'분배가 잘못되어 있다'는 그의 호소는 세계적으로 '피케티 열풍'을 일으켰고 우리나라에서도 피케티 현상이 격렬하게 일어났다. 그만큼 소득불평등 현상의 심각성을 반영한 것으로 보인다.

(2) 자본집중의 완화가 근본적 방안이다

소득 불평등의 원인에 대한 피케티의 분석은 자본수익률이 경제성장률을 웃돌기 때문이라는 것이다. 이것은 국민소득 증가율 가운데 자본으로 돌아가는 몫이 크기 때문에 경제적 불평등이 깊어진다는 점을 말한다. 이런 현상에 대하여 그는 소득분배의 측면만을 강조했을 뿐 소득 불평등의 원인에 대한 해답은 충분히 내놓지 않고 있다. 곧 소득 불평등은 그것을 일으키는 자본(생산수단)의 집중에서 오는 것이라는 점을 도외시하고 있다.

소득을 창출하는 생산요소는 흔히 자본, 토지, 노동 등 세 가지로 구분하는데, 피케티는 토지를 넓은 의미의 자본에 통합시켰기 때문에, 모두 아는 바대로 생산요소는 크게 자본과 노동으로 나눌 수 있다. 이때 증가된 국민소득 가운데 자본으로 분배되는 몫이 노동으로 분배되는 몫을 상회하는 것은 자본집중의 결과이다. 노동소득보다 집중된 자본으로 더 많은 소득이 분배되기 때문이며 그로 말미암아 소득불평등 현상이 일어난다. 다시 말하면 자본집중이 소득 불평등의 원인이 되는 것이다.

우리나라의 경우 2012년 기준 대표적인 자본소득에서 상위 1퍼센트가 72.1퍼센트, 10퍼센트가 93.5퍼센트를 가져가고, 이자소득에서는 상위 1퍼센트가 44.8퍼센트, 10퍼센트가 90.6퍼센트를 분배받고 있다. 한편 사업소득 중심의 종합소득은 상위 1퍼센트가 22.9퍼센트, 10퍼센트가 55.6퍼센트, 근로소득은 상위 1퍼센트에 6.4퍼센트, 10퍼센트에 22.6퍼센트가 분배되고 있다.

이러한 자본소득의 쏠림현상은 노동소득과의 격차를 크게 하고 깊어진 소득 불평등의 원인이 되고 있다. 여기에 부동산 집중현상을 고려하면 임대소득 불평등도 심각한 것으로 추정되어 자본소득의 집중이 소득 불평등을 심각하게 만들고 있음을 알 수 있다.

자본주의 경제에서 경제력 집중은 자본의 집적·집중과 분열·분산이라는 자본축적의 법칙에 따라 진행된다. 정책적으로는 자본의 집적·집중보다 분열·분산의 경향을 강화하는 방향으로 유도하는 것이 필요하다. 정책이 전자의 경향에 치우치면 독과점 대기업의 경제적 집중은 가속화될 수밖에 없다. 분열·분산 경향을 반영하는 정책방향은 소득재분배 정책을 넘어 산업(조직) 정책으로 대기업에의 독과점 현상을 억제하여 부와 자본을 분산시키는 것이다.

그러려면 비독점부문의 경제적 비중을 높여야 하는데, 국민경제에서 중소영세기업의 비중을 크게 하고 그 활동기반을 강화 육성하는 것이 그 방안이다. 이것이 소득불평등과 양극화를 해소·완화하는 근본적인 길이다. 산업체제를 전환하고 균형성장과 중소기업 중심과 성장성과의 균점으로 정책 방향의 전환을 주장하는 이유이기도 하다. 경제개발 초기에 '선성장·후분배'와 대기업 중심주의는 반사회적이고 빈부의 격차와 양극화 현상을 가져온다고 주장했던 중소기업 중심주의의 정책방향을 되새겨 볼 필요가 있다.

13. 정책지원체제의 확충
: '중소기업청'에서 '중소벤처기업부'로 확대 개편

(1) ⟨중소기업과⟩에서 ⟨중소기업청⟩으로

중소기업 전담 행정기구는 1960년 7월에 (허정)과도정부 아래에서 상공부 안에 '중소기업과'가 설치되면서 비롯되었다. 그 뒤 1968년에는 '중소기업국'의 설치를 내용으로 하는 정부조직법 가운데 개정법률안이 국회에 제출되어 1968년 7월 4일에 통과되었다. 같은 해 7월 24일 대통령령 제 3514호로 상공부 직제가 개정 공표되어 '중소기업국'이 발족하였다.

그 이후 1990년대 중반에 이르기까지 중소기업 전담 행정기구는 그 체계를 유지하였다. 대기업 중심 산업정책 기조에서는 중소기업 행정지원도 상대적으로 소홀할 수밖에 없었다.

1996년 2월 12일 중소기업에 대한 실질적인 지원을 강화하고 중소기업정책의 더 체계적인 추진을 위하여 통상산업부 산하에 '중소기업청'을 신설함으로써 중소기업 지원행정 체계를 확충하는 계기를 마련하였다.

발족 이후 여러 차례의 조직개편이 이루어졌는데, 2017년 현재 중소기업청의 조직은 ⟨그림-2⟩와 같다. 중소기업청은 중소기업정책의 방향을 제시하고 새로운 정책 수립 및 그 시행 기능을 수행한다. 소속 기관인 지방중소기업청과 중소기업진흥공단은 자금, 판로, 인력, 기술, 창업 및 벤처기업 지원 등 중소기업 지원 업무를 현장에서 지원한다.

중소기업청 설치로 경제개발 초기의 정책지원체계보다는 상당히 확충되어 체계적인 정책 수행 기능을 하였다. 그러나 산업

사회가 지식정보집약적으로 고도화하고 또 4차 산업혁명 시대를
앞둔 시점에서 중소기업청 단위의 지원체계로는 중소기업의 막
중한 역할에 견주어 미흡하다.

〈그림-2〉 중소기업청 기구

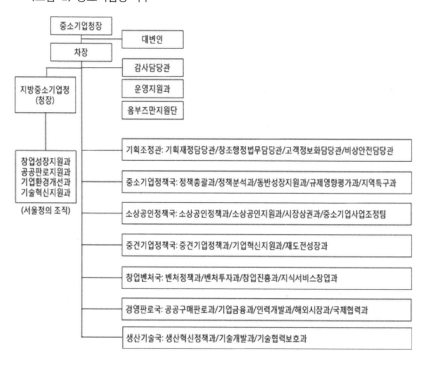

(2) 〈중소벤처기업부〉의 설치

그동안 대기업 중심 성장으로 그 성장잠재력이 약화되어 성장
동력이 한계에 이른 현상을 극복하려면 중소기업의 적극적 개발
에 기대할 수밖에 없는 실정이었다. 또 중소기업은 새로운 산업
사회에서 선도적 역할을 담당하고 또 성장잠재력을 지닌 계층이

기 때문에 그에 맞는 정책지원체계의 확충이 요구되었다. '중소기업청'이 '중소벤처기업부'로 확대 개편되어야 할 이유였다.

이에 새로 발족하는 '중소벤처기업부'가 산업정책의 중심이 되어야 한다. 또한 중소기업이 갖는 기능에 비추어 창조 · 혁신정책업무도 중소벤처기업부가 총괄 담당해야 한다. 이는 새로운 산업사회에서 중소기업의 선도적 구실에 적합한 방향이기도 하다.

한편 국회는 2017년 7월 20일 정부조직법을 개정하면서 중소기업청의 격상을 의결하여 '중소벤처기업부'로 확대 개편하였는데, 그 기구 윤곽은 〈그림-3〉과 같다.

〈그림-3〉 중소벤처기업부 기구도

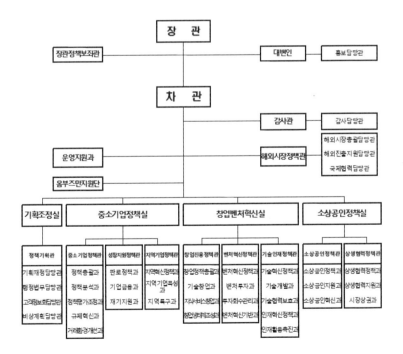

이 기구는 1960년대 과도정부 때 중소기업 전담 정책기구로 상공부 안에 '중소기업과'가 설치된 뒤 57년 만이다. 또한 1968년 '중소기업국'을 거쳐 1996년 2월에 통상산업부 산하에 '중소기업청'이 설치된 지 20년만의 일이다.

이로써 중소기업육성 정책에서 현안의 과제로 지속되던 정책 지원기구의 확충문제는 종결되었다. 장·차관 아래 기획조정실, 중소기업정책실, 창업벤처혁신실, 소상공인정책실 등 4실, 정책기획관 등 13관, 41과로 구성된 '중소벤처기업부'가 우리나라 산업정책과 경제혁신의 중심이 되기를 기대한다.

다만 중소기업문제 형성의 역사성에 비추어 중견기업에 관한 정책이 '중소벤처기업부' 업무 관장에서 제외된 것은 아쉬움으로 남는다.

찾아보기